史学会125周年リレーシンポジウム2014

3

災害・環境から戦争を読む

公益財団法人史学会 編

山川出版社

刊行の言葉

史学会は、二〇一二年にそれまでの財団法人から公益財団法人へと移行した。これは、たんに公益法人制度の改革に対応した結果ではない。史学会はここで名実ともに全国学会として発展する道を選んだことを意味している。それは、ちょうど史学会創立一二五周年の直前にあたっていた。そこで、時の理事会は周年事業実行委員会を組織し、委員会は企画の立案にあたった。委員会は、史学会の新しい姿を全国に示すと同時に歴史学の今を眺望しようという趣旨から、各地の学会や研究会と共同してシンポジウムを開催する企画を立て、個別に呼びかけをおこなった。それは幸いにも賛同を得られ、二〇一四年九月から毎月、歴史学界でも前例のない四つのリレーシンポジウムを開催することができた。

第一回は大阪大学歴史教育研究会との共催「高大連携による大学歴史系専門教育・教員養成教育の刷新」(九月十四日、大阪大学)、第二回は東北史学会・福島大学史学会との共催「東北史を開く――比較の視座から」(十月五日、福島大学)、第三回は史学会の主催「近代における戦争と災害・環境」(十一月八日、東京大学)、第四回は九州史学会との共催「過去を伝える、今を遺す――歴史資料、文化遺産、情報資源は誰のものか」(十二月十三日、九州大学)であり、本シリーズはこれらの成果に基づいている。

歴史学は今、教育と研究の両面で様々な課題に直面しているが、歴史学の成果は大切な公共財であることに疑いはない。本シリーズが今とこれからの歴史学を考える機会を提供できれば幸いである。

史学会一二五周年事業実行委員会

「史学会一二五周年リレーシンポジウム二〇一四」編集委員会

岡崎　敦
小松久男
杉森哲也
鶴間和幸
中野隆生
姫岡とし子
桃木至朗
柳原敏昭

目次

史学会一二五周年リレーシンポジウムⅢ

災害・環境から戦争を読む

はじめに

責任編者　姫岡　とし子

本書は、史学会一二五周年を記念して大阪、福島、東京、福岡の四カ所で開催されたリレーシンポジウムのうち、二〇一四年十一月八日に、東京大学で開催された「近代における戦争と災害・環境」を基に編まれたものである。当日のプログラムは巻末の資料をご覧いただきたい。

戦争をテーマに取り上げたのは、二〇一四年が第一次世界大戦開戦百周年にあたり、これにちなんだためである。ただし、第一次世界大戦に限定するのではなく、第二次世界大戦や十九世紀末以降の植民地戦争についても考察に含め、広く近代後期の戦争を対象とするとともに、戦争観の相違について比較するために、古代や中世初期の戦争も取り上げている。

本書の特色は、タイトルにあるように、災害・環境から戦争を読んだところにある。災害をテーマに選んだ直接の契機は、一万八〇〇〇人以上の死者・行方不明者を出した二〇一一年三月十一日の東日本大震災と、そのなかで起こった福島での原子力発電所事故がまだ記憶に新しく、多くの人々がいまだに避難生活を強いられているという現状である。東京での史学会の一カ月前に福島大学で開催されたシンポジウムでは、この東日本大震災に関連して、災害と社会との関係の考察が課題の一つとされたので、東京でも、この課題との連携を念頭においてテーマを設定した。

第一次世界大戦百周年に際しては、世界各地でこの大戦に関するシンポジウムが開催され、記念出版も相次いだ。さらに戦争の歴史は、数多い歴史研究のテーマのなかでも、おそらく、最もさかんに研究されてきた分野であり、外交史、政治史、軍事史に始まり、社会史や日常生活史、さらに最近では、文化史、ジェンダー史、芸術史、記憶の歴史学やグローバルヒストリーなど、様々な方法で、あらゆる観点から考察されている。にもかかわらず、自然災害と戦争の関係を問う研究は、驚くほど少ないのである。

災害史と戦争の歴史は、それぞれ別個に研究されてきたし、現在もそうである。これは、研究の分野だけに限られることではない。戦争中にも、もちろん自然災害は起きている。しかし、戦争による被害の経験が、何度も繰り返し語られ、文章に記され、映像化されることによって、記憶のなかでも、また記録としても再生産され続けているのとは対照的に、戦争中に起こった地震や台風といった自然災害については、耳にすることもあまり多くなく、むしろ戦災の影に隠れている印象が強い。戦争と自然災害、どちらも非常事態だが、戦時中に自然災害が起こった場合、それらは人々の記憶にどう刻み込まれ、また国家および自治体当局や報道機関などは、どう対処してきたのだろうか。

環境史は、最近注目されるようになった歴史学の新しい分野で、人間だけが歴史をつくってきたのではなく、自然や環境も歴史に関与していたという立場から、それらを歴史のアクターとして登場させている。しかし、環境史も災害史と同様に、個別に環境の歴史を扱っているものが圧倒的に多く、自然環境と戦争とを交錯させながら考察した研究も、まだほとんど存在しない。こうした研究状況を鑑みると、戦争を自然災害・環境との絡みで検討するのは、未踏の分野に挑戦する独自で新しく、かつ大胆な試みだといえるだろう。

それにしても、なぜ自然災害は戦争との関係で考察されてこなかったのだろうか。この点に関連して、池田嘉郎は、シンポジウムでのコメントの際に、⑴マルクス主義的な歴史学に典型的にみられる大きな物語を語るという歴史叙述では、災害といった偶発的な出来事はその物語を構築していくうえで余計なものになること、⑵災害について語る普遍的なパターンが存在しないゆえに、その扱い方は歴史学の問題関心や方法論の違いに大きく影響されることを指摘した。つまり過去において我々は、災害と環境、そしてその戦争との関係について語る問題視角をもたず、またこれらについて的確に考察する方法論も備えていなかった、ということになる。

しかし、後者の点に関して池田は、既存の歴史学を相対化する、新たな歴史方法論がつぎつぎに登場し、また人間社会について多角的・複合的に検討していこうという理解が深まっている現在では、我々は複雑な構造体としての人間社会をとらえうるだけのまなざしと方法を獲得していると主張する。災害・環境と戦争を交錯させるという試みは、それだけ従来のものとは異なる発想や見方を必要とする、ということであり、また同時に、だからこそ、この試みによって、従来の考察では見ることのできなかった世界を展望する、新たな可能性が開けてくる、ともいえるだろう。

では、我々は、どのような問題視角から災害・環境と戦争を考察し、それによって、何について考えようとしているのか。この点を、つぎの四点にまとめておきたい。

第一に、戦時における災害と環境の独特な結びつきである。これまで、便宜上、災害と環境を二つのテーマに分けて紹介してきたが、両者は現実には複合していることが多い。つまり、戦災や戦争による動員が生活環境の激変を招くなど、両者を切り離してとらえることはできない。さらに災害にも環境にも、それぞれ自然によるものと人為的なものの二つの意味合いがある。本書では、災害のなかでも、とくに自然災害をメインに据えているが、人災である戦災も、災害のなかに含めているし、福島原子力発電所事故のような自然災害と人災が重なり合っている災害もある。環境についても、自然環境だけではなく、生活環境や政治環境も重視している。戦争における災害・環境について考える際には、自然によるものと人為的なものの相互関連あるいは相互作用、そして相互連鎖にも留意することが必要になってくる。

第二に、災害・環境を媒介とする戦時と平時のつながりである。平時における災害やそれに起因する生活環境の変化が、どのような葛藤や対立を生んだのか。それは、戦争の原因ともなるのか。植民地権力は、自然災害によって弱体化した地域住民の生活基盤にどう介入し、どのように自らに好都合な支配体制を構築していったのか。平時における災害経験は戦災への対処にどう生かされたのか。戦争体験は平時の生活にどのような影響をおよぼすのか。戦時に獲得された教訓や急速に発達したテクノロジー、また戦時に導入された管理・支配システムなどは、どう平時につながり、利用されていくのか。

第三に、前線と銃後の相互関係である。戦時に発生した自然災害は、当局や住民によってどう受け止められ、戦況にどのような影響をおよぼすのか。武力行使や経済封鎖は、銃後の生活をどのように変え、どう影響をおよぼしたのか。住民は戦争による生活環境の変化をどう受け止め、この状況にどう適応し、対処し、また抵抗していったのか。総力戦は、戦争遂行や戦災支援のために銃後の人々をどう動員し、またそのために、どのような生活環境の整備が進んだのか。戦争支援活動は、人々の社会的地位をいかに変化させたのか。

第四に、戦争や災害は非常事態だととらえられがちだが、戦時や災害時には、その非常事態が日常の常態となっていた。この状況について、どう考えるのか。

以上のような問題を考えるために、本書は、二部構成をとっている。第Ⅰ部の「戦争と災害」では、戦争と自然災害の関連を中心的なテーマに据え、さらに戦災、戦争によって誘発される災害や事故など、様々な災害に焦点をあてて、戦争との関連に迫っていく。

最初は、災害が戦争の誘因となった事例として、南西アフリカで十九世紀末から第一次世界大戦期にかけて発生したリンダーペスト(牛疫)、蝗害《こうがい》、旱魃《かんばつ》、マラリアなどの複合的な災害と植民地統治や植民地戦争との関係を描いている(永原陽子論文)。つぎに、日中戦争期の四川省での戦時動員による災害の頻発、災害による戦時動員のコストの増大と、その機能の損失という矛盾の連鎖、そして、その経験が戦後の管理強化につながっていったという、戦争が誘発する災害や事故の問題を取り上げている(笹川裕史論文)。三番目は、自然災害を正面から取り上げて、総力戦下の日本における地震や台風などの自然災害を扱い、人為的な災害である戦争と自然災害は相互にどのような影響をおよぼし合うのかについて考察している(土田宏成論文)。

つづいて、四番目と五番目では、近代の戦争との比較の観点から、古代の中国および中世初期の日本の戦争観に言及し、これらの時代には戦争と自然、自然災害が密接に結びついていたことが示される。古代の中国では、戦争は自然の不順から生ずるものと認識されていたし(鶴間和幸論文)、『平家物語』は、源平内戦へ向かう政治史を大地震に向かう流れとして描こうとした(保立道久論文)。

第Ⅱ部は、「戦争と環境」である。先に述べたように、環境史は新しい歴史学の分野で、人間以外の自然や環境も歴史のアクターとして想定しているが、ここでは、この環境史的観点に限定せず、自然災害や戦争によって生じた生活環境を含め、広い意味での環境について取り上げている。

六番目の論文では、化学戦争の様相を呈した第一次世界大戦を契機として、化学テクノロジーが人間と人間以外の生物、また自然環境に対して影響をおよぼし、戦時には兵器および微生物やウィルス対策として、また平時には農業分野などで威力を発揮していくことが考察される(藤原辰史論文)。七番目はジェンダーの観点からの考察で、総力戦にともなう銃後の生活環境の変化と女性の生産動員にあたって女性たちがおこなった援助活動を紹介し、女性の政治的・社会的地位との関連について考察している(姫岡とし子論文)。八番目は、関東大震災をソ連がマルクス主義的な階級対立の枠組みで認識していたことを示し、戦争はもとより、天災でさえ、分析にあたっては歴史的文脈のなかでとらえることの重要性を指摘している(池田嘉郎論文)。

繰返しになるが、自然災害と環境、それを戦争と交錯させるというのは、新しい試みである。本書では、こうした試みから、それぞれを別々に考察していたのでは明らかにならない、新たな歴史像を提示することができたのではないかと考えている。

一つは、戦前から、戦中、そして戦後へ、また戦時と平時という歴史の縦軸に関する独特のつながり方である。本書からは、戦争は、地域、国家、あるいは国境を越えた領域における様々なシステムや生活世界を転換させるものとしての、あるいは戦前にすでに発芽しかけていた芽を大きく成長させる触媒としての役割を果たしていたことが明らかになる。また災害・環境を取り上げたことで、政治と日常生活とが必然的に関わりをもってくることになり、歴史の横軸についても視野を広げることができた。その結果、両者が交錯する場で起きる支配、管理、介入、抵抗、様々な当事者の思惑、リスクなどの様相、希望、絶望、諦念などの感情、さらに歴史に規定されている出来事の認識の仕方についても、浮彫りにすることができたと考えている。さらに、被害と加害は、明確に白黒に区別されがちであるが、ここでも、被害者が加害者になったり、文明の利器が殺人兵器になったり、あるいはその逆も起こりうるというように、両者が入れ替わったり、重なり合う側面があること。そして、災害・環境が超域的なものであるように、各章の考察においても、その多くが一国史的な観点を超える、トランスナショナルな考察をおこなっている。

災害・環境から戦争を読んだことによって、内容的にも方法論的にも新しい射程を開くことに貢献できているなら、望外の喜びである。

第Ⅰ部　戦争と災害

南部アフリカ植民地の戦争と災害

――リンダーペスト・旱魃・飢餓

永原　陽子

はじめに

二〇〇〇年に刊行されたマイク・デイヴィスの『ヴィクトリア朝後期のホロコースト――エルニーニョ飢餓と第三世界の形成』[Davis 2000]は、一八七〇年代から二十世紀初めにかけて数次にわたって発生した世界規模のエルニーニョ現象がもたらした旱魃《かんばつ》と飢餓、そしてそれを背景とした民衆蜂起や紛争、戦争について、インドと中国を中心としつつ東南アジア、南米、東北アフリカなど、地球上の広範囲にわたって取り上げ、帝国主義と環境との関係をダイナミックに論じて注目を集めた。その主張は書物のタイトルが端的に示すとおりである。例えば朝鮮における東学農民戦争なども、この議論の枠組みのなかで説明されている。大胆な議論であるだけに個々の事例については批判もあるが、帝国主義と民衆運動との関係におけ る環境要因の重要性を指摘したに留まらず、世界規模の気候変動というマクロな現象と民衆生活のミクロな場での出来事とを結びつけ、それを世界的同時性のなかでとらえた点で、帝国主義時代の世界史の理解に新たな視角を提供している。

デイヴィスの研究では、当の気象現象自体の性格にも規定され、アフリカについては周辺的な言及に留まっているが、アフリカ史の分野でも、とりわけ植民地化以降の歴史について、環境との関係から再考する研究が近年盛んになってきている。アフリカ史家として環境史研究を主導してきたウィリアム・バイナートは、従来のアフリカ史研究が、人種主義的な環境決定論(アフリカ社会の特質を熱帯的気候から説明する類の議論)を忌避するあまり、環境史の重要性を軽視してきたと指摘する。バイナートによれば、人間の歴史を自然環境のなかで全体史的にとらえようとした嚆矢《こうし》であるアナール派、とりわけリュシアン・フェーヴルが環境決定論を厳しく排しているように、環境への着目は環境決定論とは別物であり、ヨーロッパ人による征服・侵略のもとでのアフリカ人の主体性に光をあてるというアフリカ史研究の本来的関心こそ、環境史と親和的なものである。彼は、近年のアフリカ環境史研究が取り組んでいる課題を、⑴植民地支配が環境に与えた破壊的影響、⑵植民地政府の環境保護的介入の意味、⑶西洋科学の現地社会における無力さ、⑷現地社会の環境知識の重要性、⑸人口増大の意味、⑹反植民地運動における資源・環境をめぐる紛争の重要性、⑺環境悪化を含む大きな社会経済的条件とアフリカ人社会の変容の関係、の七点にまとめている[Beinart 2000]。バイナートは、これらの多様な観点からの研究が、植民地社会における支配と抵抗という二分法的な理解(いわゆる「抵抗史観」)を乗り越え、資源に関する知識や利用をめぐる植民者と植民地化された地域の人々との関係を根本的に再検討することを可能にしており、それは開発をめぐる現代的な課題にとっても不可欠な視点であるという。

このような指摘を念頭におき、以下ではデイヴィスが取り上げているのと同じ時期、すなわち十九世紀末から第一次世界大戦期の南部アフリカ、とりわけ「西南アフリカ」(今日のナミビア)の戦争と環境・災害との関係に着目し、この地域に関する従来の歴史像を批判的に再考し、同時代の世界史のなかでとらえなおすことを試みたい。

アフリカ大陸の南部、南アフリカの西北方に位置する「西南アフリカ」は一八八四年にドイツ帝国の植民地となり、第一次世界大戦中の一九一五年に隣接する南アフリカに占領され、九〇年の独立までその支配下におかれた。三〇年余りのドイツ植民地支配の歴史のなかで従来とくに注目されてきたのは、一九〇四年から〇八年のヘレロ、ナマなどの植民者への抵抗とそれに対するドイツ軍の大規模な鎮圧の戦争である。ヘレロの八割、ナマの五割以上が死に追い込まれたこの戦いは、かつてナショナリスト的なアフリカ史研究が盛んであった時代には、典型的な反植民地蜂起とみなされ、土地や家畜に対する植民地的収奪がその原因であるとされていた。しかし、アフリカ史研究において抵抗史観が批判され社会史的な研究が盛んになるなかで、最近の研究は、とくにヘレロの場合について、植民者との関係がはるかに複雑なものであったことを明らかにしている[Gewald 1999]。

一方、そのような研究の展開とは別次元で、近年、ヘレロに対する関心がにわかに高まっている。それは、ナミビアのヘレロの人々が二十一世紀に入る頃から、この戦争における大量虐殺や強制労働の被害に対する償いを現在のドイツ政府に求めるようになったためである[永原 二〇〇九]。二十世紀初めのドイツ植民地における戦争をホロコーストに先立つ「ジェノサイド」としてその法的責任を問う議論は、ナチズムの「過去の克服」に取り組んできた社会に大きな衝撃を与えた。それまで一般の人々やジャーナリズムにとって存在しないに等しかった「ヘレロ」の名が、一躍有名になった。

しかし、ジェノサイド論的な関心からの植民地の過去への着目は、アフリカ人社会の歴史を内在的に理解するというよりは、ヨーロッパ史の関心に引き寄せて植民地の歴史を裁断するものであり、かつてのナショナリスト的抵抗史観に逆戻りするような単純な歴史像を復活させているようにも見受けられる。ヘレロへの過度な関心の集中は、同じ植民地の他の諸集団の歴史を無視ないし軽視し、植民地時代に限っても、地域の歴史を全体的に見る視点を弱めている。こうしたある種の退行現象ともいうべき状況のなかにあって、環境や災害に着目してこの戦争の意味を再考することは、地域の歴史を全体性においてとらえ、その世界史的な位置を考えるための有効な手がかりとなるはずである。

一　一八九六〜九八年のリンダーペスト大流行とヘレロ地域の植民地化

西南アフリカの植民地化

ドイツ帝国は一八八四年から約三〇年にわたって西南アフリカ植民地を領有した。そのうち、軍隊や行政機構を配置して実質的な統治をおこなったのは、「ヘレロ」を中心とする人々の生活域である中部と、「ナマ」の居住する南部である。いずれも極端な乾燥地で、住民は牧畜を生業としていた。一方、「オヴァンボ」などの居住する北部では、一定の降水量があるため農耕が可能で、住民は農牧複合を生業とする。この地域には植民地全体の人口の約半数が集中していたが、そこで植民地統治が始まるのは、ドイツの敗退した第一次世界大戦以降、南アフリカ連邦によってである。[2]

西南アフリカ中・南部で植民地征服が実際に進められたのは一八九〇年代半ば以降のことで、その頃になると植民地軍や行政官のみでなく、農場主など一般の植民者の数も増える。南部アフリカの他の地域においても、植民地化が急速に進む時期である。この頃、南部アフリカの広範な地域で、様々な自然災害が発生している。まず、一八九〇年代半ばから第一次世界大戦にかけて、地域により程度の差はあれ、きわめて頻繁に旱魃の年があり、各地に飢餓をもたらした。また、旱魃と重なって、断続的に蝗害《こうがい》が発生した。ある日突然発生する蝗害は、穀物などの作物だけでなくあらゆる草本類を瞬時に無にする巨大な脅威であり、一度発生すると遺伝子変異した卵が産みつけられ、連続して発生することが多い。ヘレロ地域で活動していたある宣教師は、一八九七年に「南部アフリカのあらゆる地域がもうこれで六年続けて蝗《いなご》の害にみまわれている。何億という蝗の群れがカラハリ砂漠を横切り、宣教基地や放牧地から東の方へいけば、丸裸の土地が残っているだけだ」と記している[Spinage 2012:567]。さらに、一八九六年から九八年には、アフリカ大陸全体をおそった伝染病リンダーペスト(牛疫)の波が南部アフリカに達し、この地域の家畜の九割以上が失われた。それぞれは別の出来事であるこれらの災害が時期的に重なり合って発生したことにより、その被害は相乗的に深刻化し、複合災害としてアフリカ人農民と入植者に打撃を与えた。植民地化が進行したのは、人々が生存の危機にみまわれた、まさにそのような時期だった。

南部アフリカへのリンダーペストの到来

リンダーペストは、牛や水牛、また羊、山羊などの家畜やその他の野生動物を含む偶蹄《ぐうてい》類の動物が感染する伝染性の病気である。とくに牛と水牛に対して強い感染力をもち、感染した動物は発病後一週間から一〇日程度の間に高確率で死亡する。この病気の原因がウィルスであることが解明されるのは一九〇二年で、それまでは決定的な予防法も治療法も存在しなかった。ヨーロッパやアジアでは古くからみられる疫病であったが、植民地化以前のアフリカでは、エジプト・スーダンを除いて存在しなかった[山内 二〇〇九]。ところが、一八八七年に大陸東北部のエリトリア・ソマリアで発生(イタリア船がインドから持ち込んだ牛が原因とされる)すると、疫病は免疫のない大陸で猛威をふるい、感染域は南下して広がり、一〇年余りの間に南部アフリカにまで達した。南部アフリカ地域の北部にあたるザンベジ川北岸に到達したのは一八九二年で、しばらくそこで留まっていたものの、九六年三月にはザンベジ川を越え、その後瞬く間に南部アフリカ一帯に広がった。

アフリカの他の多くの地域と同様、南部アフリカは牛を中心とした社会である。牧畜集団にとってはもとより農耕集団にとっても、牛は食糧であり労役・運搬手段であり、基本的な財産、交換手段であり、婚資として使われるのをはじめ各種儀礼にも欠かせず、精神的・宗教的価値と社会秩序の源であった。そのような牛中心社会にリンダーペスト禍がおよんだのであるから、その影響は一通りではなかった。とくに、白人による土地奪取が進み、アフリカ人が牛とともに狭い空間に密集して暮らすところで感染の広がりが早かったのは、当然のなりゆきであった。

史上はじめてのリンダーペストの流行は、出来事の深刻さゆえ、多くのアフリカ人によって語り継がれ、また植民地行政官や宣教師の手によっても記録に残されている。そのため、独立後に各地で書かれたアフリカ史においても、このことはしばしば言及されてきた。南部アフリカ史においていわゆる「初期抵抗」の代表例とされる一八九六〜九七年の南ローデシアのショナ・ンデベレの蜂起や同時期のベチュアナランドのランゲベルク蜂起なども、リンダーペストのもたらした飢餓と、植民地政府の疫病対策への不満と密接な関係をもつものであったことが知られている[Ranger 1967 ; Saker and Aldridge 1971]。さらに、個々の集団の反植民地抵抗の背景という位置付けを越え、南部アフリカ地域史全体にとってのリンダーペスト禍の意味を考察したのは、南アフリカの社会史家チャールズ・ファン・オンセレンだった。ファン・オンセレンは、いくつもの集団の例を取り上げ、人々がこの出来事をどのように解釈し、どのように対応し、その結果どのように人々の生活が変化したかを比較分析したうえで、リンダーペスト禍が地域全体の社会経済が資本主義化する道を決定的に促進したと結論づけている[Van Onselen 1972]。

リンダーペスト禍の最も直接的な被害は、アフリカ人農民から多数の餓死者がでたことである。飢餓は乳や肉といった食糧の源泉としての家畜や野生動物が激減したこと以上に、基本的な運搬手段としての牛車(オックスワゴン)が使えなくなり、流通が破綻して食糧が入手できなくなったことによる。同じ時期にもう一つの災害である蝗害にみまわれた地域では、農作物までもが壊滅し、飢餓がいっそう深刻になった。

家畜数の激減は、植民地当局の導入した施策によってももたらされた。ケープ植民地政府は、一八九六年八月に南部アフリカ地域の各植民地の当局者と専門家を招集し、対策を協議した。この会議では、⑴国境を越えた家畜の移動の禁止、そのためのフェンスの設置、⑵反芻動物(毛皮・角を含む)の取引の禁止、⑶感染地域・被感染地域の間を移動するアフリカ人の消毒、⑷未感染動物の殺処分、の対応をとることが合意された[3][Gilfoyle 2003]。

リンダーペストに関するヨーロッパでの知見に基づくこれらの施策は、その実施過程で、多くのアフリカ人の不満を招いた。前記方針のうち⑴⑵については比較的理解を得やすかったものの、とくに⑶⑷が大きな問題を引き起こした。⑷の施策により、現に病気に感染していない家畜まで殺すことは、実際それが食糧不足の原因ともなっただけに、容易に人々の理解を得られなかった。また、⑶の施策がヨーロッパ人を除外しアフリカ人のみを対象としたうえ、しばしば着衣のまま消毒液を全身に浴びせるような方法がとられたため、屈辱的なものと受け止められた。

植民地政府の進めるワクチンの接種も、紛争の原因だった。イギリス政府は有名なドイツの細菌学者ロベルト・コッホをケープ植民地に招き、ワクチンの開発を委託した。[4] 一八九六年十二月に到着したコッホは四カ月ほど南アフリカに滞在して研究に携わったが、開発したワクチンは、感染個体の胆汁を接種する方法のもの(inoculation)であり、真の原因であるウィルスの発見されていないこの段階での免疫療法は、一定の効果をあげつつも危険をともなった。ワクチン自体が場合によっては健康な家畜を殺すことにもなるうえ、その接種がときに恣意《しい》的に、またときに強制的におこなわれたことが、アフリカ人たちの不満を招く原因となった。

疫病の拡大とともに植民地政府による施策が混乱をもたらしたとき、アフリカ人たちは疫病を白人の悪意によってもたらされた厄災と受け止めた。実際、ワクチン接種した動物が死亡する事態も頻発したから、そのような受け止めは当然といえば当然だった。一方、ヨーロッパ人植民者たちは、無知なアフリカ人の不注意によって被害が拡大しているととらえ、それどころかアフリカ人が悪意をもって病気を故意に広めていると信ずる者すらあった。植民地政府が講じたリンダーペスト対策は、人種間の不信感を招き、その亀裂を増幅していったのである。

それでも、家畜をあらためて購入する財力をもつ白人たちは比較的早く災害から回復した。それに対して、多くのアフリカ人が家畜を回復することができず、糊口をしのぐために鉄道建設現場や鉱山などの賃労働に向かわざるをえなくなった。ベチュアナランドのように、男性のみでなく女性までもが就労のために村を離れる場合もあったから、その影響は一時的なものには留まらなかった[Van Onselen 1972]。牛がいなくなり当面利用されなくなった放牧地は容易に植民者の手に渡り、アフリカ人の無産化に拍車をかけることともなった。リンダーペスト禍は、植民者が土地を自らの手中に集め、アフリカ人たちを出稼ぎ型の賃労働者にするという、植民地体制下の南部アフリカの最も重要な社会経済的な変化を決定的に進める転機となった。

西南アフリカのリンダーペスト禍とヘレロ社会

西南アフリカにおいてリンダーペストの最大の打撃を受けたのは、生活のすべてを牛に負う牧畜民ヘレロだった。[5]

ドイツ植民地政府は、感染がザンベジ川まで到達したことを知った段階で、予防措置に動き出した。感染の到来する方向を予想し、一八九六年七月にはヘレロ地域の北および東側五五〇キロの距離にわたって幅二〇キロの「検疫地帯」を設定し、二〇カ所の検問所を設けた。検問所を通過するすべての家畜の検疫・消毒をおこなうこととし、検疫を無視してこの地帯を往来する者への罰則を導入した。しかし、十分な検問をおこなうだけの役人を配置できないことと、病気自体に潜伏期間があること、さらに感染が野生動物によっても媒介されることのため、予防策はじきに打ち破られてしまう。一八九七年四月六日には、西南アフリカ植民地で最初のリンダーペストのケースが首都ウィンドフクで観察されている。またほぼ同時にヘレロ地域のグロートフォンティンの植民地軍の放牧地においても、感染が目撃されている[Leutwein 1906: 126-132]。感染は、植民地の唯一の長距離輸送手段であるオックスワゴンの経路に沿って広がっていった。

ヘレロ地域を視察した植民地軍司令官のG・フランケは、疫病の広がりを目のあたりにし、五月二十四日の日記につぎのように記している。「我々が［ヘレロの地に］到着すると、二八頭の牡牛が死んでいた。罹患した牛が一〇頭ほどおり、ぞっとするような光景だった。巨体の獣たちの状態は惨憺たるものだった。眼窩から眼球が流れ出し、毛は逆立ち、脇腹が震え、よろめいていた。肛門からは異臭を放つ血の混じった粘液が流れ出していた。我々は自分たちがいまペストに遭遇しているのだと気づき、二頭を射殺した」[NAN, ACC560][6]。

前年八月のケープ植民地での対策会議の合意に基づき、植民地政府は感染した家畜集団の全頭殺処分をすぐに実行に移した。しかし、ヘレロたちにとって、現に病気になっているわけでもない生きた牛を殺すことは、到底受け容れられることではなかった。しかも、その殺処分の仕事にヘレロ自身が動員されたため、彼らが受けた衝撃はいっそう大きかった。

一八九七年五月には、コッホの助手としてケープ植民地に同行したコールシュトック医師が西南アフリカにやってきた。コールシュトックの指示を受け、植民地政府は徹底的なワクチン接種作戦に乗り出した。[7]行政官や兵士、農場主にも接種方法を習得させ、各地を地域割にして、しらみつぶしに接種を実施しようとした[Leutwein 1906:126]。しかし、すでに述べたとおり、開発途上のワクチンは効果が一定せず、[8]ある集団ではほとんど完璧な効果を生む一方、別の集団では接種した集団の三分の二が死亡するというようなこともあった。後者のような場合、アフリカ人たちにとって、ドイツ人によって牛が殺されるとみえたのも当然だろう。また、ワクチン製造のために、すべての牛の所有者に一律に一頭ずつ牛を差し出させたことも、強い反発を呼んだ。

こうして、病気そのものと、政府による施策の結果として、ヘレロの牛は極端に減り、ところによっては九五％もが失われた。オックスワゴンによる輸送が壊滅し物流が完全に停止したことで食糧難は決定的となり、餓死者がでるようになった。ライン・ミッションの宣教師イルレは、布教基地オシサツ付近の状況について、つぎのように記している。「一八九八年三月から八月までの当教区での死者は、汚染肉、水、汚染乳によるものも含め、恐るべき数にのぼっている。オシサツ＝オカトゥンバ教区では、四週間の間に四二〇名の信者中四五名が死んだ。しかしそれでも、近辺にいる非信徒四〇〇名が死んだことに比べれば大したことではない。そこにはもともと一万名ほどいたはずだ。……原住民の間での飢餓は凄まじいもので、しばしば死者を葬るための人手がないほどだ」[Irle 1906:301-302]。

イルレによれば、飢えた人々は植民地政府の対策をかいくぐり、自分たちなりの方法で食糧を確保しようとした。例えば、感染集団の牛であっても殺処分に遭う前にその肉を干し肉にして保存していた。しかし、骨と皮になった動物の残骸を水場に投げ捨てるため、水も乳も汚染されたという。リンダーペストは人間には感染しないという今日の知見からすれば、イルレのいう「汚染肉」「汚染乳」「汚染水」といったものは、直接にリンダーペスト病原によるものではなく、腐敗による細菌の発生などによるものと推測されるが、リンダーペストの拡大にともなってこのような「関連死」が膨大に発生したことは間違いない。さらにイルレは、一八九八年が雨の多い年であり、そのためにマラリアが蔓延《まんえん》したことも指摘している。乾燥地であるヘレロ地域は、北部のオヴァンボ地域などとは異なり、通常はマラリアが発生しない。しかし、リンダーペストによる食糧不足で人々の栄養状態が極端に悪くなっていたところに例外的に雨が多く降り、マラリアが発生したとき、本来であれば抵抗力をもつ人々がこの病にも倒れたのである。リンダーペストの被害は、幾重にも複合的なものとなって人々の生活と生命を破壊した。

ヘレロ社会の変容と一九〇四〜〇八年の戦争

経済生活と社会生活、精神生活のすべての中心であった牛の壊滅は、生き残った人々が元の生活に戻ることも困難にした。ヘレロのなかでは伝統的に、首長が成人男子に牛を分配することによって社会関係が築かれていた。年齢階梯は牛を所有することの資格に応じて築かれ、また婚姻関係も牛を婚資として結ばれた。分配すべき牛をもたなくなった首長には、共同体を統率する権威も実力もない。

牧畜民であるヘレロの社会は本来多頭的で、王国のような集権的な政体がつくられることがなかった。多数の首長が並び立ってそれぞれの集団を率い、それらが緩やかに結びついていた。十九世紀半ば以降、そのようなヘレロの首長の選出にライン・ミッションの宣教師たちが介入するようになっていた。さらに一八九〇年には植民地政府が全ヘレロを代表する者として「最高首長」なる座をつくりだし、サミュエル・マハレロをその地位に就かせた。「すべてのヘレロの代表」という考え方をもたない人々にそのような存在を押しつけたことで、牛を媒介とする首長たちと民との従来の関係は変化し、財産としての牛はサミュエル・マハレロとその周辺に集中していった。リンダーペスト禍は、そうした流れを決定的にするものだった。牛は、社会を平準化するものではなく、差別化するものとなっていったのである。

そうであれば、牛をもたなくなった人々が生きていく道は、植民者に雇用されることしかない。おりしも、鉄道建設が始まり、労働者がにわかに求められるようになっていた。オックスワゴンの壊滅で新たな輸送手段をつくりだす必要に迫られた植民地政府が、一八九七年のうちに沿岸部の港町スワコプムントと首都ウィンドフクとの間の鉄道建設に乗り出したのである。当座の生きる道を求めるヘレロの人々が建設労働に集まった。

それまでは売買可能な「財産」ではなかった土地を植民者に求められて売却する現象が生まれたのも、リンダーペスト禍のなかにおいてだった。一九〇四年一月に始まるヘレロのドイツ人農場襲撃と、つづくナマの蜂起、そしてその巨大な植民地戦争への発展の背景にアフリカ人の家畜と土地がドイツ人の手に渡ったことがあるのは、従来の研究が指摘してきたとおりである。しかし、牛牧畜民であるヘレロが牛を失い無産化する状況は、たんに植民者の経済力と軍事力の強大さゆえにもたらされたのではなく、一八九〇年代後半のリンダーペストとそれへの対応を梃子《てこ》に生まれたのだった。

二　第一次世界大戦とオヴァンボ地域の植民地化

防疫線からレッドラインへ

ヘレロ地域におけるリンダーペスト禍の意味を、他の集団との関係や、広く南部アフリカ地域全体の歴史的変化のなかでとらえようとするとき注目されるのが、リンダーペスト対策として設けられた防疫線である。すでに述べたとおり、防疫線は植民地への疫病の伝播を防ぐという目的には役立たなかった。しかし、中部ヘレロ地域と北部との間を遮断する線は、リンダーペストの収束後も維持され、新たな意味を与えられることになる。

防疫線設定の根本にあった考え方は、ドイツ人の入植地である中部のヘレロ地域およびその南側のナマ地域を疫病から防衛することであった。しかし、植民者が防衛すべき相手は疫病だけではなかった。自らが脅威に取り囲まれているという観念は、多かれ少なかれ植民地支配者がつねに抱くものであったが、リンダーペストの時期、植民者たちには具体的にそれを感じさせる理由があった。

一八九七年末にヘレロ地域の西部で、ヘレロのカンバッタという人物が配下を率いてドイツ人の農場を襲撃する出来事があった。この動きにはいくつかのナマの集団も加わった。[9] リンダーペストで牛を失った人々が新たな牛を買うためにヨーロッパ人商人たちに大きな債務を負うようになったことがこの動きの背景にあった。翌一八九八年八月までには鎮圧されるが、ヘレロとナマの双方がかかわり、また鎮圧を逃れてオヴァンボ地域に逃避する者があったため、植民地政府は、諸集団が広大な領域を自由に移動する状況、とくにヘレロやナマがオヴァンボと連携することの危険を認識した。そのことから、検疫地帯沿いにおかれた二〇の検問所のうち五カ所に恒常的に人員を配置して人々の往来を監視する「警察基地」にした[Rafalski 1930:136–137]。また、一九〇〇年から〇一年には、カンバッタらの動きの中心地となったフランスフォンテインとゼスフォンテインに植民地軍兵士が配置されることになった。家畜の移動を管理し検疫をおこなう目的で設置された検問所は、中・南部の入植地域を守るための防衛拠点に転じたのである。

一九〇四年にヘレロやナマの対ドイツ人蜂起が始まると、植民地軍は中・南部に釘付けになるが、その戦争のなかでも、ヘレロがオヴァンボ地域に逃げ込んだり、逆にオヴァンボ地域から応援物資が送り込まれたりすることがあった[Gewald 1999:177–178]。牧畜民であるヘレロと農牧民であるオヴァンボ諸集団との間には元来、活発な交易関係と人の往来があり、オヴァンボ地域の塩や銅、鉄製品、籠などがヘレロの毛皮や皮革品と交換されるといったことで両者の生活は成り立っていた。植民地軍との戦争のなかで、ヘレロがオヴァンボに助けを求めるのも自然のことであった。しかし、膨大な人口を抱える北部の住民が「叛乱」に合流することこそ、植民地当局が最も恐れるところだった。

植民地当局の観点からすれば、人口の半数が集中し、いくつもの独立王国の存在する北部のオヴァンボ地域は、現有の植民地軍や行政官吏の規模で管理することのできない潜在的な脅威であった。マラリアが多いことも、恐怖を呼ぶ要因だった。ここから、中・南部と北部との間の交通を断ち、軍事力・警察力を前者に集中し、後者をいわば放置する政策が生まれることになる。ヘレロやナマとの戦争が進行していた一九〇六年一月に出された「アンボランド（オヴァンボランド）への、および同地内での往来を規制する総督令」は、⑴「オヴァンボの土地」の範囲を政府やドイツの鉱山会社の意向も勘案して定義したうえで、⑵同地内での武器・火薬・馬・アルコールの取引を禁止し、⑶同地内に自由に入れるのは同地の「原住民」のみ、ただし同地内に拠点をおく宣教師と総督府の許可を得た者を除く、としている［Die Deutsche Kolonial-Gesetzgebung 1906］。この方針に基づき、翌一九〇七年には総督令の規制する地域以外が「警察管理地帯」と名づけられ、地図上に境界線が引かれた。ヘレロランドとオヴァンボランドを分ける境界線の位置は、リンダーペスト時の「防疫線」とほぼ一致している［Miescher 2012:50］（**図1**）。宣教師以外のヨーロッパ人は警察管理地帯の外に出ることを禁じられ、逆に、北部の「原住民」が警察管理地帯に入ることも禁じられた。人の移動を禁止することは当然、家畜の移動を禁止することでもあった。

オヴァンボ地域閉鎖の方針は、中・南部と北部とを分断するとともに、⑵が示すように、同地域への商品の持込みを規制する意図も含んでいた。そのことを裏づけるのが、同じ一九〇七年に始まる野生動物保護区の設置である［Die Deutsche Kolonial-Gesetzgebung 1907］。設置された三カ所の野生動物保護区[10]のうちの一つはオヴァンボ地域の南縁にある巨大な塩性湿地帯「エトシャ・パン」である。象牙の乱獲や毛皮目的の狩猟などにより野生動物がすでに激減していたこの時代、「野生動物を保護する」という考え方がヨーロッパ人の間で広まっていた[11]。しかし、保護区設置に関する法令には、たんに野生動物を保護するのみでなく、

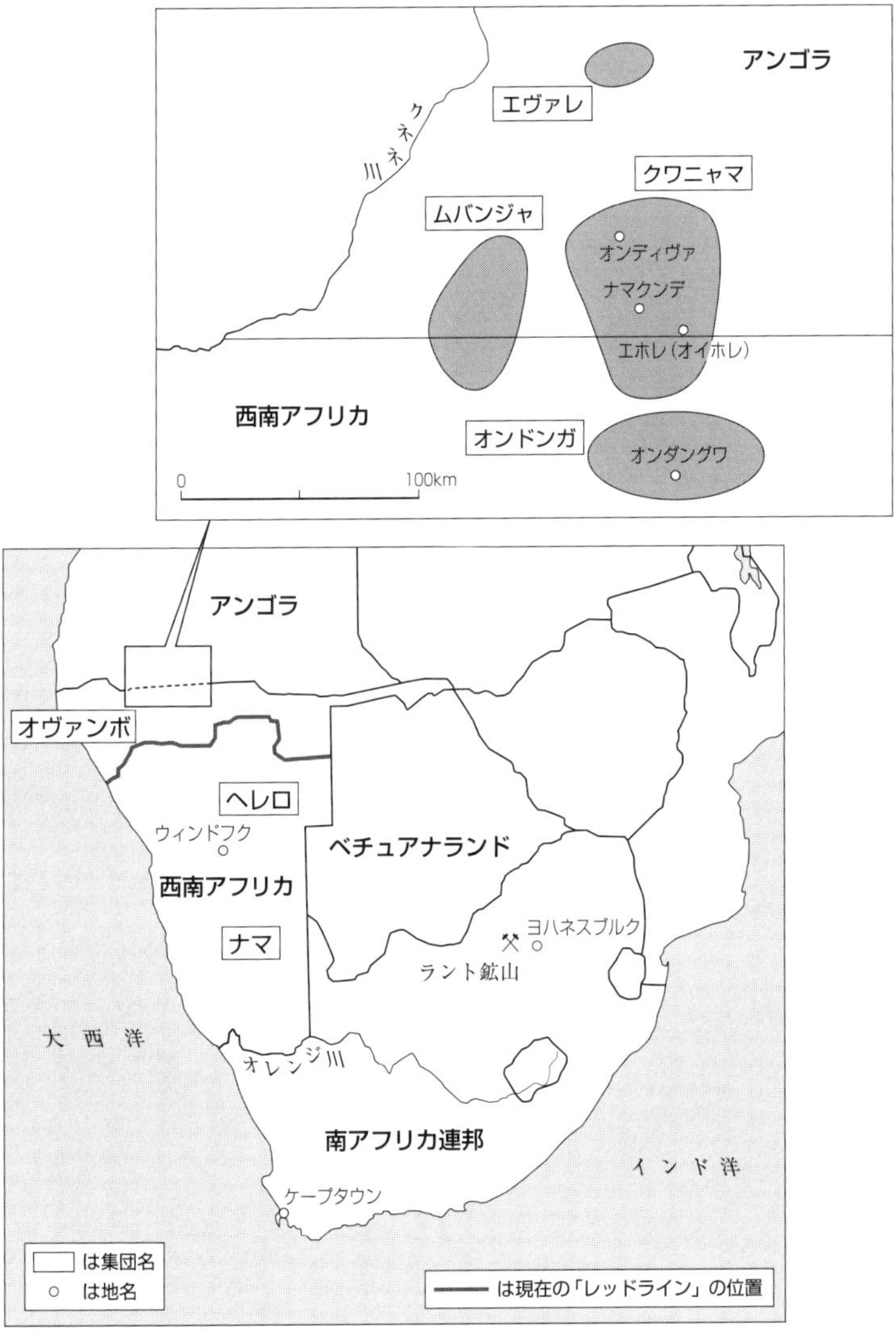

▲図1　1910年頃の南部アフリカ

狩猟民であるサン(「ブッシュマン」)のような移動生活民の生活域を規制し、保護区内での(許可なき)車両(オックスワゴンやドンキーカート)の通過を禁止する内容も含まれていた。つまり、野生動物保護の名のもとに、オヴァンボとヘレロ地域との間の交易ルートにあたるエトシャ・パン沿いの交通が禁止され、オヴァンボへの物流が制限されたのである。こうして、オヴァンボ地域は、第一次世界大戦にいたるまでドイツの直接の統治の対象から外されながら、同時に、経済生活を統御されることになった。

リンダーペストの防疫線を起源とする中・南部(「警察管理地帯」)と北部との分断線は、その後、細部の変更をともないながらも、第一次世界大戦後の南アフリカによる西南アフリカ統治に引き継がれる。新たな植民地宗主国となった南アフリカは、この線を地図上に赤色で示して「レッドライン」と呼び、オヴァンボ地域を中・南部と切り離す政策を堅持した。しかし、「分断」は、以下にみるとおり、きわめて二面的なものだった。そのしくみがつくられたのが、リンダーペストから第一次世界大戦にいたる時期である。

オヴァンボ地域におけるリンダーペストとポルトガル植民地主義

一八九〇年代後半のリンダーペストの流行がおよんだのは、オヴァンボ地域も例外ではなかった。しかし、農牧民であるオヴァンボにとってのその影響は、牧畜民のヘレロの場合とは様相を異にした。

農牧複合を生業とするオヴァンボでは、地域東部を中心にいくつかの王国が形成されていた。オヴァンボとは、それらの王国と、王国をつくらない西部の小集団との総称である。これら大小のオヴァンボ諸集団は、西南アフリカと隣接するポルトガル領アンゴラとにまたがって存在していた(正確には、ドイツ帝国とポルトガル王国とが、一八八四年の植民地分割により、オヴァンボ地域を南北に分断した)。ポルトガル領とドイツ領との境界線は、オヴァンボの最大かつ最強の王国であるクワニャマ王国の領域を東西に貫いた。

しかし、植民地の境界線はあくまでもヨーロッパ人にとっての地図上のものであり、実際に物理的な境界が設けられたわけではなかったから、人々は「分割」後も相変わらず、二つの植民地帝国の領域の間を往来しながら暮らしていた。

ポルトガルは十九世紀末以降、アンゴラ植民地の最南部にあたるこの地域に軍隊を送り込み、オヴァンボ諸集団の征服を進める。一九〇七年にはムバンジャ、一二年にはエヴァレの二つの王国を壊滅させ、ポルトガル領内で第一次世界大戦期まで独立を維持するのはクワニャマ王国だけとなった。そのクワニャマ王国に対しても攻撃が繰り返され、多くのクワニャマの人々が南のドイツ領へと逃避し始めた。ドイツ領側のオヴァンボには、クワニャマ王国のほか、オンドンガ、クワンビなど東部の王国や、西部の小さな集団の人々が暮らしていた。

十九世紀を通じてオヴァンボ地域で活発に交易をおこなっていたポルトガル人商人は、象牙と奴隷を獲得する目的で、銃、馬、またアルコールなどを持ち込んだ。王はそれらの商品を入手するために、他の集団、とりわけ王国を形成していない小集団へのレイディング(襲撃)を奨励し、奴隷として売り渡す戦争捕虜や家畜を確保しようとした。[12] 銃や馬は従来に比べてレイディングを格段に「効率的」にし、その獲得物が新たな銃の入手を可能にしたため、銃とレイディングの循環が拡大していった。繰り返されるレイディングは、襲撃行動を率いた「オマレンガ」(王の従臣・相談役)たちの台頭をもたらした[Clarence-Smith 1979:76–82]。リンダーペストが到来したのは、そのような変化が進行していた時期のことである。

オヴァンボ地域での最初のリンダーペストは、一八九七年七月にオンドンガで、八月にはクワンビで観察されている[Siiskonen 1990:164]。ヘレロ地域から北上してきた疫病はここでも瞬く間に広がり、十月にはアンゴラにおよんだ。行政官のいないこの地域では、ワクチン接種をおこなったのは宣教師たちだった。宣教師たちは植民地政府がワクチンの提供と引き換えに中・南部への労働者派遣を求めてくるのを恐れ、自らの手でワクチン接種を進めようとしたのである[Eirola 1992:98–99]。しかし、宣教師たちが接種にあたって、王とその取巻き、そしてキリスト教徒を優先したため、ここでもワクチンは一般農民の不安と反発を呼ぶ要因となった。[13] 人々に残されたのは、屋敷地から遠く離れた放牧地(キャトルポスト)に牛を移動させることくらいだった。

非常事態を前に、王はそれまで以上にレイディングを進めたが、そればかりでなくレイディングは王の命令を無視してもおこなわれるようになった。自身も牛を失って窮迫したオマレンガたちは、自らの生残りのためにレイディングを強行し、さらには人々に貢納を強いることとすらした。わけても最大の王国クワニャマで、そのようなオマレンガ層の専横が目立った。レイディングの餌食になったのは、王国周辺の弱小集団であり、そのなかでも防衛力の弱い人々、例えば女性だけの世帯だった。一方、レイディングの目的は、牛を奪うだけでなく牛を買うために捕虜(奴隷)をとることでもあったから、レイディングの増加は商人たちにとっては奴隷取引の好機となる。十九世紀も終わろうとするこの時期に、オヴァンボ地域一帯では、リンダーペストを機に奴隷取引が最後の活況を呈したのである[Siiskonen 1990:217–224]。

それでも、オヴァンボ地域の牛の頭数や価格は、一九一〇年頃には以前の水準に回復した。続く時期の旱魃やそれにともなう飢餓に比べれば、オヴァンボでのリンダーペストの影響は相対的に小さかったといえる。そのことは、この地域でのオーラル・トラディションにおいて、リンダーペストへの言及がほとんどみつからないという事実からも推し測れる[Kaulinge 1997]。しかし、牛の数が回復しても、オヴァンボ社会が以前と同じ状態に戻ったわけではない。とくに注目されるのは、貧富の格差の拡大が、男女の経済的地位の格差の増大をもたらしたことである。オヴァンボでは伝統的に、女たちも夫の財産とは別に家畜をもつことができた。しかし、リンダーペスト禍のなかで、牛を失ったのは圧倒的に彼女たちだった。レイディングが頻発するようになると、女たち、とくに女性だけの世帯の女たちは、親族や知人の男に牛を預けてそれを守ろうとしたが、預けたまま回復できないことも多かった。また、絶対数の減った牛の分配においても不利な立場におかれることが多かった。貧富の格差を拡大したリンダーペストは、男女間の差を拡大・固定化する契機ともなったのである[McKittrick 2002:120–121]。

二十世紀初めのオヴァンボ地域の旱魃

リンダーペストの収束した頃から、オヴァンボ地域では旱魃の年が続いた。一九〇一年にはオンドンガ王国で旱魃による飢餓が発生した。オンドンガで活動するフィンランド・ミッションの宣教師は同年二月、つまり通常であれば収穫の見込める雨季[14]に、餓えた人々がクワニャマやクワンビなど他の王国の穀物貯蔵庫をめがけてさまよっていると報告している。それからわずか一年後の一九〇二年初めには、「オンドガの人口の七〜八割が餓死した」という[Gustafsson 2005:56]。つぎの雨季には雨が降ったものの一九〇三年にかけて飢餓は続き、クワニャマやクワンビなどにも広がった。

一九〇一〜〇三年の旱魃飢餓が落ち着いて間もない一九〇七年から翌年には、オヴァンボ地域南部で蝗害が発生し、収穫前の作物を壊滅させた。しかもこの年は雨が降らず、新たに種を播くこともできず、一九〇八年から〇九年初めにかけて、再び餓死者が続出し、あたりには餓死者が倒れ、動く力のある者は自分の土地を捨て、宣教師や他の集団の貯蔵に希望を求めてさまよったと宣教師は記録している。彼らはこれを、一八七〇年代にこの地で活動を始めて以来最悪の飢餓と受け止めた[McKittrick 2002:138]。さらには、打ち続く旱魃ののちに一九〇九年の雨季には洪水が発生し、収穫を待つばかりだった作物を水没させてしまった。そしてこの洪水を挟み、翌年からはまた旱魃が続いた。

旱魃と洪水の繰返し自体は、この地域においては珍しいことではない。季節河川の氾濫原での農業は、それを前提に営まれていた。農耕と牧畜は相互に補完し合って食糧を保障するはずであったし、王の所有する巨大な穀物貯蔵庫は、王の力を誇示するだけでなく、飢饉のときに民を助ける目的ももっていた。しかし、レイディングの増加とリンダーペスト禍を経て、オヴァンボ社会が本来備えていたそのような対応力や回復力は著しく低下していた。

かろうじて生き延びた人々に残されたのは、出稼ぎ労働者として働きに出ることだった。リンダーペストとともに始まった鉄道建設に加え、一九〇八年には南部の海岸地帯でダイヤモンド鉱が発見されて開発が進むなど、中・南部では労働力需要が急上昇していた。一方、ヘレロやナマに対する鎮圧戦争は、大量のアフリカ人を殺戮して人口を激減させたため、植民地政府は労働者の供給地としてオヴァンボ地域に目を向けざるをえなくなった。オヴァンボ地域を閉鎖する一方で、そこに斡旋人を送り込み、労働者徴募を進めたのである。労働者徴募は、オンドンガやクワニャマの王との契約を通しておこなわれた。レイディングを奨励し、それを通じてヨーロッパ製の商品を入手していた王は、次第に王国の民を出稼ぎ労働者として送り出すことにより、新しい商品や情報を手に入れるという方向へ転換していったのである。そのような方向転換は、一九一〇年にポルトガル王政がクーデタで倒され、新しく成立した共和政府がアンゴラの地に存続していた奴隷貿易を禁止し、植民地経営の近代化に乗り出したこととも連動していた[Clarence-

Smith 1979: 64–65〕。

第一次世界大戦とオヴァンボ地域の植民地化

持てる者と持たざる者との格差が拡大するなかで、疲弊した社会を建て直そうとしたのは、一九一一年に若くしてクワニャマの王となったマンドゥメ・ヤ・ンデムファヨである。王は、許可なく銃を使うことや牛を略奪することを禁じ、他方で女性が牛をもつことを奨励するなど、レイディングの横行に歯止めをかけようとした。以前のように皆が牛をもち、牛の飼養と耕作とで暮らしていける状態が王の理想だった。ポルトガル人商人の王国への立入りを禁止し、社会秩序の崩壊の元凶である銃やアルコールが流入するのを防ごうともした。それは、オマレンガの専横を取り締まり、王の統制力を回復する試みでもあった〔永原 二〇一一、一二八〜一三〇頁〕。

王国建て直しの動きは、クワニャマの打倒によってアンゴラ南部の征服を完成させようとしていたポルトガルに行動を急がせた。ヨーロッパでの世界大戦の開始とともに西南アフリカ中・南部でイギリス・南ア連合軍とドイツ軍との戦闘が始まると、アンゴラのポルトガル軍は本国から援軍を呼び寄せ、一九一五年七月に現地のドイツ軍が降伏すると、ただちにクワニャマに対する攻撃を開始した。攻撃を受けた人々はマンドゥメ王とともにアンゴラを離れ、西南アフリカ側に逃避した。しかし、西南アフリカ側が安全であるとのマンドゥメらの幻想はまもなくくじかれる。一九一七年二月、西南アフリカを占領した南ア軍は、ポルトガル軍の助けを借りてマンドゥメ王を殺害し、クワニャマ王国の独立にとどめを刺したのである〔永原 二〇一一、一三三〜一三五頁〕。

最大の王国クワニャマの征服は、南アフリカによるオヴァンボ地域の植民地化の始まりだった。クワニヤマ以外にもクワンビ王国が滅ぼされ、オンドンガのように王国の政体を維持した集団も、南アフリカによる間接統治体制に組み込まれる。第一次世界大戦は、ドイツ植民地時代に制度的な支配のおよばなかった北部オヴァンボ地域において、名実ともに植民地支配が始まる画期となった。

しかし、以上のような政治史的な過程は、この時期にこの地域が植民地支配に組み込まれていった事情を十分に説明してはいない。例えば、マンドゥメ王が殺害されたとき、クワニャマの人々がさらなる抵抗にでることなく、南アフリカ軍への服従を受諾したのはなぜか。多くの人々がそれまでの生活を手ばなし、出稼ぎ労働に赴いたのはなぜか。それらのことを考えるとき、リンダーペスト以降の打ち続く災害のなかで人々が陥っていた状況に目を向けないわけにはいかない。

二十世紀に入りオヴァンボ地域では、一九〇九年の洪水の年を除き、旱魃が続いた。第一次世界大戦の始まる年には、とりわけ深刻な旱魃とそれによる飢餓が三年目を迎えていた。

フィンランド・ミッションの宣教師ラウターネンは、一九一五年十二月に、つぎのように書いている。「オンドンガをめざして生きた骸骨が「クワニャマから」歩いてくる。男や女や子どもたちがオンドンガまでたどりつくことができずに森のなかで死んでいく。わずかに力の残っている者は、さらに弱い者から奪い取り、それらの者が飢えと渇きで死にゆくのを放置する。赤ん坊に乳を含ませたまま転がっている母親の屍があるかと思えば、連れていく力がなくなり生きたままの赤ん坊を藪のなかに投げ捨てる母親がいる。親を失ってさまよう子どももいる。……何千もの人がつぎつぎと死んでいくが、困ったことに、みな弱っていて、墓穴を掘る力のある者がいない」。「耕す者がいなくなった畑がそこここで放棄されている。ここ「オヴァンボランド」で飢え死にしないために、ヘレロランドに逃げていった者もいる。しかし、何百いや何千もの人々が、ヘレロランドまでたどりつかないうちに道端で死んでしまう」〔NAN, RCO9〕。

占領支配を始めたばかりの南アフリカ当局も、オヴァンボでの飢餓状況をまのあたりにして衝撃を受ける。南アフリカ軍を指揮する将軍ヤン・スマッツは一九一五年九月、オヴァンボ地域への緊急救援策を指示し、トウモロコシ粉とコメの支給を開始させた〔NAN, ADM17〕。しかし飢餓の程度は尋常ではなかった。二カ月後のプリチャード大佐の報告は「飢饉と飢餓は前回の報告時よりもさらに悪化している。道路沿いに多数の屍が転がっており、原住民たちは、日々そこここで死んでいく。人肉を食べる原住民まであらわれている」としている〔NAN, ADM18〕。

このような極限状態にあって、王たちも矜持《きょうじ》を捨てた。一九一五年八月、クワンビの王イプンブは、つぎのような手紙(ノルウェー人商人に代筆してもらったもの)を南アフリカ軍に送っている。「我が国は飢餓状態に陥っています。民が飢えてつぎつぎと死んでいます。〔南アフリカ〕政府の助けを乞います。私自身も何ももっていません。食べ物を買いに行くための道はすべて、戦争のために通れなくなってしまいました。小麦粉、米、コーヒー、砂糖を少し分けてください」〔NAN, ADM17〕。一方、オンドンガの王マルティンは、「ポルトガルがクワニャマの人々をオヴァンボランドの南のほうへ追いやっています。〔クワニャマ〕国中が大混乱に陥り、そうすればオンドンガの民も大変なことになります。オンドンガの民とて自分たちの食べるものがないのですから、クワニャマが逃げてきても助けることなどできません」〔NAN, SWAA1496〕。

南アフリカ軍がクワニャマ王国にとどめを刺し、他の王国も服従させることに成功したのは、こうしたなかにおいてであった。南アフリカによる植民地統治は、リンダーペスト、蝗害、旱魃と続いた災害で極限状態に陥っていたオヴァンボ社会の行き着いた先で始まったのである。この時期のオヴァンボにかかわる南アフリカ当局の行政文書の圧倒的部分が「救援」と題されていることからもわかるとおり、占領支配の開始とは、とりもなおさず、飢えた人々に食糧を提供することだった。食糧および「平和」と引き換えに、人々はいまや植民地行政の末端を担うようになった王や首長たちに命じられ、出稼ぎ労働に向かったのである。

一方、飢餓に追われ、自発的にオヴァンボランドを出て南に向かった人々もいる。宣教師たちの目には行き倒れになる人々の姿ばかりが焼きついたようで、そのような光景ばかりが記録されているが、実際には、飢餓に追われ南へと活路を求め、中部のヘレロ地域にまでたどりついた人々が少なからずあった。なかでも、中部の町カリビブは、大戦期にオヴァンボの難民であふれ返った。とくに女と子どもが多かったのは、オヴァンボでのわずかばかりの食糧の分配からも排除されたためであろう。本来はヘレロの人々の暮らす地域であったこの町に、南アフリカ当局は一九一六年二月、臨時の収容キャンプを設置し、北部からやってきた人々に食糧と毛布を提供するなどの救援策を講じている[NAN, ADM18]。レッドラインの存在、北部閉鎖の方針にもかかわらず、「警察管理地帯」におけるオヴァンボ難民の存在は秘密でも例外でもなかった。この難民たちもまた、まもなく労働者として鉱山や鉄道建設現場に吸収されていく[Gewald 2003 : 227–228]。

こうして、あるいは自主的に、あるいは命じられて、オヴァンボの人々が雇われていった先は、西南アフリカ中・南部の鉱山や鉄道建設現場、そして南部アフリカ地域全体の植民地経済の中心地である南アフリカのラント金鉱だった。オヴァンボの人々の生き方を根底から変えてしまった一九一五年前後の時期を、オヴァンボの人々は、世界大戦の年としてではなく、「荒れ狂う飢饉」の年として記憶し、今日まで語り継いでいる。

おわりに

十九世紀末から第一次世界大戦期、アフリカ各地で実質的な植民地支配が進み、抵抗と鎮圧の戦争が戦われた。第一次世界大戦もまた、植民地の文脈においてはアフリカ人に対する征服の戦争であった。西南アフリカのドイツ植民地主義は乾燥地である中・南部に支配を集中し、リンダーペストと蝗害やマラリアの複合的な災害に助けられながら牛と土地をヘレロやナマの手から奪っていった。そのことはやがて、一九〇四〜〇八年の激しい植民地戦争を招いた。その一方で、中・南部の動きが人口稠密《ちゅうみつ》な北部と結びつくのを恐れる植民地政府により、北部の閉鎖が図られた。しかし、中・南部と北部のアフリカ人たちはその自然条件の相違にもかかわらず、いやむしろその相違のゆえに、歴史的に緊密な交易・交流の関係を築いていた。飢饉や戦争という危機のときに、そのような地域間の結びつきが意味を発揮した。だからこそ、植民地統治にとって境界は厳重でなくてはならず、リンダーペストの防疫線に起源をもつ地域の分断線は、南アフリカによる植民地支配においても踏襲された。南アフリカ当局は、第二次世界大戦後の家畜伝染病の流行に際して、それまで検問所をつなぐ観念上の線だったレッドラインに物理的にもフェンスを設ける。フェンスは独立から四半世紀を経た今日なおナミビアに残り、北部住民の家畜売買などの経済活動を規制しているのである。

しかし、地域の分断と北部の「閉鎖」は、ドイツ植民地主義にとっても南アフリカ植民地主義にとってもフィクションでしかなかった。北部からの出稼ぎ労働者こそ、植民地の経済開発に必要不可欠な存在だったからである。すでにドイツ植民地時代、リンダーペストの時期に中・南部でアフリカ人の出稼ぎ労働者化が始まっていたが、一九〇四〜〇八年の植民地戦争で労働力が失われてからは、北部からの労働力徴募も始まった。行政官や軍隊を配置しないままに労働力を引き出そうとするその方式は、オヴァンボ地域にとって「統治なき植民地主義」というべき意味をもった。その後、南アフリカは第一次世界大戦期の旱魃と飢餓に苦しむ人々に食糧を提供することでこの地域をおさめ、名実ともに植民地主義の権力をもって、オヴァンボの地を出稼ぎ労働者の送り出し地とする体制をつくりあげた。これにより、中・南部を含む西南アフリカ全体が、鉱山を核とする南部アフリカ地域の資本主義的構造化の過程に組み込まれていくことになった。それは、リンダーペスト、蝗害、そして旱魃によってもたらされた飢餓に起因する深刻な社会変動の終着点であった。

十九世紀末から第一次世界大戦期の南部アフリカで進行した以上のような事態は、冒頭で紹介したデイヴィスの表現を借りるなら、まさに「ヴィクトリア朝末期のホロコースト」であった。南部アフリカにおける旱魃などがデイヴィスのいう「エルニーニョ」とどのような関係にあるのかは専門家による解明を待たなくてはならないが、少なくとも、環境や災害とそれにともなう飢餓、そしてその結果としての社会経済の変動という観点から南部アフリカ地域の戦争をみるとき、世界の他の植民地地域との同時代性が浮かび上がってくるのである。

◆註

1　本章でいう「南部アフリカ」とは、南アフリカのほか、西南アフリカ(今日のナミビア、以下同様)、アンゴラ、ベチュアナランド(ボツワナ)、ローデシア(ジンバブウェ、ザンビア)、モザンビークの範囲を指す。

2 第一次世界大戦後、国際連盟による委任統治の形で、南アフリカ連邦が西南アフリカを統治した。第二次世界大戦後、南アフリカ(一九六一年からは共和国)は西南アフリカの返還を拒否し、国際法上の不法占領を続けた。西南アフリカがナミビアとして独立したのは一九九〇年である。

3 専門家のなかでは、ヨーロッパでの獣医学的知識を持ち込もうとする者と、むしろ南アフリカ現地で経験を重ねていた農場主などとの間の、考え方の違いが目立った。意見の違いはまた、イギリス植民地であるケープとアフリカーナーの共和国の関係者との間にもみられた[Gilfoyle 2003]。十八世紀以降、リンダーペスト研究はヨーロッパにおける近代的獣医学成立の出発点となったが、十九世紀末アフリカでのリンダーペスト大流行は、それをさらに発展させ、ウィルス発見にいたらしめる契機となった[山内 二〇〇九]。リンダーペストへの対処の歴史は、ヨーロッパの近代科学の成果が植民地に適用されただけでなく、むしろ植民地での経験がヨーロッパ近代科学の発展を促すという逆のベクトルに注目することの重要性も示している。

4 コッホは、ダイヤモンド鉱山で有名なキンバリーに特設の実験室を与えられ、ワクチン開発にあたった。この実験施設を提供したのは、ダイヤモンド開発の最大手デビアス社だった。同社の創始者セシル・ローズはすでに同年一月にケープ植民地首相の座を退いていたが、南部アフリカにおける英帝国主義の動向に巨大な影響力をもつ人物であることに変わりはなく、リンダーペスト対策も、ローズの率いる鉱山業界の意向と無関係ではなかった。鉱山業界は、リンダーペスト対策により白人の農業部門を救うことで、鉱業を中心とする南アフリカ経済全体を救おうとした。コッホが当時としては最善のワクチンを開発したのち、一八九七年三月にドイツ皇帝の命で腺ペスト対策のためにインドに向かったとき、デビアス社は最大限の感謝の意を表明した[Blumberg 1989]。なお、ドイツ人であるコッホの南アフリカでの活動が示すように、植民地の境界とは関係なく拡大する疫病への対処が、競争関係にあるヨーロッパの帝国間の連携をもたらした点も注目される。

5 南部のナマは、もっぱら牛を飼養するヘレロとは異なり、山羊と牛を組み合わせた牧畜をおこなっており、疫病の様相も異なった。ただし、ヘレロ地域に比較して記録が格段に少なく、その仔細を明らかにするのは現在のところ難しい。

6 ナミビア国立文書館 National Archives of Namibia 所蔵の史料を、以下[NAN+史料番号]として示す。

7 西南アフリカにおいて植民地政府が機敏かつ徹底した対策に乗り出したのは、同じドイツ領植民地である東アフリカ(現在のタンザニア)での失敗の経験によるとされる。先んじて流行のあった東アフリカでは、アフリカの家畜伝染病は「文明国」のリンダーペストとは別物であるとの先入観から対応が遅れた[Sunseri 2015]。

8 当時の研究者の調査によれば、ワクチンを接種した牛の生存率は平均して三〇~五〇%程度であった[Siiskonen 1990:165]。

9 カンバッタのグループに、ナマのD・スヴァルトボーイ、ナマのサブ集団であるトプナールのJ・アイハマブの人々が合流した。当該地域は植民地開発会社「カオコ土地・鉱山会社」が獲得を狙う場所であり、植民地政府は同社カンバッタらの動きを鎮圧させた。首謀者や同調者一五〇名のほか女性・子ども四〇〇名が拘束され、刑罰として鉄道建設現場などで強制労働させられた[Wallace 2011:227]。

10 一カ所は沿岸部のナミブ砂漠地域、あとの二カ所は「防疫線」の外側の北部に位置し、それぞれ今日の国立公園の原型となっている。

11 すでに象牙は乱獲され、毛皮や角を獲物とする「トロフィー・ハンティング」も横行していた。ミーシャーによれば、植民地における「野生動物保護」を主張したのは、スポーツ・ハンティングの愛好者たちだった。ハンティングを「貴族の遊び」として好む人々にとって、アフリカ人たちが生活の糧を得るためにおこなう狩猟は禁ずべきことであり、対してスポーツ・ハンティングは自然との「適正な」関係を保つことを約束するものなのだった[Miescher 2012:53-54]。

12 ポルトガル植民地での奴隷取引は建前上は一八三六年に廃止された。しかし、アンゴラにおいては少なくとも一九一〇年のポルトガル共和政府の成立まで取引がおこなわれている。ポルトガル商人に売り渡された捕虜=奴隷は、しばしば象牙、のちにはゴムなどの商品を運びながら港(ベンゲラ)まで歩かされた。したがって奴隷取引はゴム取引の動向とも連動していた[Gustafsson 2005; Clarence-Smith 1976; Clarence-Smith 1979:64-65]。

13 逆にいえば、アフリカ人にとってはキリスト教徒になることによって生き延びることができたということでもあり、それがオヴァンボ地域で布教活動を成功させる根本的な要因だった[McKittrick 2002]。

14 南半球のこの地域では、十一月頃から四月頃までの夏が雨季にあたる。年が明けても雨が降らなければその年は旱魃ということになる。以下で「〇〇年は旱魃」といった表現をとる場合は、暦年の末から翌年の前半にまたがるひとまとまりの季節を指す。

15 ポルトガルは、大戦の開戦当初は中立国であったが、南部アフリカにおいては一貫してイギリス帝国の同盟者の立場にあった。ヨーロッパにおいてポルトガルがドイツ・オーストリア＝ハンガリーからの宣戦布告を受け中立を捨てるのは一九一六年三月だが、アンゴラのポルトガル軍はそれに先立って西南アフリカのドイツ軍との戦闘を想定していた。

◆参考文献

史料・同時代文献

National Archives of Namibia (NAN), ACC560; ADM17,18; RCO9; SWAA1496.

Die Deutsche Kolonial-Gesetzgebung (1906, 1907) Berlin.

[Irle 1906] Irle, Jacob, *Die Herero. Ein Beitrag zur Landes-, Volks- und Missionskunde*, Gütersloh, C. Bertelsmann.

[Kaulinge 1997] Kaulinge, Vilho, *"Healing the land". Kaulinge's History of Kwanyama*, ed. by P. Hayes and D. Haipinge, Köln, Rüdiger Köppe.

[Leutwein 1906] Leutwein, Theodor von, *Elf Jahre Gouverneur in Südwestafrika*, Berlin, E. S. Mittler und Sohn.

[Rafalski 1930] Rafalski, H., *Vom Niemandsland zum Ordnungsstaat. Geschichte der ehemaligen Kaiserlichen Landespolizei für Deutsch-Südwestafrika*, Berlin, Emil Wernitz.

[Rohrbach 1909] Rohrbach, Paul, *Deutsche Kolonialwirtschaft. Kulturpolitische Grundsätze für die Rassen- und Missionsfragen*, Berlin-Schöneberg, Buchverlag der “Hilfe”.

[Tönjes 1911] Tönjes, H., *Ovamboland. Land, Leute, und Mission. Mit besonderer Berücksichtigung seines größten Stammes Oukanjama*, Berlin, Warneck.

研究文献

[永原 二〇〇九] 永原陽子「ナミビアの植民地戦争と「植民地責任」――ヘレロによる補償要求をめぐって」(永原編『「植民地責任」論』青木書店) 二一八〜二四八頁

[永原 二〇一一] 永原陽子「マンドゥメの頭はどこにあるのか――ナミビア北部・クワニャマ王国の歴史と現在」(永原編『生まれる歴史、創られる歴史』刀水書房) 一二三〜一五一頁

[山内 二〇〇九] 山内一也『史上最大の伝染病 牛疫――根絶までの四〇〇〇年』岩波書店

[Beinart 2000] Beinart, William, African History and Environmental History, *African Affairs*, 99 (395), pp. 269–302.

[Blumberg 1989] Blumberg, L., Robert Koch and the Rinderpest, *South African Medical Journal*, 76 (8), pp. 438–440.

[Brown 2014] Brown, Karen, Tropical Medicine and Animal Diseases. Onderstepoort and the Development of Veterinary Science in South Africa 1908–1950, *Journal of Southern African Studies*, 31 (3), pp. 513–529.

[Candido 2007] Candido, Mariana P., Merchants and the Business of the Slave Trade at Benguela, 1750–1850, *African Economic History*, 35, pp. 1–30.

[Clarence-Smith 1976] Clarence-Smith, W. G., Slavery in Coastal Southern Angola, 1875–1913, *Journal of Southern African Studies*, 2 (2), pp. 214–223.

[Clarence-Smith 1979] Clarence-Smith, W. G., *Slaves, Peasants and Capitalists in Southern Angola 1840–1926*, Cambridge University Press.

[Davis 2000] Davis, Mike, *Late Victorian Holocausts. El Niño and the Making of the Third World*, London/New York, Verso.

[Eirola 1992] Eirola, Martti, *The Ovambogefahr. The Ovamboland Reservation in the Making*, Rovaniemi, Pohjois-Suomen Historiallinen Yhdistys.

[Gewald 1999] Gewald, Jan-Bart, *Herero Heroes. A Socio-Political History of the Hereros of Namibia 1890–1923*, Oxford, James Currey.

[Gewald 2003] Gewald, Jan-Bart, Near Death in the Streets of Karibib. Famine, Migrant Labour and the Coming of Ovambo to Central Namibia, *Journal of African History*, 44 (2), pp. 211–239.

[Gilfoyle 2003] Gilfoyle, Daniel, Veterinary Research and the African Rinderpest Epizootic. The Cape Colony, 1896–1898, *Journal of Southern African Studies*, 29 (1), pp. 133–154.

[Gilfoyle 2009] Gilfoyle, Daniel, *The Many Plagues of Beasts: Veterinary Science and Public Policy at the Cape of Good Hope, 1877–1910*, Saarbrücken, Vdm Verlag.

[Gustafsson 2005] Gustafsson, Kalle, The Trade in Slaves in Ovamboland, ca. 1850–1910, *African Economic History*, 33, pp. 31–68.

[Jacobs 2003] Jacobs, Nancy J., *Environment, Power and Injustice. A South African History*, Cambridge University Press.

[McKittrick 2002] McKittrick, Meredith, *To Dwell Secure. Generation, Christianity, and Colonialism in Ovamboland*, Portsmouth, NH, Heinemann.

[Miescher 2012] Miescher, Giorgio, *Namibia's Red Line. The History of a Veterinary and Settlement Border*, New York, Palgrave Macmillan.

[Phoofolo 1993] Phoofolo, Pule, Epidemics and Revolutions: The Rinderpest Epidemic in Late Nineteenth-Century Southern Africa, *Past & Present*, 138, pp. 112–143.

[Ranger 1967] Ranger, Terence, *Revolt in Southern Rhodesia, 1896–97*, London, Heinemann.

[Saker and Aldridge 1971] Saker, Harry and J. Aldridge, The Origins of the Langeberg Rebellion, *Journal of African History*, 12 (2), pp. 299–317.

[Siiskonen 1990] Siiskonen, Harri, *Trade and Socioeconomic Change in Ovamboland, 1850–1906*, Heksinki, Suomen Historiallinen Seura.

[Spinage 2012] Spinage, Clive, *African Ecology: Bench Marks and Historical Perspectives*, Berlin/Heidelberg, Springer.

[Sunseri 2015] Sunseri, Taddeus, The Entangled History of Sadoka (Rinderpest) and Veterinary Science in Tanzania and the Wider World, 1891–1901, *Bulletin of History of Medicine*, 89 (1), pp. 92–121.

[Van Onselen 1972] Van Onselen, C., Reactions to Rinderpest in Southern Africa 1896–97, *Journal of African History*, 13 (3), pp. 473–488.

[Wallace 2011] Wallace, Marion, *A History of Namibia. From Beginning to 1990*, London, Hurst.

戦時災害リスクの構造と管理社会化

——中国の戦時動員と災害

笹川 裕史

はじめに

日中戦争(一九三七〜四五年)と自然災害との関わりでいえば、近年、中国の学界では一九四二年から四三年にかけて河南省で発生した大規模旱害が注目を集めている。発端は、劉震雲《りゅうしんうん》という中国の著名な作家が一九九三年に出版したルポルタージュ小説であり、日本語にも翻訳されている[劉 二〇〇六]。その後、この小説を題材にした映画も中国で製作され、二〇一二年に上映された。

ここで話題になっている河南省の災害では、一説には餓死者が三〇〇万人にものぼったとされている。その悲惨さもさることながら、この災害には、もう一つの衝撃的な事件が付随して発生していた。すなわち、災害が収束に向かった翌年、有効な救済策をとらずに酷薄な食糧徴発を優先していた中国国民党の河南省駐屯軍に対して、現地の無数の農民たちが、猟銃、青竜刀、鉄の鍬などを手にして襲撃したのである。同駐屯軍は、同年春に始まった日本軍の大規模侵攻(「大陸打通作戦」)によって敗走し、その過程で日本軍と連携した自らの同胞たちの手によって武装解除された。農民たちが日本軍に協力した背景には、国民党軍とは異なって、日本軍の駐屯部隊が周辺の被災民を救済するために自らの軍糧を提供していた事実も指摘されている。[1] いわば、農民たちの切迫した生存確保の論理が、抗戦の論理(抗日ナショナリズム)を突き崩した象徴的な事例であろう。ちなみに、劉震雲の小説は、現在を生きるおのが故郷の河南人は、侵略者に協力した「売国奴」の子孫なのだろうかという重い問いを投げかけている。そのうえで、あくまで農民たちの困難な境遇に寄り添いつつ、文学者らしい反語と逆説に満ちた思索を重ねていく。

ともあれ、この災害に関する中国側の歴史研究では、被害の隠蔽、救済策の遅延や不徹底に焦点をあて、被害拡大の「人災」的側面を強調し、あらためて中国国民政府の悪辣・無能・腐敗ぶりを断罪する論調が多い[孟ほか編 二〇一二など]。国民政府を徹底して否定的に描く点では、かつての中国共産党の正統的革命史観の枠組みに立ち戻っていくような印象を受ける。しかし、一方で最近では、残された史料の性格や問題点を丹念に検証しつつ、政府側の救済策を一定程度評価する冷静な議論も登場するようになった。そこでは、当時の客観情勢による現実的制約、例えば、周辺の日本軍の配置状況や救援物資を運ぶ交通路の問題などにも周到な目配りがなされるとともに、「餓死者三〇〇万人」という一人歩きしている数字についても説得力のある疑念が提示されている[江 二〇一四]。

さて、本章では、このような災害研究の動向から学びつつも、全国の耳目を集めた巨大災害ではなく、日常的な災害の頻発や災害リスクの増大と戦時動員との関わりを考察してみたい。対象地域としては、日中戦争期に国民政府の拠点となり、食糧や兵士など最も重い戦時負担を強いられた四川省を取り上げる。戦時四川省の社会動向については、私自身の以前の二冊の著書[笹川/奥村 二〇〇七・笹川 二〇一二]で総括的に明らかにしているが、本論では同じ題材を取り上げつつ、災害との関わりに焦点をあてて再構成する。[2] そうすると、十分な準備や条件がないまま実施された戦時動員が日常的に災害を誘発し、災害が戦時動員のコストを増大させ、その機能を損なっていく、という矛盾の連鎖が観察できる。本章では、そうした矛盾の連鎖を具体的に描き出すと同時に、これを抑え込もうとする政府の努力のなかから、社会への管理強化が一層進展していく様相を浮かび上がらせてみたい。そして、最後に、その管理強化がもたらす功罪を簡単に展望して結びとしたい。

一　戦時負担と災害リスク

食糧生産と災害の概要

まず、四川省の戦時食糧生産の動向を確認しておこう。ただし、四川省の主食は米であり、同省の場合、食糧の戦時徴発も基本的に米だけでおこなわれたので、ここでは煩雑さを避けて、米だけの年次別生産統計をあげる。**図1**の棒グラフがそれである。このグラフは四川省農業改進所が集計・公表したデータに基づいており、データの正確性についてはのちほど若干言及するように問題がある。ただ、ほかに実態をう

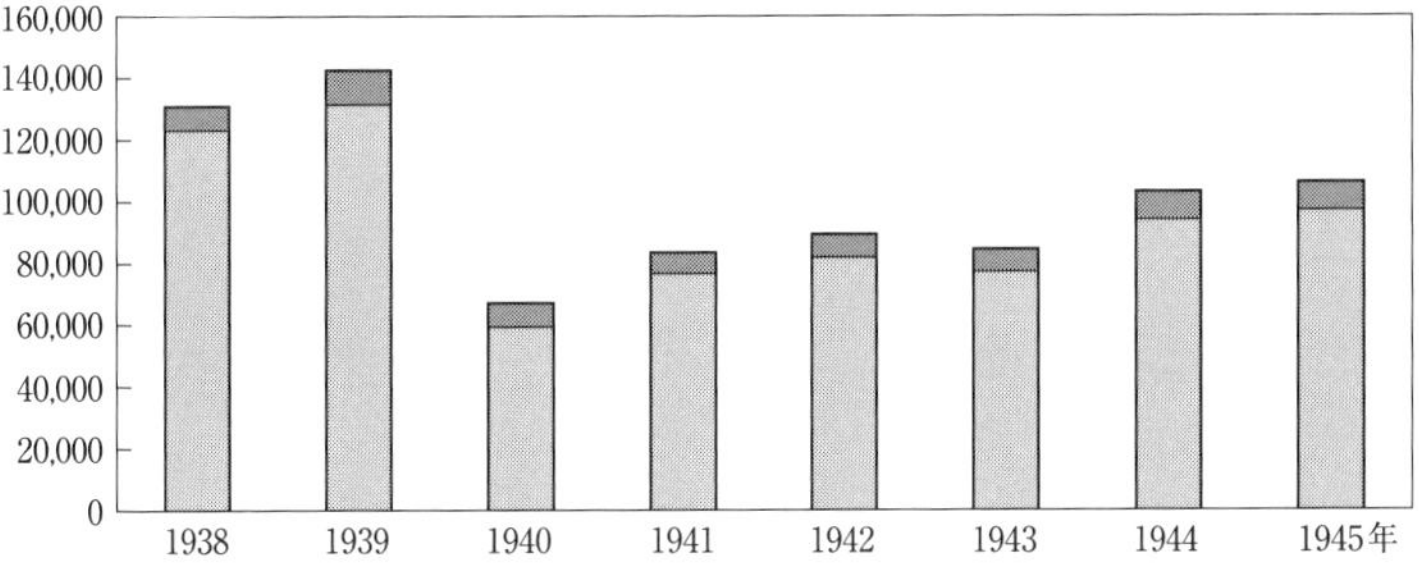

	1938	1939	1940	1941	1942	1943	1944	1945年
糯米	8,717	11,602	7,885	6,780	7,488	7,621	8,986	9,466
粳米	123,573	131,729	60,718	77,614	82,763	78,172	95,466	98,151

▲**図1**　日中戦争期四川省における米の年次別生産量（単位：千市担〈1市担＝約50kg〉）
出典：［四川省檔案館編 2005］p. 50より作成

かがう材料がなく、ここから大まかな趨勢はうかがえるものと考えて議論を進めていく。

まず、**図1**を一見して気づくことは、一九四〇年から四三年までの米生産量の落込みが激しいという点である。その背景には、各地で大小様々な自然災害が発生していたことがかかわっていた。例えば、生産量の落込みが激しい一九四一年と四二年については、自然災害の被害程度に関するデータが残っている。その一端を抜粋して、**表1**にまとめてみた。これも四川省農業改進所のデータに基づいている。表中の「受災面積」欄の比率は、その作物の作付面積全体に占める、何らかの自然災害がおよんだ耕地面積の割合を指す。また、「損失量」欄の比率は、作付けた作物がすべて完全に生育した場合に予想される全収穫量に占める、収穫できなかった量の割合を指す。

表1からわかるように、作付面積と生産量が最も大きい粳米《うるち》でいえば、一九四一年で受災面積が約五四%、損失量が約三七%、四二年で受災面積が約五〇%、損失量が約四二%である。冬作物の代表格で、四川省では食糧徴発の対象にはならない準主食の小麦でいえば、一九四一年で受災面積が約四四%、損失量が約三七%、四二年で受災面積が約三七%、損失量が約二六%である。その他の穀物類やイモ類も、これとほぼ同等近くの多大な被害を受けている。自然災害が農業生産を大きく損なっていたことがうかがわれよう。

ただし、これらの数字には、食糧供出負担の軽減を狙った被害の誇大申告などが混在している可能性を排除できない。被害の誇大申告は、戦時徴発を推し進める行政側をつねに悩ませており、本章冒頭で紹介した河南省の大旱害の場合も、民間からあがってくる申告内容に対する行政側の不信感が、事態の早期把握と救済策の初動を遅らせ、被害を深刻化させたと指摘されている[江 二〇一四]。しかし、誇大申告がどの

表1 1941・1942年における四川省主要農作物の受災面積，損失量，災害の種類

1941年

種類		冬季作物				夏季作物			
		小麦	大麦	燕麦	蕎麦	粳米	糯米	トウモロコシ	サツマイモ
受災面積(千市畝)		7,430	4,170	453	140	15,222	583	6,977	3,895
比率(%)		44.2	43.1	36.8	19.0	53.7	51.6	50.2	36.8
損失量(千市担)		14,320	6,494	633	200	28,856	2,667	8,391	16,581
比率(%)		36.5	37.2	30.0	19.4	37.2	39.4	39.8	28.2
災害種類	旱害	113	103	42	41	119	119	121	108
(県数)	風害	39	34	—	7	25	22	28	5
	病害	18	14	—	1	6	6	1	3
	虫害	3	3	1	3	49	52	18	16
	多雨	6	5	—	1	25	22	15	32
	その他	5	4	—	0	11	9	11	7

1942年

種類		冬季作物				夏季作物			
		小麦	大麦	燕麦	蕎麦	粳米	糯米	トウモロコシ	サツマイモ
受災面積(千市畝)		7,356	3,221	321	113	15,103	1,523	5,838	5,109
比率(%)		36.5	32.7	31.9	11.0	49.8	45.2	42.2	49.1
損失量(千市担)		12,435	4,548	430	247	60,374	6,612	16,491	36,307
比率(%)		26.4	25.6	24.8	16.9	41.8	45.4	40.5	41.9
災害種類	旱害	97	94	32	29	115	109	115	112
(県数)	風害	56	48	8	7	15	13	18	6
	病害	19	23	1	2	2	2	2	2
	虫害	11	12	3	1	49	46	26	10
	多雨	4	3	2	2	4	5	5	7
	雹害	9	8	0	1	5	6	8	3
	その他	9	11	0	1	3	5	6	9

1941年冬季作物のデータは，「〔民国〕三十年冬作受災損失估計」(四川省農業改進所編『四川省農情報告』第4巻第6期，1941年6月15日)に基づく。同年夏季作物のデータは，「〔民国〕三十年夏作受災損失估計」(同上第5巻4・5・6期合刊，1942年6月15日)に基づく。1942年冬季作物のデータは，「〔民国〕三十一年冬作受災損失估計」(同上第5巻7・8・9期合刊，1943年1月15日)に基づく。同年夏季作物のデータは，「〔民国〕三十一年夏作受災損失估計」(同上第5巻10・11・12期合刊，1943年2月15日)に基づく。なお，1市畝は約6.67アール，1市担は約50kg。表中の—は原史料の印刷が不鮮明で判読が不能

程度含まれているかを類推できるような手がかりや根拠はみあたらない。

とはいえ、前記のデータが曲がりなりにも大まかな趨勢を示しているとすれば、古くから食糧生産が豊かで「天府の国」とも称された四川省でも、河南省のような大規模災害にはいたらなかったとはいえ、戦時下で自然災害が相当に深刻であり、大きく広がっていたことは否定できないように思われる。自然災害の種類としては、旱害が最も多く、風害、虫害、病害、多雨、雹《ひょう》害など、様々な災害の発生が列挙されている。複数の異なった災害が、同時期に、あるいは連続的に発生するのは、河南省の場合と同じである。

食糧の戦時負担の構造と災害

つぎに、以上のような自然災害の頻発と戦時食糧負担との関連を考えてみよう。中国における本格的な食糧の戦時徴発が始まるのは、一九四一年後半からである。このとき、それまで金納であった土地税を現物(米・小麦など)に換算して徴収するようになり、それと同時に、国家は土地税とほぼ同量の食糧を同じ納税者から強制的に買い上げた(のちには財政難のため強制借上げに変更)。こうした食糧徴発の実績を示すデータによれば、中央政府が四川省に割り振った食糧徴発量のノルマは、一九四一年から四五年にかけてほぼ達成していた[笹川/奥村 二〇〇七、三三頁]。土地税の現物への換算率や食糧の買上げ価格は、戦前の食糧価格を基準としており、激しい戦時インフレのもとでは、農家の負担は激増したと考えられる[王 一九八五]。

ただし、農家負担の激増と自然災害の頻発との因果関係は、それほど単純ではない。例えば、四川省における米生産量に占める徴発量の割合は、**表2**に示されている。ここでとくに説明を要するのは、「修正値」欄の数字である。一般に民国期中国では国家による土地の捕捉率は低く、国家が把握していない非課税地が相当に広がっていた。このような事態を改善するために、国民政府は日中戦争直前まで地籍整理を進めたが、正確な土地測量を完了しえた地域はごく一部に留まった。そうした地域では、土地測量の結果、平均で三五％程度の非課税地が新たに検出されている[3]。戦前に地籍整理を実施しなかった四川省の場合もほぼ同じ割合の非課税地が存在すると仮定し、この割合を生産量に上乗せして徴発量の比率を計算し直したのが「修正値」である。やや乱暴な推計方法であるが、こちらのほうがより実態に近い数字であることは間違いなかろう。

表 2　日中戦争期四川省，米生産量に占める徴発量の割合

（単位：トン）

年度	米生産量	徴発量	割合(%)	修正値(%)
1941	4,219,700	745,200	17.7	13.1
1942	4,512,550	896,400	19.9	14.7
1943	4,289,650	869,400	20.3	15.0
1944	5,222,600	1,047,600	20.1	14.9
1945	5,380,850	982,800	18.3	13.5

米生産量は［四川省檔案館編 2005］p. 50 の数字（粳米と糯米の合計，市担）をトンに換算した。徴発量は［笹川／奥村 2007］p. 3 の表1-B における「実際の徴発量」欄の数字を重量に換算して（換算率は 1 市石＝54公斤，この換算率は［四川省地方志編纂委員会編 1995］p. 18 に記載），トンで表示した。「修正値」の計算方法は本文を参照

表 3　戦時下日本の米生産量における供出量の割合

（単位：千石〈1 石＝180リットル〉）

年度	米生産量	供出量	供出率(%)
1941	54,967	28,867	54.4
1942	66,663	39,970	61.5
1943	62,816	39,682	62.5
1944	58,559	37,294	63.5
1945	39,149	19,561	64.5

出典：［玉 2003］p. 197 の表3-8-1を一部割愛して作成

こうして算出した「修正値」によると、四川省における米生産量に占める徴発量の割合は、一三〜一五％という値になる。では、この数字をどう考えればよいのだろうか。ここで、試みに、戦時下の日本の場合と比較してみよう。**表3**は同じく一九四一年から四五年までの日本の米生産量に占める供出量の割合であり、ここでは五五〜六六％という数字が示されている。両者の隔絶はあまりにも大きいといわねばならない。このような隔絶が生じる要因は後述するが、数字だけを比べれば、四川省の食糧供出負担は日本よりもはるかに軽かったのであり、したがって、食糧供出負

担が農村にもたらす災害リスクも日本よりもよほど小さいようにみえる。

ところで、私はかつて中国と日本の戦時食糧徴発の対照的な性格を、つぎのような比喩で記述したことがある。今でもこの記述は大筋において正確であると考えているので、あらためて引用しておこう。

日本の場合は狭い国土と住民を隈なく細やかに把握し、それを土台に厳格な統制を実施して農村から食糧負担の潜在能力をほぼ最大限に引き出していた。これに対して、中国の場合は、広大な国土と膨大な人口という規模の優位性を頼りに、そこに「目の粗い網」を緩やかにかぶせることで、農村から必要な食糧を確保した。［笹川／奥村 二〇〇七、二七頁］

先の数字は、この対照的な日中間の相違を、端的に反映している。しかしながら、注意すべきは、この事実は中国の戦時負担が過酷ではなかったことを決して意味しないということである。端的にいえば、負担配分がきわめて不明朗かつ不公平であったからである。この点は、もう少し説明が必要であろう。

先程触れたように、食糧徴発の負担配分は、旧来の土地税額を基準にしていた。その税額は、淵源をたどれば遠く清朝中葉にまで遡る。そして、その後の課税額や税負担者(土地所有者)の変動を捕捉する業務は、国家による直接の管理から離れ、胥吏《しょり》(手数料で生活する無給の事務職員)の請負いに委ねられていた。胥吏たちは国家の土地・租税台帳の写しを私物化して、様々な不正手段を弄して中間利得を得ていた。このため、日中戦争時期の土地税額は、現実の地籍や土地所有状況、あるいは収穫高を左右する土地の個別的諸条件とは大きくかけ離れていたのである［笹川 二〇〇二］。

したがって、一方では、負担をまったく免れていたり、負担が相対的に軽微な農家や地域が存在するとともに、他方では、実態とはかけ離れた過重な負担を強いられて困窮していく農家や地域も確実に広がっていた。後者の場合は、些細な災害被害でも農家経営に致命的な打撃になることは十分に想定できる。しかも、そこには階層間の格差が内包されていることも見逃すことはできない。一般的に考えれば、富や政治力をもつ農村有力者の場合には、胥吏や末端行政に非公式の影響力を行使できる手段も豊富であり、その負担逃れの規模は一般の納税者に比べて突出していたはずである。こうして、農村の中下層の農家は過大な負担を押しつけられ、彼らを犠牲にして負担を免れる農村有力者も少なくなかった。このような政策批判は、日中戦争期にも珍しくはなかったが、戦後になると、国民党の内部からも公然と論じられるようになる。[4]また、こうしたなかで、農業経営に関心や実績をもたない不在地主に土地が集中する現象も観察されている［笹川 二〇一一、三四頁］。

以上のような食糧供出負担のあり方は、一部の農村有力者の台頭や階層間格差のさらなる拡大を派生させながら、全体として農村を疲弊させ、災害に対して脆弱《ぜいじゃく》な社会環境をつくりだしたのである。その背景には、国家による社会把握のルーズさが戦時負担の著しい不公平をもたらし、これが災害リスクを通常以上に高めていくという構造が存在していた。

徴兵制と災害

さて、もう一つ、忘れてはいけない災害リスクの要因は、一九三九年に始まった徴兵制である。四川省における兵士の動員数は、開戦当初は年間一〇万人余りであったが、徴兵制が始まった一九三九年には二六万人に達し、四一年には三五万人を超え、四四年の約三九万人が最多であった。三五万人から四〇万人という年間徴兵数は、一九三八年から四三年までの日本全体の年間徴兵数にほぼ匹敵する。当時の四川省の人口(約四七〇〇万)が日本の全人口の六割強にあたることを考えれば、その負担の大きさが理解できよう。[5] ここでは、徴兵制が災害リスクを高めることを指摘したいくつかの文書史料を紹介していこう。

まず、徴兵制が導入された一九三九年の春に、四川省合川《ごうせん》県で発行されていた地方新聞の社説は、早くもつぎのように農業生産の危機について記述している。

現在はちょうど春の耕作・種まきの時期である。〔ところが、〕郷村の壮年の農民は多くが逃亡していなくなっている。記者はつねづね郷村からやってくる友人の談話に接していて、とても多くの地方で、まったく耕作を放棄した土地が点々と広がっていることを知っている。その原因は、働く人が容易には見つからないことにある。春の耕作は、もとより我々の食糧の源である。このように耕作が長く放棄されるのは、なんと危険なことだろうか。〔「社論・逃亡壮丁」『合川日報』一九三九年四月十一日〕

徴兵によって引き起こされた大規模な農民の逃亡が、農村から大量の労働力を流失させ、耕作放棄地が点々と広がっているというのである。このような事態の現出は、日中戦争終結後の一九四六年十二月に開催された四川省参議会第一期第三次大会の決議文のなかでもあらためて言及されている。すなわち、同決議文は、「抗戦八年間で我が四川の徴兵数ははなはだ多く、各県で農民はいつも九割以上を占めていました。徴兵数が多いというだけでなく、逃亡する者も多く、田畑は荒廃し、農村は衰退しました」と、日中戦争期の経験を回顧している。そして、戦後における徴兵制の再開が、再び同じ事態をもたらしつつあることを警告している。災害発生との関連にも言及しているので、この部分も引用しておこう。

いま、新たに兵役法規が定められ、徴兵に備えて団管区(末端の兵役機構)に壮丁(兵役適齢男子)を集めて訓練を実施しました。ところが、一般の民衆はその趣旨がわからず、前線に配属されると誤解して相次いで逃亡し、そのため田畑が荒廃し耕作者がいないという現象が再現しつつあります。また、連年旱害が発生し、収穫が激減するのも、そのためであります。この休息の時間を使って、農耕に努め生産を増加させるべきです。このような状況がもたらす影響が大なることは想像できるはずです。［四川省檔案館所蔵四川省参議会檔案四九―二〇九九］

徴兵逃れのための農民の大規模な逃亡、耕作地の放棄と荒廃、そして生産の激減と災害リスクの高まり、これが当時の人々によって観察された農村の危機の一面であった。

さらに、このような徴兵逃れが蔓延《まんえん》すると、行政の末端は壮丁の拉致や売買などの違法行為によって、上から割り振られた徴兵ノルマの数合せをおこなうようになる。拉致や売買によって替玉として戦場に送られたのは、ほとんどが貧しい社会的弱者か、寄る辺のないよそ者であった［笹川／奥村 二〇〇七］。ここでも、食糧徴発の場合と同じく、戦時負担の不公平、社会の中下層への負担転嫁という構造が観察できる。

つぎに紹介する史料は、日中戦争末期に酆都《ほうと》県の地方有力者一六名が徴兵制の停止を求めた陳情書の抜粋であるが、拉致の広がりがもたらす深刻な事態をよく伝えている。

各郷鎮は徴兵をおこなおうとしても徴兵できない事態になっています。やむをえず、強引に拉致して壮丁を捕まえますが、甲保は乙保から拉致し、甲郷は乙郷から拉致して、激しく紛糾しています。このため、道路は往来が途絶え人影はまばらであり、商業活動は停滞し物価の暴騰を刺激するとともに、農作業をする人も少なく収穫は絶望的であり、銃後の生産への影響はまことに小さくはありません。

［『酆都日報』一九四五年四月十五日］

行政の末端が自らの管轄外の壮丁を奪い合うことによって、地域間の対立を激化させ、各地の治安を悪化させていた。ここでもまた、農作業の放棄という現象を招き、農業生産を衰退させていたのである。

徴兵制の影響は、それればかりではない。国民政府は徴兵制の導入とほぼ同時に、出征兵士家族の援護を法制化していた。戦争の長期化にともなって出征兵士家族の数は膨れ上がり、徴兵制を維持するためにも彼らへの法的な権利保障や援護内容がよりきめ細かく規定されていく。出征兵士家族援護をめぐる困難や問題点は多岐にわたるが、その一つが財源の確保であった。政府の方針は、各地の農村で備蓄されている「積穀」といわれる非常用穀物をあてることであった。「積穀」は、自然災害や凶作にみまわれたときに、農民が命をつなぐ最後の拠り所となる伝統的なセーフティネットにほかならない。これが劣化すれば、災害被害を一定のレベルに押し留めるための歯止めを失うことになる。

もちろん、政府もその危険性を意識して、「積穀」の出征兵士家族援護の財源への流用は、備蓄量の五分の三を超えてはならないという制限を設けていた。ところが、出征兵士家族の増大によって、これだけでは援護事業の需要を支え切れなくなる。それを補ったのは、住民に対する寄付の強制割当てであったが、これでもなお十分ではなかった〔笹川 二〇〇七〕。そうしたなかで、前記制限を超えた「積穀」の非合法な流用が各地でおこなわれていたと考えられる。つぎの史料は、戦後内戦(一九四六〜四九年)末期において省外から流入してくる難民の救済を求める四川省政府の方針に対して、それが困難である現場の実情を訴えた安岳《あんがく》県参議会の陳情書の一節である。以上のような事態が実際に現出していた一端を明瞭に伝えている。

歴年および本年の「積穀」はとっくに出征軍人家族援護のために放出して空っぽになっていますので、〔省外から押し寄せる〕難民に提供する食糧はありません。〔四川省檔案館所蔵四川省社会処檔案一八六―八七四〕

以上のように、徴兵制の導入とその矛盾は、農村から大量の基幹労働力を奪うとともに、治安の悪化や備蓄穀物の流用・枯渇など、重層的な形で災害リスクを高めていたのである。ここでいう災害リスクは、災害発生のリスクだけではなく、災害が発生した場合に被害拡大を抑え込む在来のシステムを劣化させていたことも含まれている。

二　日常のなかの災害の頻発——食糧の保管・運搬

保管・運搬機能の限界

つぎに、食糧の保管・運搬といった流通過程に注目してみよう。ここでは、事故や災害が日常化していた。小さな事故や災害が積み重なることによって、流通過程で失われる食糧の量は、全体の二割近くに達していた［笹川　二〇〇五、四三五頁］。その原因は、大雑把にいえば、各地の農村から駆り集められた食糧の量が、戦時徴発の開始にともなって急増し、既存の地域社会がもつ食糧の保管・運搬能力の限界を大幅に超えてしまったからである。

まず、食糧の保管からみていこう。政府が保管する食糧は、腐食、カビ、虫害などによって、少なからぬ量が失われていた。食糧の戦時徴発が始まる前年（一九四〇年）においてさえ、これらによる保管食糧の損耗率は一一・六％であったという調査結果が残っている。

さらに戦時徴発が始まると、これにともなって食糧流通量が急増し、その量は既存の食糧倉庫がもつ保管能力の三倍にものぼった。これを受けて、四川省政府は、食糧の保管・運搬を専門的に管轄する糧食儲《ちょ》運《うん》局という機関を設置し、保管施設の改築や増設に取り組んだ。ところが、それでも需要の拡大に追いつかず、やむなく一般の民家や宗教施設（「祠堂廟宇《しどうびょうう》」）を借用し、臨時の代用倉庫として利用せざるをえなかった。なかには、蓆《むしろ》で囲っただけの粗末なものもあったという［譚　二〇〇二、一五～一六、二三～三〇頁］。したがって、保管状態はさらに劣悪となり、管理も行き届かなくなって、腐食・カビ・虫害などの発生は一層拡大したものと考えられる。戦時徴発の開始以降については、保管食糧の損耗率についてのデータはみあたらない。しかし、日中戦争終結後の一九四五年十二月に四川省参議会第一期第一次大会がおこなった戦時食糧徴発廃止決議(国共内戦の激化にともない、この決議案は棚上げにされた)には、つぎのような一節が含まれていることに注目したい。

　銃後の人民は飢えを忍んで食糧を納め、前線の将兵は腹を空かせて戦いましたが、倉庫には食糧が山積みにされ腐食していたのです。食糧・金銭・人力の浪費は、これより甚だしいものはありません。

［四川省檔案館所蔵四川省田賦糧食管理処檔案九三－四九］

戦後における戦時食糧行政に対する批判の根拠の一つとして、保管食糧の腐食があげられていたのである。苛酷な食糧徴発にさらされているなかで、その食糧が無駄に失われていたことに対する無念さと憤りがよく伝わる文面である。

　つぎに、食糧の運搬過程に目を転じてみよう。四川省は長江を主軸として岷江《みんこう》、沱江《だこう》、嘉陵江《かりょうこう》、涪江《ふうこう》など、多くの河川が樹枝状に連なっており、戦前から物流は水運が中心であった。道路や鉄道といった陸上交通にかかわる近代的なインフラ整備も遅れていた。こうしたなかで、食糧の戦時徴発が開始されて食糧の運搬業務が激増すると、前述した糧食儲運局は、省内を八つの管轄区に区分して、それぞれに事務所をおき、各種船舶の確保、運搬拠点の配置とその運営、運搬人員の調達と訓練、河川の浚渫《しゅんせつ》・整備、汽船会社との委託契約などの業務を推進した。

　ところが、運搬中の食糧を失う水運事故が各地で多発するようになった。一九四二年から四四年までの三年間でいえば、政府が把握しているだけでも四川省内で発生した水運事故は三一二七回を数え、年ごとに増加傾向を示している。これによる食糧の損失量は総運搬量の六・七％に達していたという〔四川省地方志編纂委員会編 一九九五、二〇〇頁〕。

その原因は、険しい地形や流れの速い河川などの自然環境に加え、人為的要因もかかわっていた。例えば、戦時に緊急動員された船員の操船技術の低さ、不足する船舶を補うための老朽船の緊急使用などが事故の多発に結びついたと指摘されている〔譚 二〇〇二、三四頁〕。食糧運搬量の緊急かつ大幅な増加が、ここでも安全管理面の劣化を招いていたのである。

矛盾の連鎖

こうした災害や事故の頻発は、連鎖的にさらなる問題を引き起こしていく。

まず、第一に、日常化する災害・事故を隠れ蓑にした汚職や不正な蓄財が蔓延したことである。食糧の保管・運搬過程において、末端職員による大小様々な違法な着服行為が頻発していた。当時、激しい戦時インフレにともなって食糧価格もはねあがっており、現物を扱う食糧行政の業務に携わることは、多大な不正利得を手にする機会も広がる、「旨みのある仕事」とみなされていた〔譚 二〇〇二、五四頁〕。また、先に紹介した四川省参議会第一期第一次会議の決議文においても、食糧の徴収・加工・運搬・保管・分配のあらゆる局面で汚職が発生していた事実を指摘し、「これによって、国民道徳は日増しに廃れ、社会秩序もまた混乱した」と述べている〔四川省檔案館所蔵四川省田賦糧食管理処檔案九三―四九〕。

とりわけ、運搬船の積み荷を着服したうえで、故意に船を沈めて不慮の事故と偽って上層部に報告する偽装事故（「騰空放炮《とうくうほうほう》」）は、災害・事故を隠れ蓑にした着服行為の典型的な事例である。そのなかには、船員や護送人員だけではなく、彼らと沿岸地域に巣くう「土匪《どひ》」や悪質な地方有力者が密かに結託して「騰空放炮」を繰り返すといった、組織的で大がかりな事件も摘発されていた［譚 二〇〇二、三四頁］。また、そうした事例の頻発を考えれば、前述した保管食糧の腐食、カビ、虫害などの広がりも、現場の職員による違法な着服行為を隠蔽するのに都合のよい口実を提供していたことは容易に想像できよう。その意味では、災害・事故の多発と汚職の広がりは、決して無関係ではなかったのである。

これとかかわって、食糧という国家の重要物資を運搬する業務に携われば兵役を猶予されることになっていたことも指摘しておきたい。そのために、食糧運搬船に船員として潜り込むことは、行政末端とのコネをもたない一般の民衆にとっては、比較的安全で確実な徴兵逃れの手段ともなっていたのである［笹川／奥村 二〇〇七、九七～九八頁］。食糧行政に公的に関与することが「旨みのある仕事」であるといった場合の、もう一つの「旨み」である。

第二に、各地で保管・運搬食糧の強奪事件が頻発したことである。**表4**は、成都《せいと》市周辺だけに地域を限定し、時期も三カ月程度の期間に限定した強奪事件の一覧表である。これだけでも事件が日常化していたことがうかがえよう。

ここには災害が不断に生み出す飢民・貧民の増殖や社会秩序の劣化がかかわっていたことはいうまでもない。戦時下の四川省社会には飢餓と隣合せの多種多様な受難者が無数に存在し、増殖していた。例えば、日本占領区・戦闘地域から流入した難民、日本軍による空爆や自然災害による被災民、徴兵によって一家の重要な働き手を失った離散家族などである。こうした人々の存在が、戦時食糧流通の実現そのものを脅かす要因の一つとなっていたのである。そもそも戦時食糧流通は、軍隊や公務員の食糧を供給すると同時

表4　成都周辺の食糧強奪事件一覧（1943年４月20日～７月15日）

日付	発生県	被害額(1)	強奪者
４月20日	郫県	2,676	貧民80～90人
４月21日	郫県	8,598	記載なし
４月21日	崇寧県	8,640	飢民数百人
５月８日	郫県	144	貧民
５月10日	温江県	600	男女老幼数十人
５月13日	新津県	(1,600kg)	飢民
５月15日	成都県	212	飢民
５月15日	金堂県	830	飢民
５月16日	成都県	5,115	婦人・子ども・青年および服装不揃いの軍人
５月20日	温江県	1,050	暴徒数十人
５月24日	新都県	5,240	飢民三百余人
６月６日	崇寧県	4,680	婦人・子ども・青年男子数百人
６月24日	大邑県	1,260	婦人・子ども数百人
６月25日	大邑県	3,120	飢民
６月25日	大邑県	24,900	莠民
６月26日	新都県	1,600	飢民
６月26日	大邑県	10,860	飢民千余人
６月26日	邛崍県	16,140	飢民600～700人
６月26日	崇慶県	2,714	婦人・子ども・飢民数百人
６月27・28日	邛崍県	穀136,123 米29,775	飢民・莠民・土匪
６月28日	邛崍県	15,900	千余人
６月29日	邛崍県	21,520	飢民数千余人
７月15日	広漢県	(53kg)	飢民

出典：「糧食部四川糧食儲運局成都区辦事処轄区各県倉庫被劫糧食応由地方賠繳数量簡表」(四川省檔案館所蔵四川省糧政局檔案92-94)より項目を整理して作成。ただし，［笹川 2005］p. 437の表５を再引用

に、彼ら受難者の救済のためにも必要な業務であり、その機能が、こうした事件の多発によって大きな制約を受けていたわけである。

すなわち、ここからは、冒頭でも触れたように、十分な準備や条件がないままで実施された戦時動員が日常的に災害を誘発し、災害が戦時動員のコストを増大させ、その機能を損なっていく、という矛盾の連鎖が明瞭に観察できるのである。

三 社会に対する管理強化

上からの強権的な締付け

さて、以上のような矛盾の連鎖を抑え込もうとする政府の努力のなかから、社会への管理強化が一層進展していく事実を指摘しておきたい。

当初における政府の対策は、上からの強権的な締付け強化の域をでることはなかった。例えば、戦時食糧行政の執行を監視する行政職員として、(1)督糧特派員(中央の行政院および軍事委員会に直属、四川省で四名。人数は一九四二年初めのもの。以下同じ)、(2)督糧委員(中央の糧食部に直属、四川省で三九名)、(3)督収員(各県県長に直属、四川省で一一五名)が各地に派遣された。また、行政機構の外側に位置する組織として、(1)各県の国民党支部とその青年組織である三民主義青年団、(2)憲兵団、さらに、(3)各県の民間の団体や有力者によって組織された県糧食監察委員会も、監視活動に関与していた〔陳 一九四二a〕。このように、戦時食糧行政の監視は、行政機構の内外において屋上屋を架すような形で、重層的におこなわれていたのである。

とりわけ重要な動きとしては、多くの県で国民党支部、三民主義青年団、督糧委員の三者が連携し、党団糧政服務隊という団体を結成していたことである。各県の党団糧政服務隊の指揮のもとに現地の知識人・学生が食糧行政の宣伝・監視活動に動員され、その数は省全体で五万人規模にまで達していた。彼らによる違法行為の摘発は、各県の県長・郷長など地方行政長官にまでおよんでいる［陳 一九四二b］。

また、最もあからさまな暴力機構を使用し、顕著な効果をあげたという点で注目されるのは、憲兵団の動員である。その職務を列挙すると、食糧供出の督促、食糧の運搬・保管の警護、食糧市場の調査・監視、関連法令の広報、妨害勢力に対する実力的排除、末端行政職員による汚職の摘発、有力者や商人による食糧隠匿（買溜め・売惜み）の摘発など、きわめて広範囲におよんでいる。動員された憲兵団の業務報告書[6]には、現場における実働部隊としての彼らの行動力と実績は、空疎な机上の理想論ばかりに終始しがちな国民党や三民主義青年団を大きく凌駕しているという強い自負が示されている。また、彼らの駐留そのものが現地の「反動分子」「悪劣勢力」の妨害活動を未然に抑制しているということを明確に意識していた。実際に、憲兵団が国民党県支部の最高幹部による違法行為を摘発した事例もあり、同じ監視機構の一翼を担う地元の国民党員の汚職に対しても決して容赦しなかった。

とはいえ、憲兵動員の効果を誇大に評価することはできない。前線に最大限の兵力を割かねばならない軍隊にとって、広大な銃後の各地にきめ細かく多数の部隊を常駐させることは困難であったし、憲兵そのものの質も問題にされていた。憲兵による違法な食糧差押えやその常軌を逸した横暴さが、地域社会との軋轢《あつれき》をもたらす事例も発生していたのである［中国第二歴史檔案館所蔵糧食部檔案八四－一六〇五・四川省檔案館所蔵四川省糧政局檔案九二－一二九四］。

こうした強権的な締付け強化は、間違いなく一罰百戒的な効果をもたらしたであろうが、それ自体が戦時動員のコスト増大や矛盾の連鎖の一齣に堕してしまいかねない側面をもっていたのである。いずれにせよ、これらは、日常的な事故・災害を多発させる構造的な問題に直接メスを入れるものではなかった。

管理強化に向けた新たな試み

さらに日中戦争の最末期になると、強権的な締付け強化だけに頼るのではなく、それに加えて、食糧供出の方式そのものを抜本的に見直す動きが登場する。すなわち、一九四五年三月に公布された「四川省各県市(局)督售糧戸余糧辦法《とくしゅうりょうこよりょうべんほう》」が、それである。ただし、この時点では法規が公布されただけであって、曲がりなりにも実施に移されるのは、日中戦争後の内戦末期、すなわち、従来の食糧徴発では軍隊や都市への食糧供給がいよいよ限界に達する段階まで待たねばならない。

この「辦法」によれば、一定レベル以上の富裕な農家(「大戸」)を対象に、農家ごとに収穫量、自家消費量、余剰食糧(「余糧」)を調査・登録し、余剰食糧については必要に応じて政府が安い公定価格で強制的に買い取ることになっている。ここでいう余剰食糧とは、農家の全収穫量から、(1)食糧徴発の負担分、(2)「積穀」(前出)の納付分、(3)種籾《たねもみ》、(4)次年度収穫時までの自家消費分を差し引いたあとに農家に残る食糧を指す[笹川 二〇〇六、二五八〜二六二頁]。このような方式を、ここでは「大戸余糧」の登録・強制販売と呼んでおこう。

「大戸余糧」の登録・強制販売は、同じ戦時下で日本が国内で実施した食糧管理制度、あるいは人民共和国初期の統一買付制度(「計画買付」とも呼称)にきわめて類似している。もちろん、日本や人民共和国初期の場合は、一定レベル以上の富裕な農家だけではなく、すべての農家が対象であったが。いずれにせよ、こうした政策が、形骸化した土地税額を基準とした食糧徴発に比べれば、農村から余すところなく最大限の食糧を引き出すのに適した制度であることは間違いない。事実、日本の食糧管理制度は、第一節で紹介したように、中国とは比較にならない高い供出率を実現していたし、人民共和国初期の現物による農業税徴収と統一買付の合計額は日中戦争期国民政府の年平均食糧徴発量の二倍から五倍以上の規模に達していた(**表5**参照)。

この方式が厳格に実現できれば、すでに限界に達していた食糧供出量を大幅に増加させることができるというだけではない。災害リスクの高まりの背景にあった戦時負担の不公平・不明朗という構造的問題を克服する有効な手段たりえたと考えられる。もし運用実態を問わずに、制度面だけに注目するならば、戦時中国における管理強化は、紛れもなく新たな段階へと足を踏み入れつつあったという評価さえ可能であろう。

表5　人民共和国初期四川省の食糧徴発量（農業税・統一買付の合計）

年度	徴発量(万kg)	指数
1950	212,700	234
1951	220,400	243
1952	273,500	301
1953	390,400	430
1954	487,600	537
1955	435,000	479
1956	456,000	502

1953年から統一買付額を加算。なお，1955年10月から西康省の大半が四川省に併合。指数は，日中戦争期四川省の年平均食糧徴発量(1941〜45年)を100とした場合の指数
出典：[四川省地方志編纂委員会編 1995]p. 320. ただし，[笹川 2006]p. 250 の表2を再引用

また、同じ時期に食糧流通路における貧民の登録と救済が強調されていたことにも注目しておきたい。これは、食糧生産地である周辺農村から都市へと食糧を輸送する交通路の安全を確保するために、これを脅かす沿線農村の貧民を管理することに狙いがあった。該当する各県政府が、行政末端の保甲制度を通じて管轄地域の貧民を調査・登録し、県内の富裕者から寄付金を募って、貧民を救済して生活の安定を図り、第二節で論じたような、貧民が群れをなして食糧輸送を襲撃するといった行動を抑え込もうとしたわけである。救済

とセットになった貧民に対する管理強化である〔笹川 二〇一一、一一二頁〕。

ただし、これらの政策の実施には、国家が膨大な数の個別農家の内情や、増殖する流動性の高い貧民の動静をきめ細かく掌握することが不可欠の前提であり、当時の国民政府の脆弱な行政能力にそれが可能であったとは考えにくい。むしろ、内戦末期には、国家の上からの締付け強化の圧力が末端行政の空洞化を招くような事態が広がっていた。例えば、汚職摘発の強化は、本来の狙いとは異なって、末端職員の職場放棄を招き、行政の機能不全を生み出していた。この時期になると、汚職の摘発は、あたかも諸刃の剣となって、国家が社会の諸資源を獲得するための手足をも切り刻み始めたかのような様相を呈していた〔笹川 二〇一一、一五五～一六一頁〕。管理強化のための施策が、いかなる状況においてもその狙いどおりの強靭な国家の出現につながるわけではなかったのである。こうして、国民政府は足元から崩壊へと向かい、内戦敗北の重要な一因となっていく。

ただし、国家による社会の管理強化という方向性それ自体は、国民政府の崩壊とともに断絶するのではなく、その後の人民共和国の諸政策につながり、より強力に推進されていく。

おわりに――管理社会化の功罪

最後に、社会への管理強化がもたらす功罪について簡単に触れて、本章を終えたい。

一般論としていえば、管理・統制の緩やかさと住民負担の公平性とを両立させることはできない。公平性を実現するには、社会に対する行き届いた緻密な管理が前提条件となろう。人民共和国成立以降の土地改革、反革命鎮圧運動、農業の集団化という一連の画期的な政策展開は、なおその内実の検証は必要であるとはいえ、国民政府時期に比べるなら、農村の管理強化を飛躍的に進展させたと考えてよいだろう。管理強化がもたらす行政執行能力の向上によって、かつての災害リスクを生み出す背景となっていた住民負担の不公平・不明朗を解消する展望も開かれていく。中国側の研究では、人民共和国成立以降の党・国家による管理強化を通じて有効な大衆動員が可能となり、災害被害に強い社会が実現されたとする研究も存在する［賈 二〇一三］。

しかしながら、その管理強化が進展する過程で、社会のいわば「懐の深さ」というべきものが失われていくことも見逃すことはできない。国家が農村を隈なく緻密に掌握し、余すところなく資源を引き出すことが可能になると、国家の行き過ぎた資源獲得要求や政策の暴走から住民を守っていた「緩衝空間」が大幅に縮小していく。本章の前半で使った比喩でいえば、農村にかぶせられた「網の目」が稠密《ちゅうみつ》の度を増していくと、確かに違法な負担逃れや逸脱行動を厳格に封じ込めることができるが、住民にとってはもはやどこにも「逃げ場」がなくなってしまう。[7] その結果の一つが、例えば、すでに**表5**で確認した、人民共和国初期の食糧徴発量（現物の農業税と統一買付の合計）の激増である。繰返しになるが、その量は戦時国民政府の徴発量に比べると、じつに二倍から五倍以上にのぼる。おそらく、戦時食糧徴発のノルマ達成に苦慮し続けた国民政府の行政官僚たち[8]にとっては、夢想だにしえなかったような水準であろう。逆にいえば、かつての四川省農村社会は、戦時動員にさらされながらも、これほどまでの潜在的な負担能力をなお隠しもっていたということである。社会の側に、国家の触手が届かない一定の間隙が存在することの意味を、あらためて考えてみる必要があろう。

そして、事実としていえば、人民共和国成立以降も災害被害はやはり頻発する［四川省地方志編纂委員会編 一

九九五、二二一〜二二五頁・町田 二〇〇一]。とりわけ、大躍進期の中国が経験した大飢饉は、本章冒頭で紹介した日中戦争期河南省の大規模旱害と比べても桁違いの人的被害をもたらした。そこには、かつての国民政府の時代のような管理・統制の緩やかさと負担の不公平とが分かちがたく結びついたような構造はみられない。管理強化を実現した国家における災害の頻発と大規模化には、むしろ、前述した「緩衝空間」や「逃げ場」を奪われた社会の構造的な病理性がかかわっていたと考えられる。同じような災害被害が時を超えて継続しているかのようにみえても、それが生み出され拡大していく構造はすでに前代とは大きく質を異にしていたのである。

◆註

1　歴史修正主義者たちが好んで飛びつきそうな事例であるが、[石島 二〇一四]は、中国での論争や日本の防衛庁(当時)が編纂した戦史なども参照しながら、日本軍による軍糧提供があったとしても、その意味を過大に評価することはできないという慎重な見解を提示している。なお、同書は、現時点の日本の学界においては、当該期河南省の大規模旱害について最も行き届いた紹介をしている著書である。また、時期を遡ると、河南省はこれより六八年前に発生した著名な大飢饉(「丁戊奇荒《ていぼきこう》」、一八七六〜七八年)の舞台ともなっている。その目を背けたくなるような様相を、凄まじい迫力で描き出した[高橋 二〇〇六]は、前近代中国における大規模災害の何たるかを私たちに生々しく伝えてくれる。同書は、現代中国の歴史学界において、災害史研究が盛行する背景を知るうえでも有用である。

2　したがって、本章は新たな実証作業に基づく研究ではないことをあらかじめ断っておきたい。言及した史実そのものについては、その多くが過去の私の研究に大きく依拠している。

3　具体的には、正確なデータが把握できる江西省、浙江省、江蘇省の三省一七県の数値に基づいている[笹川 二〇〇二]。

4　例えば、国民党中央党部の機関誌『中央日報』では、「〔食糧供出負担の〕軽い者の多くは、権勢のある大地主であり、重い者の多くは小地主・自作農・半自作農という中下層である」と明解に述べている〔『中央日報』一九四七年七月二十九日〕。

5　四川省の年次別徴兵数については〔笹川／奥村 二〇〇七、四頁〕、日本の年次別徴兵数については〔大江 一九八一、一四五頁〕。ただし、一九四四・四五年になると、日本の年間徴兵数は激増する。

6　私が見つけたのは、「憲兵第九団協助糧食管理勤務報告書」（一九四二年一月二七日）、「憲兵第三団協助宜賓・長寧・江安・南渓等県糧管情形報告書」（一九四二年三月一〇日）の二点である。いずれも中国第二歴史檔案館所蔵糧食部檔案八四―一四八三に綴じ込まれている。

7　たとえ違法な負担逃れや汚職によって富を手にした、国家からみて悪辣な有力者であっても、その有力者のもとにつながることによって、何らかの生活の糧を得ていた寄る辺なき下層民も大勢いたはずである。また、暴力を使って政府の食糧を強奪した貧民や飢民にしても、その行為によってかろうじて自らとその家族の命をつないでいたことを忘れるべきではない。

8　例えば、国民政府の戦時食糧行政を統括した糧食部の部長徐堪《じょたん》は、日中戦争終結後において、「〔自らの業務遂行の過程で〕労力を使い、資金を費やして、民の恨みはそこここに満ちあふれている。いまでも当時を思い出すと、たちまち動悸が高まり胸が苦しくなる」と回顧している〔侯編 一九九二、二二〇頁〕。この率直な述懐は、戦時食糧行政を推進した側においても耐えがたい苦渋を強いられていたことをよく示している。

◆参考文献

『中央日報』（南京市、日刊紙、マイクロフィルム版）
『新新新聞』（成都市、日刊紙、マイクロフィルム版）
『合川日報』（合川県、日刊紙、マイクロフィルム版）

『酆都日報』(酆都県、日刊紙、マイクロフィルム版)
中国第二歴史檔案館所蔵糧食部檔案八四(未公刊)
四川省檔案館所蔵四川省参議会檔案四九(未公刊)
四川省檔案館所蔵財政部四川省田賦管理処檔案九一(未公刊)
四川省檔案館所蔵四川省糧政局檔案九二(未公刊)
四川省檔案館所蔵四川省田賦糧食管理処檔案九三(未公刊)
四川省檔案館所蔵四川省社会処檔案一八六(未公刊)

［石島 二〇一四］ 石島紀之『中国民衆にとっての日中戦争』研文出版社
［王 一九八五］ 王洪峻『抗戦時期国統区的糧食価格』四川省社会科学院出版社
［大江 一九八一］ 大江志乃夫『徴兵制』岩波新書
［賈 二〇一三］ 賈滕『郷村秩序重構及災害応対——以淮河流域商水県土地改革為例』社会科学文献出版社
［侯編 一九九二］ 侯坤宏編『糧政史料』第六冊、国史館
［江 二〇一四］ 江沛「哀鳴四野痛災黎——一九四二～一九四三年河南旱災述論」(『河南大学学報(社会科学版)』第五四巻第三期)
［笹川 二〇〇二］ 笹川裕史『中華民国期農村土地行政史の研究——国家・農村社会間関係の構造と変容』汲古書院
［笹川 二〇〇五］ 笹川裕史「重慶戦時糧食政策の実施と四川省地域社会」(中央大学人文科学研究所編『民国後期中国国民党政権の研究』中央大学出版部)
［笹川 二〇〇六］ 笹川裕史「食糧の徴発からみた一九四九年革命の位置」(久保亨編『一九四九年前後の中国』汲古書院)
［笹川 二〇〇七］ 笹川裕史「日中戦争期における中国の出征軍人家族援護と地域社会」(『歴史学研究』第八三一号)

[笹川 二〇一一] 笹川裕史『中華人民共和国誕生の社会史』講談社選書メチエ
[笹川／奥村 二〇〇七] 笹川裕史・奥村哲『銃後の中国社会――日中戦争下の総動員と農村』岩波書店
四川省政府建設庁編『四川省農情報告』一九三九～一九四八年(ただし、編者は一九四〇年から四川省農業改進所に、一九四三年から四川省農業改進所統計室に変更)
[四川省地方志編纂委員会編 一九九五]『四川省志・糧食志』四川科学技術出版社
[四川省檔案館編 二〇〇五]『抗戦時期四川省各類情況統計』西南交通大学出版社
[高橋 二〇〇六] 高橋孝助『飢饉と救済の社会史』青木書店
[玉 二〇〇三] 玉真之介「戦時食糧問題と農産物配給制度」(野田公夫編『戦時体制期』〈戦後日本の食糧・農業・農村 第一巻〉農林統計協会)
[譚 二〇〇二] 譚剛「抗戦時期的四川糧食儲運」四川師範大学修士論文(その抜粋・改定版が同「抗戦時期四川的糧食運輸管理」『抗日戦争研究』二〇一二年第四期)
[陳 一九四二a] 陳開国「三十年度川省督糧工作的検討」(糧食部督導室編『督導通迅』第一巻第二期)
[陳 一九四二b] 陳開国「党団糧政服務隊之組織及其工作」(同前第一巻第三期)
[町田 二〇〇一] 町田悠子「「農民苦」の起源――大躍進以前の中国共産党と農民(一九五五～五七年)」(『本郷法政紀要』第一〇号)
[孟ほか編 二〇一二] 孟磊ほか編『一九四二飢餓中国』中華書局
[劉 二〇〇六] 劉震雲(劉燕子訳)『温故一九四二』中国書店

総力戦体制下の日本の自然災害

――敗戦前後を中心に

土田 宏成

はじめに

人為的な災害である戦争と自然災害は相互にどのような影響をおよぼし合うのか。災害多発国である日本を事例に、第二次世界大戦とその前後の時期に注目して考えてみる。

二十世紀のテクノロジーの発達は、戦争の形態を変えた。先進工業国である欧米列強同士が衝突した第一次世界大戦では、各国が国家の総力をあげて、強力な兵器を開発、大量生産し、激戦を繰り広げた。こうして史上初の「総力戦」が現出した。

総力戦では、前線の敵の軍隊だけでなく敵国内の生産基盤を攻撃することが有効であった。二十世紀初頭に発明された飛行機が、そのために使用された。空襲の始まりである。

こうして第一次世界大戦後には、自然災害に加えて空襲も国土の安全に対する脅威とみなされるようになった。第一次世界大戦に参戦したものの、主戦場であるヨーロッパから遠く離れていた日本は総力戦も経験せず、空襲を受けることもなかった。ところが、一九二三年の関東大震災では大地震とそれにともなう大火災により、東京・横浜を中心に甚大な被害がでた。大火災による都市の壊滅は、空襲の被害を連想させた。関東大震災を契機に、大規模災害対策の見直しが進むが、そのなかで空襲対策(防空)も扱われるようになった。大規模災害には、軍や警察・消防の力だけでは対処し切れない。消防や救護、治安維持などへの民間人の組織的動員も構想されるようになる〔土田 二〇一〇、一一〜六六頁〕。

こうした流れのなか欧米における防空施策の進展に刺激され、一九二八年に大阪で日本初の都市防空演習が実施された。大阪防空演習の視察に訪れていた東京市社会教育課長池園哲太郎は、「今回大阪市を中心として行はれたる防空演習は、爆發〔ママ〕飛行機の襲来を想定せし吾国最初の都市防衛演習にして、その主たる目的は戦争時に於ける敵機の来襲に備〔備〕ふるにあるは勿論なれども、戦時以外の非常事変、即ち暴風時の火災、深夜の大地震等に遭遇したる際に於ける官民一致の共同防衛、市民の訓練に資するも亦その目的とせし所なり」と述べている〔池園 一九二八〕。防空演習は、その始まりにおいて戦時の空襲対策であるとともに平時の災害対策としても認識されていたのだ。

関東大震災後も、全国各地で地震・津波、台風などによる大きな災害が続く。関東大震災の直後には北但馬《たじま》地震(一九二五年)・北丹後地震(一九二七年)、一九三三年・三四年には昭和三陸地震津波、函館大火、室戸《むろと》台風があった(**表1**)。

物理学者で随筆家・俳人としても評価の高い寺田寅彦は、室戸台風(一九三四年九月)襲来直後に、吉村冬彦の筆名で「天災と国防」という随筆を発表している〔吉村 一九三四、二三一〜二三八頁〕。その文章で寺田が、日本には天災が多い、そして文明が進むにつれ、天災による損害も累進する傾向がある、日本では「陸軍海軍の外にもう一つ科学的国防の常備軍」を設けるべきだと述べたことはよく知られている。

1942.8		周防灘台風(九州〜近畿，とくに山口，死・不明1,158)
1943.2	ガダルカナル島から撤退	
1943.5	アッツ島の「玉砕」	
1943.9	イタリア(バドリオ政権)降伏	鳥取地震(鳥取，死1,083) 26号台風(九州〜中国，とくに島根，死・不明970)
1944.6	B29などによる中国大陸からの北九州への空襲	
1944.7	マリアナ諸島サイパン島陥落	
1944.11	B29による本土空襲本格化	
1944.12		東南海地震(愛知・三重・静岡など，死・不明1,223)
1945.1		三河地震(愛知〈現在の西尾市周辺〉，死2,306)
1945.3	東京大空襲	
1945.4	米軍，沖縄本島に上陸	
1945.5	ドイツ降伏	
1945.8	広島・長崎に原爆投下，ポツダム宣言受諾，敗戦	
1945.9		枕崎台風(西日本，とくに広島，死・不明3,756)
1946.5	食糧メーデー	
1946.11	日本国憲法公布	
1946.12		南海地震(高知・和歌山・徳島など，死・不明1,443)
1947.5	日本国憲法施行	
1947.9		カスリーン台風(東海以北，死・不明1,930)
1948.6		福井地震(死3,769)

国立天文台編『理科年表　2014年版』(丸善出版，2013年)の「日本のおもな気象災害」「日本付近のおもな被害地震年代表」，北原糸子・松浦律子・木村玲欧編『日本歴史災害事典』(吉川弘文館，2012年)の「日本の歴史災害略年表」などに基づいて作成

表1　20世紀前半の日本における戦争と災害関連年表

	戦争などにかかわる事項	災害とおもな被害
1914.7	第一次世界大戦勃発	
1917.9		大正6年関東大水害(死・不明1,324)
1917.11	ロシア10月革命，社会主義政権成立	
1918.8	シベリア出兵(〜1922)，米騒動	
1919.3	朝鮮で3・1独立運動	
1919.6	ヴェルサイユ条約	
1920.3	戦後恐慌	
1923.9		関東大震災(死・不明10万5千余)
1925.5		北但馬地震(兵庫県北部，死428)
1927.3	金融恐慌	北丹後地震(京都府北部，死2,925)
1928.7	大阪で日本初の都市防空演習	
1929.10	世界恐慌	
1930.11		北伊豆地震(伊豆半島北部，死272)
1931.9	満州事変	
1932.5	5.15事件	
1933.3	国際連盟に脱退を通告	昭和三陸地震津波(死・不明3,064)
1934.3		函館大火(死2,015)
1934.9		室戸台風(九州〜東北，とくに大阪，死・不明3,036)
1936.2	2.26事件	
1937.7	日中戦争勃発	
1938.4	国家総動員法公布	
1938.6〜7		阪神大水害(近畿〜東北，とくに兵庫・神戸，死・不明925)
1939.9	第二次世界大戦勃発	
1940.9	日独伊三国同盟締結	
1941.12	太平洋戦争勃発	
1942.4	本土(東京・名古屋・神戸など)初空襲	
1942.6	ミッドウェー海戦	

文明化と天災の関係など、現在にもそのままあてはまる指摘であるが、寺田は戦争中に災害が発生する危険性にも鋭く警告を発している。寺田は述べる。対外的な危機に基づく「非常時」という不気味なわかりにくい言葉が流行し、人々を不安にさせている。そして、そういう不安をあおるかのように、今年になってから、「函館の大火」「北陸地方の水害」「近畿地方大風水害」(室戸台風)などの天災が連続している。今度の風害が「所謂非常時」の最後の危機の出現と時を同ふしなかつたのは、実に何よりの仕合せであつたと思ふ。これが戦禍と重なり合つて起つたとしたら、その結果はどうなつたであらうか、想像するだけでも恐ろしいことである。

「安政元年の大震」(一八五四年に発生した南海トラフの巨大地震)のような大規模災害が襲来すれば、国全体に深刻な被害がおよぶ。

陸海軍の防備が如何に十分であつても肝心な戦争の最中に安政程度の大地震や今回の台風、或はそれ以上のものが軍事に関する首脳の設備に大損害を与へたら一体どういふことになるであらうか。さういふことはさうめつたにないと云つて安心して居てよいものであらうか。

寺田は翌一九三五年に死去するが、その警告は四五年の敗戦前後に現実化した。以下、本章では、敗戦の前後に発生した自然災害のうち、鳥取地震、南海トラフ巨大地震(東南海地震・南海地震)をおもに取り上げ、戦争と自然災害の関わりについて考える。

なお、繰り返し引用することになる新聞の出典については、『朝日新聞』→朝日、『読売報知』→読売、『毎日新聞』→毎日とし、一九四五・八・十五朝、のように年月日、朝夕刊の別を示し、タイトルや記事中の改行を示す必要がある場合は/を使用した。

一　鳥取地震の発生

鳥取地震発生前の戦局と防空の強化

一九四一年十二月の対米開戦後、日本軍は短期間のうちにアジア太平洋の広大な地域を占領下においた。しかし、早くも一九四二年四月には、アメリカ軍の奇襲攻撃により東京をはじめとする日本本土が初空襲を受けた。六月にはミッドウェー海戦で日本軍は空母四隻と多数の航空機・搭乗員を失い、守勢に回ることとなった。その後、南太平洋のガダルカナル島をめぐる戦いにも敗れ、一九四三年二月日本軍は撤退した。五月には、北太平洋で米国領アッツ島を占領していた日本軍守備隊が全滅した。

このように米軍の反攻を受け日本軍は押し戻され、本土が本格的な空襲を受ける危険性が高まっていった。六月の終りには、内務省が『時局防空必携』(国民を対象とした防空マニュアル)の改訂版を発表した〔朝日一九四三・六・二十九朝〕。七月一日には、東京府と東京市が並存する体制が改められ、両者を統合した東京都が設けられた。戦争の激化にともなって増大していく業務とリスクに応じるため、一元的で強力な指導と効率的な事務が求められたからである。

ヨーロッパでは、空襲がその苛烈さを増していた。七月終りから八月初めにかけて英米軍によっておこなわれたドイツ・ハンブルクへの空襲は、これまでにない大規模、無差別の爆撃で、民間人に甚大な被害をもたらし、日本にも衝撃をもって詳しく伝えられた。

八月八日付各紙朝刊には、ベルリン発の同盟通信配信の記事が掲載されている〔朝日一九四三・八・八朝〕。記事ではまず「第一次世界大戦と今度の欧州大戦と較べて最も大きな相違は、空軍の発達により国内のあらゆる場所が直接敵の攻撃に暴《さら》され、深刻な国家総力戦の形が益々濃厚に現れてゐることだ、殊にハンブルグその他に対する最近の反枢軸空軍の爆撃は軍事施設に制限せず、一般市民の住宅を狙ひ、国民に与へる惨禍は想像以上である」と、航空兵器の発達と総力戦、無差別爆撃について簡潔に述べられ、つづいて爆撃方法が説明されている。以下、箇条書きに整理する。

(1)一地方の攻撃に四発重爆撃機五百機から七百機くらいを集中的に用いるので、大量の爆弾を投下できるうえに、その阻止には多数の戦闘機を動員しなければならないから防御も容易でない。

(2)爆撃方法も、まず指導官機が電波探知機(レーダー)で地形を探りながら目的地上空に達し、金属箔をまいて防空砲台用の電波による距離照準を妨害し、ついで高射砲や照空灯の陣地を爆撃し、無力化したのち、大編隊で目標に突入する。

(3)編隊は、その両端の指導機から落とす照明弾の指示する地域に爆弾を落とし、「目標を選ばず定められた地域を一物も残さず爆破してしまはうといふ爆撃方法」をとった。

(4)「しかも非常に多くの機数でガッチリと編隊を組み、爆弾、焼夷弾等の外にガソリン缶等を雨霰《あられ》と落すので、攻撃を受けた地域は一面火の海となり文字通り根こそぎ壊滅され、市民も四方から火の海に包まれて皆殺しといふ全く非人道的なものである。これは米国雑誌がかつて東京爆撃の方法として発表したのと全く同じだ」。

なお、この時点では油脂焼夷弾に関する情報が不十分であったため、この記事では「ガソリン缶」という表現がなされているが、その後「滴状焼夷剤も出現/ハンブルグ盲爆の詳報」と題する続報がでている〔朝日一九四三・八・十九朝〕。また、「六十万の市民が/ミラノ郊外に野宿/鬼畜の如き敵の盲爆」と題し、イタリア・ミラノ市が八月十四日〜十六日にかけて爆撃され「全市殆んど廃墟化せんとする有様」であり、「その惨状はハンブルグの被害に比すべきもの」であったとも報じられている〔朝日一九四三・八・二十一夕〕。

関東大震災二〇周年

関東大震災の二〇周年は、こうした空襲の激化と防空の強化のなかで迎えられた。そして震災と空襲を同様の被害をもたらすものととらえ、震災を教訓として空襲に備え、震災のような惨禍を繰り返してはならないとする主張がいたるところで展開された。以前の震災記念日にも、そうした言説はみられたが、この年はとくに顕著であった。人々が経験したことのない本格的な空襲を具体的にイメージさせるのに、東京が実際に受けた一九四二年四月の空襲よりも、二〇年前の震災の経験が利用されたのである。

『朝日新聞』九月一日夕刊（当時夕刊の日付は実際の発行日の翌日のものを付していたので、現代でいうと八月三十一日夕刊である）は、「空襲に繰返すなあの惨害あす震災記念日／体当りで火を消せ／焼夷弾も焚火《たき》……築けこの自信」と題する記事を掲載し、警視庁消防部が震災記念日に「空襲時火災警防特別訓練」を実施することを伝え、

あす震災二十周年記念日—思ひ起す二十年前、関東一帯に起つたあの震火災の惨害は「空襲必至」の時局下に強く回顧し、深く省みられねばならない。鬼畜敵米英が銃後の動揺と混乱を狙つてすでにイタリアに、ドイツに試みつゝある爆撃の実相は、まこと震災当時を彷彿させるものが多々あるではないか。あのとき今日の半分もの訓練が市民にあつたなら、己を捨てゝ消火に努める心構へが出来てゐたら、僅少の災害で食い止め得たであらう。

と述べる。

それにかかわって「空襲と震災」についての警視庁消防課長の談話も紹介されている。課長は、「関東の大震災のあの大惨害を惹き起したのも、地震が直接与へたものは僅かで、市民が火を消すことを知らず、逃げ惑うたためだ」とし、震災時の出火火元数、火災による死者数などの数字をあげて、「空襲下の初期消火の重大性」を説明し、「敵機が来たらトンボと思へ、爆弾は雷と思へ、焼夷弾が燃えたら焚火だと思つて、蹶然《けつぜん》として火に挺身することが肝要だ」と、心構えと訓練の必要を訴えた。

『読売報知』九月二日夕刊は、「惨禍の訓《おし》へに鉄の防空／震災記念日」と題して、

想へば二十年前大東京の盛観を一朝にして灰燼《かいじん》に帰せしめ、十万の生霊を奪ひ去つたあの紅蓮の劫火こそは大都市を根こそぎ焦土にしようとする現下のテロ空襲の様相そのまゝなのだ。大震災の惨禍と予想される敵の大空襲からうける被害の違ひは真に紙一重である。だが、不断の備へに防空必勝を期すわれら八百万都民は敵のテロ空襲がいかに苛烈であらうとも断じて再びあの惨禍を現出してはならない。

などと述べていた。

こうして震災と空襲を結びつけて震災二〇周年記念行事が実施されたこの日、東京の南東約二〇〇〇キロにある南鳥島が空襲を受けたことにともない、夕方東京でも警戒警報が発令された。小説家・評論家の伊藤整は九月一日の日記に「今東京は空襲の前夜にあり、第二の震災同様の被害を予感しているのだ」〔伊藤 一九八三、六七頁〕と記した。

九月八日には、イタリアのバドリオ政権が連合国に無条件降伏し、枢軸国の一角が崩れた。そして、その二日後、鳥取を大地震が襲う。

鳥取地震の発生

九月十日午後五時三十六分、鳥取をマグニチュード七・二の大地震が襲い、家屋の倒壊や火災によって鳥取市を中心に死者・不明者一二一〇人(うち鳥取市は一〇二五人)の被害があった〔鳥取県編 一九四四、一〇〜一一頁〕。震源付近で震度六、京阪神地域も震度四を記録した〔宇佐美ほか 二〇一三、三三三頁〕。

戦時の報道管制のため扱いこそ大きくなかったが、全国紙でもその被害を具体的な数字を示して報じていた。『朝日新聞』九月十一日朝刊は、鳥取県当局発表として「鳥取市内では一万戸の家屋中、過半分倒壊、市内五、六箇所から発火、猛焔《えん》に包まれてゐるが、倒壊家屋の下敷となつたものは救助作業中、死傷者多数ある見込み」と伝えた。『読売報知』十二日夕刊は、十一日午前十一時半の内務省警保局の発表として、鳥取市およびその付近の被害を「およそ死傷者千数百名、家屋の倒壊四千戸程度と認めらる」と述べている。

伊藤整は九月十一日の日記に「鳥取市に地震。一万戸のうち四千戸全壊というから大地震である。ふだんならば、新聞全紙を埋める大事件だが、極く目立たぬようにしか扱われぬ」「鳥取市では一万戸の内、半数近い四千戸が全壊、外に半壊多く、焼失二百戸(これは割に少い)死者千余というから、大地震である。空襲と同様である」〔伊藤 一九八三、八〇〜八一頁〕と記した。

政府(東条英機内閣)の対応は、素早かった。地震発生から約三三時間後の九月十二日午前二時半頃、安藤紀三郎内務大臣は内務省警保局経済保安課長、情報局週報課長、商工省総務局物資動員課長、厚生省生活局保護課長、農林省食糧管理局検査課長を率い、鳥取県庁に到着した〔朝日 一九四三・九・十二朝、十三朝、十五朝〕。

大臣による災害発生直後の現地視察は、一八九一年十月二十八日発生の濃尾《のうび》地震の際における松方正義首相(十一月一日)〔中央防災会議災害教訓の継承に関する専門調査会 二〇〇六、一〇七頁〕、一八九六年六月十五日発生の明治三陸地震津波の際における板垣退助内相(関西地方視察旅行から急遽帰京し六月二十三日盛岡着)〔同前 二〇〇五、五一頁〕というように前例はあった。しかし、移動手段の発達(安藤は飛行機と自動車を使用)を考慮に入れても、安藤内相の被災地入りは早かった。戦時下における人心の動揺を防ぐ目的があったのだろう。

安藤内相は九月十二日朝に県職員に対し訓示、各種団体の代表者などに訓話をおこなったのち、災害状況を視察し、その後、関係各省と周辺各府県から来県した関係官、軍、鳥取県の知事以下各部課長などによる協議会に出席し、翌十三日に帰京した〔鳥取県編 一九四四、三三一、一六四頁〕。安藤は、内務省以外の関係官庁の課長も帯同したことが、現地での対策、本省に帰ってからの対策に役立ったと述べている〔朝日一九四三・九・十五朝〕。

十三日午前十一時の内務省警保局の発表では、被害の概数は、「一、死者約九百名、傷者約二千名／二、全壊家屋約六千戸／三、焼失家屋約二百戸」とされている〔朝日一九四三・九・十四夕〕。鳥取県が一年後にまとめた記録では、死者・不明者一二一〇人、負傷者三八六〇人、住家・非住家を合わせた家屋の全壊一万三二九五、半壊一万四一一〇、全焼二八九、半焼一〇(一般住家は世帯数、公共用建物・学校・会社工場などは棟数を計上)となっているが〔鳥取県編 一九四四、一〇〜一四頁〕、地震発生から三日後の数字としてみれば、内務省警保局が被害を過小に発表しているとはいえない。

二　鳥取地震の影響

鳥取地震の受け止められ方

空襲と震災を結びつける流れのなかで、鳥取地震も論じられた。国内の防空態勢が強化されてから、それがはじめて本格的に動く機会になったのである。

『朝日新聞』一九四三年九月十三日朝刊の安藤内相の談話では、「民防空の立場から平素の訓練がかゝる眼前の事態に対してどれだけ活用し運用され応急復旧の仕事に寄与してゐるか、その実情と実際を知つて非常に貴重な資料となり有意義であつた」と述べられている。『読売報知』十三日朝刊には、「掘れ貯水池／防空に生かせ鳥取震災の訓へ／後宮大将の談」が掲載され、後宮淳《うしろくじゅん》中部軍司令官が、今回の教訓の第一は「水の手を確保せよ」であると述べていた。同紙十五日夕刊の「生死をも顧ず／火元を消す／鳥取震災に防訓の賜物数々」と題する記事では、「全壊約六千戸を出しながら火災全焼は僅かに二百戸に喰止めたのも防火訓練が実際に役立つたゝめである」とし、市民の体験談を紹介している。鳥取地震で防空態勢が機能したことは、先行研究でも指摘されている〔大井 二〇一二、七五頁〕。

そして、情報局が編集する政府広報誌『週報』三六二号（九月二十二日号）の「週言」（巻頭言）には、安藤内相が鳥取の被災地で発した激励の言葉が紹介されている。

> この災害を単なる天災と考へず、憎むべき敵の空襲を受けたのだといふ気持に切り替へて奮起してもらひたい。皆さんがこの災害の中から如何に雄々しく起ち上り、復旧復興を速やかにやり遂げられるかは、皆さんが如何に立派に敵に打ち勝ち、日本の戦力を増強するかといふことである。

鳥取地震のニュースは国内のみならず海外にも伝わり、国内、同盟国、中立国、敵国それぞれから反応があった。国内では天皇・皇后から四万円、各宮家から二五〇〇円の下賜があったほか、個人や公私各種団体から、あるいは新聞社への寄託などにより義援金が集まった。損害保険については、地震約款のために保険金の支払いはおこなわれなかったが、損害保険会社を会員とする損害保険統制会は鳥取県に五万円の見舞金を提供した。

海外からは満州国皇帝から三万円の下賜があった。そして南京《ナンキン》国民政府（汪兆銘《おうちょうめい》政権）から六万円、華北政務委員会から五万円の見舞金が寄せられ、タイから救援物資として米三〇〇〇石の寄贈があった〔鳥取県編 一九四四、四、六二、七五〜七七頁、読売一九四三・十・二夕〕。

『ニューヨークタイムズ』（一九四三年九月十二日）は、「日本に地震襲来、食い違う被害報道」（引用者による訳）と題する記事を掲載している。

一〇年間で最悪といわれる地震が金曜日に日本を襲った。最初の報道では、鳥取市で少なくとも一四〇〇人が死亡または重傷、四〇〇〇棟以上が破壊または破損と伝えられた。

オール・インディア・ラジオによる放送は、地震はとくに大阪でひどかったと伝えた。この報道は、この地震は、東京で九万九三三一人が死亡した一九二三年の災害に匹敵する規模であると述べていた。ナショナル・ブロードキャスティング・カンパニーによって昨夜聴取された東京のラジオ放送は、鳥取の被害を軽微、限定的と述べていた。

倒壊した家も多少あった、死傷者は比較的少なかった、と東京の放送は述べた。

さらに鳥取地震から程ない九月十八日〜二十日にかけて台風が襲来し、鳥取の隣県の島根県を中心に九州から中国地方にかけて水害が発生した。死者・不明者は九七〇人で、そのうち島根県が四四八人とされている〔テクノバ・災害研究プロジェクト編 一九九三、九四頁〕。

帝国議会における大河内輝耕の質問と政府の答弁

一九四三年十月二十六日〜二十八日まで三日間の会期で第八三回帝国議会が開かれた。二十八日の貴族院予算委員会では、鳥取・島根の被災地を視察した大河内輝耕《おおこうちきこう》議員から、鳥取地震と台風災害への対策に関する質問がなされた(「第八十三回帝国議会貴族院予算委員会議事速記録」第一号、国立国会図書館「帝国議会会議録検索システム」)。

大河内は、速記に載せて悪いようなことがあったら、遠慮なく削っていただいてよいと林博太郎委員長に依頼したうえで話し始めた。ところが鳥取地震と台風の被害について具体的に言及しようとしたところで、突然東条英機内閣総理大臣が発言を求め、議会における災害の取扱いについてつぎのような注意喚起をおこなった。

目下戦争中なので、国内の震災その他の災害を敵側が「誇大」に取り扱っている。そうして「日本帝国ノ国力ノ衰退」ということを大きく取り扱っていくということが考えられ、すでにそれは一部あらわれている。したがって政府としては「十全ノ救済方法ヲ尽ス」とともに「敵ノ宣伝ニ乗ラヌ」という点に慎重な考慮を払い、新聞の発表などもそのように取り扱わせている。事実については十分に拝聴するが、速記がただちに外へ出ることのないように注意してもらいたい、と。

大河内の発言を遮るような東条首相の態度は異常に映った。大河内の質問が終わったあとで、次田大三郎《つぎただいさぶろう》議員から、委員長が総理大臣の発言を許可したのは議院法の規定(国務大臣の発言はいつでも許すが、議員の演説を中止させることはできない）に違背するのではないかとの疑義が呈された。次田に所見を求められた林委員長は、「咄嗟《とっさ》ノ際」であり、これは「違法」であるが、将来はそういうことがないように取り計らうと述べている。政府はこれほどまでに災害情報の統制に神経をとがらしていたのである。このことは、以後の災害報道の統制強化につながる動きとして押さえておきたい。

話を戻そう。東条の発言後、大河内は演説を再開した。大河内の質問は多岐にわたるため、箇条書きに整理するとつぎのようになる。

⑴大災害であるから復旧・復興に対しては十分な財政・金融上の措置をとってほしい。

⑵軍による救援活動、府県のブロック制（一九四三年七月から導入された地方行政協議会）をよく利用した近隣府県による救援活動、内相の地震直後の被災地出張などは喜ぶべきことであり、政府に感謝する。

⑶隣保班（隣組）が自分の家を守ったために被害が少なかった。「隣保班ノコトハ、将来ノ災害ノ場合ニ、防空其ノ他ノ点カラ、最モ御考慮ヲ願ヒタイ」。

⑷水害については濫伐による山地の保水力低下と、伐採後に放置されていた木材が流木化したことが被害を拡大した。将来の対策はどうか。

⑸砂防工事をしっかりやってほしい。そのためにセメントの供給にも配慮してほしい。生産拡充をしても、災害で破壊されては意味がない。また伐採後は植林をしてほしい。

⑹「復旧」ではなく「復興」をやってほしい。

⑺鳥取地震の被害に対して保険会社の態度が冷酷である。これでは「民心ノ安定」はできないので「震災保険」を実施する考えはないか。

これに対する大臣の答弁の一部を紹介する。賀屋興宣《かやおきのり》大蔵大臣はつぎのように述べている。鳥取の震災対策としては、空襲時などの対策として設けてあった制度を適用して銀行預金その他の非常払戻しを実行し、そのほかにも補助、資金供給、租税減免などの措置を実施する。生命保険は支払われているが、損害保険(火災保険)は、地震による損害は保険対象となっておらず、今回も支払いをさせることはできない。ただし保険会社は若干の見舞金を拠出し、未経過保険料の払戻しの特例措置をとった。しかし、大蔵省としては国家の負担において「震災保険」を始めたいと考え、「事務的研究」はやっている。山崎達之輔《たつのすけ》農林大臣は、「戦争遂行ノ為ノ軍需」に応じるためには、山林の大量伐採を進めざるをえず、労力が足りないため伐採後すぐに搬出というわけにはいかない事情があるなどと答弁した。戦争が林業に無理を強い、災害を助長していたことがわかる。

東条首相からの総括的な答弁では、やはり震災と空襲が結びつけられていた。敵の爆撃を受けるような場合、同様の事態が生ずることもありうる。災害によって得た教訓を「此ノ戦時下ニ於ケル所ノ防空対策トシテ十分之ヲ活用シ、又防空資料トシテ行キタイ」。

防空法改正と地震保険制度の導入に対する影響

同議会には、ヨーロッパにおける空襲の激化を受け、防空態勢を強化するための防空法改正案も提出され、可決された。この改正で都市の建築物や人口の疎開に関する条項などが加わった。十月二十八日の衆議院防空法中改正法律案委員会の審議において、木村正義議員から、防空法の制定は昭和十二(一九三七)年であり、相当早く法的準備はできているのに、実際の防空の準備が進んでいないのはなぜか、との質問がなされている(「第八十三回帝国議会衆議院防空法中改正法律案委員会議録」第二回)。安藤内相は、それにはいろいろの原因があると思うが、その根本には国内で「非常ナ災厄」が起こるということは「天災地変」くらいであり、それ以外に歴史的にも敵の攻撃を受けて非常に国内が破壊されるとか混乱するということは、「遠キ蒙古《もうこ》ノ襲来」はさておき、「近代人ノ頭ニ余リピント感ジナイ所ガアル」とし、未体験のことに対しては「他ノ者ガ体験シタコトヲ能ク採リ入レテ、自ラ体験シタト同ジヤウナ考ヘニ基礎ヲ置イテ今日ノ事態ニ対処シテ行」くことが必要だ、と述べている。

安藤内相のいうとおりであるならば、日本は震災体験をもとに、外国の空襲体験を理解していくのがよいはずだ。はたして同委員会では、質問者および答弁者ともに鳥取地震に言及していた。米田吉盛《よしもり》議員は空襲時の医療態勢に関する質問のなかで「鳥取ノ例ニ付テ考ヘテ見テモ、アノ程度ノ空襲ガナイトハ言ヘナイ」と述べ、武井群嗣《ぐんじ》政府委員(厚生次官)は、「鳥取ノ震災」については「洵《まこと》ニ気ノ毒ナ事例」であるが、政府としてはお話しのように「アレヲ空襲ニ遭ツタト仮定」して、処置に関して「遺憾ノ点」「改善スベキ点」の有無という見地より、罹災者に対する同情はさることながら、「専ラ此ノ点ニ主眼ヲ置イテ色々ト検討致シタ次第デアリマス」と答弁していた。

このように、総力戦下、本格的な本土空襲が始まる少し前に起きた震災として、鳥取地震は特別な意味をもち、さらにそのことで日本初の地震保険制度導入の契機にもなった。蔵相の答弁で「事務的研究」を進めているとされた地震保険制度であるが、答弁から三カ月後には実現した。

空襲などによる損害(「戦争ノ際ニ於ケル戦闘行為ニ因ル火災又ハ損壊」)を対象とする「戦争保険」は、すでに対米開戦直後に戦争保険臨時措置法(一九四一年十二月十九日公布、四二年一月二十六日施行)により実施されていた〔日本損害保険協会会史編集室編 一九八九、八七頁〕。そして戦争保険を普及させるとともに、地震保険も新設するために第八四回帝国議会に提出されたのが、戦時特殊損害保険法案である。

一九四四年一月二十二日の衆議院本会議において、賀屋興宣蔵相は提案説明で地震保険を新設した理由をつぎのように述べている(「第八十四回帝国議会衆議院議事速記録」第四号、『官報号外』一九四四年一月二十三日)。我が国では往々にして大地震の損害がある。「万一決戦下ニ於キマシテ、斯様ナコトガアリマスル為ニ国民生活ノ動揺ヲ来タシ、或ハ経済界ニ混乱ヲ生ジ、又民心ノ安定ヲ失フガ如キコトガアリマシテハ、戦争遂行上多大ノ支障ヲ与フル」から、万全の対策を講じておく必要がある、よってこの際「戦時中ニ於ケル特別ノ措置」として「国家ノ負担ニ於テ地震保険制度ヲ創始シ」、もって「戦時下ニ於ケル民心ノ安定」に資せんとするものだ。そして、保険の簡易かつ迅速な普及を図るため、戦争保険については空襲などの危険がとくに大きいと考えられる地域において、地震保険については内地一円にわたり、火災保険契約などに付帯して自動的に契約が成立するようにするとともに、必要な場合にはこれら保険への加入を政府において強制できる道を開いたものである。

政府原案通り戦時特殊損害保険法案は成立し、一九四四年二月十五日に公布され、四月二十五日に施行された。同時に戦争保険臨時措置法は廃止された〔日本損害保険協会会史編集室編 一九八九、九〇頁〕。同法第一条によれば、同法における「地震保険」とは「戦争ノ際ニ於ケル地震(地震ニ因ル津波ヲ含ム)若ハ噴火又ハ此等ニ関連アル事件ニ因ル火災、損壊」などを対象とする損害保険であった。戦時という限定付き、つまり総力戦体制の一環として、日本初の地震保険制度が誕生したのである。

三　東南海地震・三河地震

東南海地震・三河地震の被害

一九四四年七月サイパン島が米軍に占領されたことにより、日本本土は超大型爆撃機B29の行動圏内に入った。そして米軍がサイパン島などからのB29による本土空襲を本格化するのは、同年十一月以降のことである。日本では、フィリピンでの決戦が唱えられ、最重要兵器である航空機の増産に力が入れられていた。

こうしたなか、翌日に開戦三周年を迎えようとしていた十二月七日の午後一時三十六分に、南海トラフを震源とする東南海地震（マグニチュード七・九）が発生した。震源に近い愛知・三重・静岡の沿岸部で震度六以上、近畿・東海地方で震度五、関東地方でも震度三〜四の揺れを記録した。伊豆半島から三重県沿岸に津波が襲来し、三重県沿岸では津波の高さが九メートルに達したところもあった。全体の死者・不明者は一二二三人である。

被災地の東海地方には、航空機関連の産業が集中しており、これら工場のうち埋立地や沿岸部など地盤の弱い地域に立地していたものはとくに大きな被害を受けた［木村 二〇一四、六〜一六頁］。「肝心な戦争の最中に安政程度の大地震」が「軍事に関する首脳の設備に大損害を与へ」るという、まさに寺田寅彦が警告した事態が起きたのである。それから、一カ月余りしかたっていない一九四五年一月十三日午前三時三十八分には、愛知県東部で内陸直下型地震である三河地震（マグニチュード六・八）が発生し、二三〇六人の死者を出した［木村 二〇一四、一九〜二二頁］。しかし日本の敗色が濃厚となるなか、政府はこれら地震に関する情報統制に努め、十分な調査もなされず、詳細も公表されず、被害は過小に報じられた。そのため「隠された地震」と呼ばれる。

これら二つの地震については、山下文男により〔山下 一九八六・二〇〇九〕、近年では中央防災会議災害教訓の継承に関する専門調査会の包括的な報告書〔中央防災会議災害教訓の継承に関する専門調査会 二〇〇七〕や、同報告書の執筆者の一人である木村玲欧〔木村 二〇一四〕などにより、実態解明の努力がなされている。

さて、前述した事情から被害の正確な数字はわからないが、まずは当時の政府の認識を知るために、東南海地震発生から約二カ月、三河地震発生から約一カ月後の一九四五年二月九日、第八六回帝国議会衆議院決算委員会の秘密会における報告をみてみよう〔衆議院事務局編 一九九六、一〇〇〇〜〇二頁・木村 二〇一四、三四〜三七頁〕。佐藤洋之助政府委員(内務参与官)の報告によれば、東南海地震の被害は、死者九七七人、行方不明者二七人、建物全壊三万四二〇戸、半壊五万三一一〇戸、津波による流出約三二〇戸、火災の発生は比較的少なく全焼三戸、半焼一〇戸で、そのため人的被害もこの程度に留まった、とされる。なお、この報告では津波による流出戸数が明らかに少なすぎること、建物被害は全体で約八万六五六三戸と述べられていることから、津波による流出戸数三二〇戸は三〇二〇戸の読み違いと思われる。

このうち工場の被害は全壊一七三一棟、半壊一二八一棟、流出八一棟で、「重要軍需工場ノ被害ガ非常ニ多イ」「是ハ現時局下洵ニ遺憾ト存ズル」とし、工場名を具体的にあげて「相当ナル被害ヲ被ツタ」と述べている。交通通信についても、「相当大キナ被害ヲ招キ」、鉄道で一二〇カ所の事故が起き、ことに天竜川の橋脚部に傷みを生じ、修理はしたが、徐行しながら通過しているような状態である。

三河地震については、早朝で就寝中の激震であったために人的被害が非常に大きかった。この震災は

「非常ニ局部的」であるが「大キナ惨害」を留めており、死者二六五二人、このうちに疎開児童が五五人含まれていたのは「痛マシイコト」である。建物被害は合計で三万三四六〇戸である、と述べられている。

戦後の調査や研究による両地震の被害数については、前掲の研究を参照してほしい。愛知県半田市にあった中島飛行機半田製作所の山方《やまがた》工場・葭野《よしの》工場では、倒壊した建物の下敷きになって一五三人が死亡した。そのうち九六人が、学徒動員された十代の男女であった。両工場は紡績工場を飛行機工場に転用したもので、地盤が悪い場所に建つうえに、飛行機生産のために耐震性や安全性を犠牲にした改築・使用がなされていたことが、被害を拡大したとされている〔山下 二〇〇九、三四〜三九頁〕。

三河地震では、政府の報告にもあったように、名古屋市から集団疎開していた学童が犠牲になった。彼らは空襲の危険性が低く安全なはずの農村部で、地震に遭遇し命を落としたのである〔木股ほか 二〇〇五、四八〜五〇頁〕。いずれも総力戦下の災害における悲劇であった。

東南海地震・三河地震への政府の対応

東南海地震の発生を受け、政府は、現地に厚生大臣と運輸通信大臣を派遣した〔東海軍需監理部 一九四四〕。この点は、鳥取地震への対応と同様である。しかし、異なったのは、それらが報道されなかったことである。戦局が悪化し、本土空襲も本格化しつつあるときに起きた大地震は、政府に衝撃を与えた。鳥取地震の経験も踏まえ、政府は厳格に情報を統制し、被害を隠そうとした。

内務省は、地震発生後すぐに、新聞各社の災害報道に対してつぎのような指導をおこなった。災害状況が「誇大刺戟《しげき》的」にならないようにすること。軍施設や軍需工場、鉄道、港湾、通信、船舶の被害など、「戦力低下ヲ推知」させるようなことは掲載しないこと。被害の程度は当局の発表か記事資料を使うこと。

災害現場の写真は掲載しないこと。軍隊の出動は掲載しないこと。名古屋・静岡などの重要都市が被害の中心、または被害甚大なようには取り扱わないこと。被害の数字は報道しないこと。厚生大臣の震災地慰問は掲載しないこと等々である(内務省警保局検閲課新聞検閲係「勤務日誌」、JACAR〈アジア歴史資料センター〉Ref. A06030107600, 昭和十九年自十一月至十二月・勤務日誌〈国立公文書館〉)〔泊 二〇〇四〕。

東南海地震発生翌日の『読売報知』一九四四年十二月八日(朝刊)では、「各地に強震 震源地は遠州灘」と題し、中央気象台の発表と、名古屋、大阪、京都、浜松、清水の被害状況が簡単に報じられているだけである。南部を中心に被害がでていた名古屋ですら「敵機の空襲に備へて万全の固めをしてゐたときだけに何れも沈着冷静、家庭も工場も職場を死守し被害を最小限度に喰い止め、当局の万全の対策により直ちに復興作業が夜をこめて行はれた」とされているだけだった。別の報道でも防空訓練が地震時の待避や防火、救護、復旧に役立ったという指摘がなされ、とくに火災が少なかった理由とされていた〔朝日 一九四四・十二・八、九朝・大井 二〇一二、七七頁〕。

事態を重大視する小磯国昭内閣は、地震発生から四日後の十一日、「敵の航空工業破壊企図及航空工業震害非常対策」を閣議決定した。「敵ハ我ガ航空工業ノ壊滅ヲ企図シ既ニ計画的ニ攻撃ヲ開始セルコト明白トナレル所、偶々今次我ガ航空工業能力ノ約半部ヲ占ムル中部地方ニ甚大ナル震害ノ発生アリ」として、政府は、他業種工場の航空機生産への転用・利用などの非常対策を講じるとともに、工場疎開の促進、生産減の防止に努めることにしたのである(公文類聚・第六十八編・昭和十九年・第七十九巻・産業・工事、請求番号、本館 -2A-013-00・類 02877100、国立公文書館デジタルアーカイブ)。

政府は、十二月二十九日に東南海地震の被災者に対して租税の減免、徴収猶予などの措置をとり、三河地震発生後の一九四五年二月七日には三河地震の被災者にも適用した〔朝日一九四五・十二・二十九朝、一九四五・二・七朝〕。また、震災対策費として、一九四四年度第二予備金として七〇万円、一九四四年度追加予算分として九六二万一千余円、一九四五年度予算として一一九五万七千余円、合計二二二〇万八千余円を計上することにしている（第八十六回帝国議会衆議院予算委員会議録第五回〈一九四五年一月二十五日〉・〔朝日一九四五・一・二十六朝〕）。

東南海地震・三河地震は、戦時特殊損害保険法に基づく地震保険が存在していた期間において最大の被害を出した地震であり、地震保険金二億数千万円が支払われた。ただし、保険金支払いのための実地調査前に空襲被害を受けた場合は、戦争保険によって支払いがなされたものも多かった〔南一九四九、四七〇～四七三、四七七～四七八頁〕。

被災地では復旧・復興、疎開もままならないまま、激しい空襲を迎えることになったため、地震の影響と空襲の影響は区別が難しくなっていく。しかし、巨大地震により軍需産業が広範囲にわたって同時に被災した影響は、日本の戦力の低下を早めた。小磯内閣の外相であった重光葵《しげみつまもる》は戦後に刊行した『昭和の動乱』において、「空襲と地震とによって、我が軍需工業は再び立つ能わざる致命的損害を受けた」〔重光二〇〇一、二七〇～二七一頁〕と述べている。

東南海地震の情報伝達

報道管制がなされたものの、被害状況は政府・軍部などの一部だけでなく、報道関係者や政府関係者と接触のある人々の間に伝わっていた。例えば、外交評論家の清沢洌《きよし》は十二月十一日の日記につぎのように記し、この地震が戦争の段階を画すものととらえた。

東洋経済の評議員会に出る。諸氏の談話によって、過般の中部日本の地震が、戦力に極めて重大な影響あるを明らかにした。日本の飛行機生産の少くとも四割は名古屋付近にあり。その外に造船、重工業はその方面に多い。しかも、それ等は海浜の埋立地に多いから、被害も多かろうという。火事は少いが、機械の狂いを生じたものは、これを修繕する資料がない。汽車は掛川まで通じ、以遠は通らない。客は一切受け付けて居らぬ。中央線と北陸線をまわる外はない。

大東亜戦争の第一段落は「中部日本」の大地震に出づ、と後世の歴史家は書くであろう。〔清沢 二〇〇二、五二〇〜五二一頁〕

巨大地震の地震波は世界各地で観測された。『ニューヨークタイムズ』は、最大級の地震であることを指摘する地震学者たちのコメントとともに、中部日本で地震が発生したことを報じた。そして「地震は深刻だったが、被害はさほどではない」などとする日本の報道にも触れつつ、地震の規模や場所からみて関東大震災を超える大きな被害がでているだろうと述べている〔中央防災会議災害教訓の継承に関する専門調査会 二〇〇七、二〜五頁〕。当然といえば当然であるが、日本側は過小に、アメリカ側は過大に被害を報じていた。

航空機を中心とする軍需生産行政を担任していた軍需省の地方機構で、東海地方を管轄していた東海軍需管理部(名古屋)は、各工場に対し、協力し合いながら工場施設とインフラの復旧を急ぐこと、生産を続行《たすく》することを求めた。岡田資部長(陸軍中将)は、関係者を集めた会議の講話中で「震災被害ニ付テハ敵米英側モ其ノ被害ノ軽微ナルコトヲ報道シ居レリ。徒ラニ日本人ガ萎靡《いび》スベキニ非ズ」〔東海軍需監理部 一九四四〕と述べ、関係者を激励した。敵の報道を根拠として示しているのが興味深いが、「被害ノ軽微ナルコト」

を報道したものが具体的に何を指すのか、あるいは虚偽であるのか、はたまた米英側の報道において日本側の報道を引用した部分を都合よく使っているのかは不明である。

四　敗戦に追打ちをかける地震・水害

南海地震

一九四五年八月、日本の敗北をもって戦争は終結し、日本は米軍を中心とする連合国軍の占領統治下に入った。十二月には、戦時特殊損害保険法が廃止され、地震保険制度も消滅した。その後、通常の地震保険制度が発足するのは一九六六年のことである〔日本地震再保険株式会社編 一九九七、二、六〜七頁〕。

戦争の終結により新たな戦災は発生しなくなったが、自然災害は続く。一九四六年十二月二十一日午前四時十九分に南海トラフの巨大地震である南海地震(マグニチュード八・〇)が発生した。高知・和歌山・徳島を中心に地震・津波・火災により、死者・不明者一四四三人を出した。津波は、和歌山では六メートルを超え、三重・徳島・高知で四〜六メートルに達した〔宇佐美ほか 二〇一三、三四一〜三四五頁〕。

連合国軍は、被災者に対する毛布、衣料、食糧、医薬品などの提供、車両、艦船、航空機による物資や旅客の輸送、医療や建設への人員派遣などの救援活動をおこなった〔高知県南海大震災誌編纂委員会編 一九四九、一七〇〜一七五頁〕。

一九四七年三月十三日には、第九二回帝国議会衆議院本会議において、政府に対して南海震災地方の不断の救援のため積極的に対策を実施するよう促す「南海震災救援促進決議案」が各党から共同提案され、可決されている(「第九十二回帝国議会衆議院議事速記録」第十七号、『官報』号外、一九四七年三月十四日)。提出者を代表して趣旨説明に立った寺尾豊議員は、被害状況を説明し、「敗戦の創痍《そうい》未だ癒えざるのとき、かくも厖大なる物的人的資源を瞬時にして失いましたことは、復興途上にあるわが国として、まことに痛恨の極みである」とし、重要な点として「大部分の罹災者が、空襲の被害を受け、敗戦の痛苦をなめつゝ辛うじて起ち上り……、ようやく再建の一歩を踏み出した途端に、この震害をこうむつた」ことを指摘し、「いかに天災とはいゝながら、その試錬のあまりにも惨烈なる、実に従来の震災などに比べものにならない深刻さをもつている」と述べた。

寺尾は続けて、政府に対する救援・復興のための予算増額の希望、救済に挺身してくれた日本の官民に対する感謝とともに、「今回の震災に際しまして寄せられましたところの、連合軍の間髪を入れざる適切なる救援の処置に対し、罹災者一同を代表しまして、心からなる感謝の意を表するものであります。（拍手）すなわち地震直後の交通、通信の壊滅に瀕しましたときに、飛行機をもつて僻地の罹災者に食糧を投下し、あるいは艦艇を派して、衣料、薬品その他貴重なる救恤《きゅうじゅつ》物資を搬送し、あるいは軍用車をもつて避難民を輸送するなど、絶大なる御援助に、各地罹災民はひとしく感激のほかなかつたのであります」と連合国軍への感謝の言葉を口にしている。連合国軍の役割は、かつてなら日本軍が果たしていたものである。しかし、いまや日本は占領統治下にあり、日本軍は解体され存在していなかった。このように南海地震は、敗戦直後に発生した災害ゆえの特質を帯びていた。

「小さな新聞に大きなニュース」

戦後、災害の被害を隠すための報道管制は不要になった。前述の「南海震災救援促進決議案」の賛成演説に立った斎藤てい衆議院議員は、「その被害の詳細は当時すでに新聞、ラジオ等によりまして、いち早く報道されておりますから、私はこゝで省略させていたゞきます」と発言している。しかし、深刻化する用紙不足のために新聞は頁数、大きさともに縮減を余儀なくされていた。ちょうど南海地震が発生した一九四六年十二月二十一日からは、新聞は二ページ(つまりは一枚紙)のタブロイド判になっていた。

医学生で、作家の道を歩み始めたばかりの山田風太郎は、二十一日の日記に米不足と停電について述べたのち、「関西、四国地方に安政大地震以来の激震起り大津波襲いし由報ぜらる。新聞も紙払底のためタブロイド版となれり、日本今や亡国の淵に急進しつつあるを感ず」〔山田 二〇一一、四一五頁〕と記し、亡国の危機を感じていた。

翌二十二日朝刊のトップニュースとして南海地震は報じられた。喜劇俳優の古川ロッパは二十二日の日記で「昨日から各新聞とも、紙不足から半ペラから又その半分である、情ない、日本文化の縮小である。その小さな新聞に大きなニュース、西日本の大震災、大分被害ありたるらし、重ね〳〵日本のひどい目に遭はされることよ」〔古川 二〇〇七、一七七頁〕と嘆いた。

軽井沢にいた作家の野上弥生子も二十二日の日記につぎのように書いている。

へんな水平動でかなり揺れ、これはどこかに大地震があつたのではないか、と思はせた地震は熊野沖が中心で関東震災以上の大地震であつた由、もつて来てくれた東京版には和歌山の倒れた家や、三メートルもあつたといふ津浪が町の中に打ちあげた船のシャシンなど出てゐた。幸ひ震源地が海中であつた為、あの時東京に生じたやうな災害はなかつたが、それでも至るところで人が死んで、家が倒れ田畑が水浸しになつてゐる。戦災だけでも沢山なのに、またこのさわぎではたまらないわけである。

〔野上 一九八七、三八〇頁〕

南海地震は敗戦に苦しむ国民に追打ちをかけていたのであった。さらに一九四八年六月二十八日には福井地震(マグニチュード七・一、死者三七六九人)が起こる。

地震ばかりでなく、水害も続発した。一九五二年に出版された安芸皎一『水害の日本』は、「災害には地震や津波によるものもあるが大部分は洪水による被害であって、これは殆んど恒常化されており、近頃は一寸した豪雨にも莫大な復旧費が要求される始末である」と述べている。その原因として、豪雨が度重なったという自然要因のほかに、軍拡や戦争のために水害対策がおろそかにされたこと(とくに資材面)、戦後インフレにより工事が進まなかったこと、戦中戦後の木材需要の高まりや松根油採取、開墾などにより森林の過伐が進み、植林も遅れたことなどがあげられていた〔安芸 一九五二、序一〜三、本文三〇〜三一、八四〜九〇、一四一〜一四二頁〕。戦後の国会でも、同様の事柄が指摘されている。敗戦後も、戦争の影響により水害が助長されていた。そのことは当時の人々にも認識されていたのである。

おわりに

人為的な災害である戦争と自然災害は相互にどのような影響をおよぼし合うのかについて、本章の検討によりわかったことをまとめる。

史上初の総力戦となった第一次世界大戦後、国内への空襲が想定されるようになった。自然災害対策に、新たな脅威である空襲への対策が加わり、両者は一体のものとして推進された。第二次世界大戦では、飛行機と爆弾の高性能化により、空襲はその破壊力を増し、無差別爆撃もおこなわれるようになった。

一九四三年、ヨーロッパで空襲が苛烈化し、戦局の悪化により日本も本格的な空襲を受けることを覚悟せざるをえなくなっていた。その年はちょうど関東大震災二〇周年にあたっていた。震災記念日である九月一日の前後には、震災を教訓に空襲に備えるべきだとの主張が展開された。その直後、鳥取地震が発生した。政府は鳥取地震から空襲対策の教訓を読み取ろうとした。また、総力戦下における「民心ノ安定」を重視する政府は、鳥取地震をきっかけに、戦時下限定で日本初の地震保険制度を発足させた。

日本の敗色が濃厚になり、本格的な本土空襲が始まった一九四四年十二月、東南海地震が発生した。航空機産業が集まる東海地方が被災し、日本の戦力低下が加速した。一九四五年一月には三河地震が発生した。これらの地震では航空機工場に動員されていた学徒や、空襲を避けるため都市から疎開していた学童も犠牲になった。政府は、被害を隠そうと厳しい情報統制をおこなった。その結果、現在にいたるまで被害の詳細は不明なままである。

敗戦後も、自然災害は続いた。一九四六年十二月に発生した南海地震は、敗戦と戦災に苦しむ人々に追打ちをかけた。また当時の日本は連合国軍の占領統治下にあったため、連合国軍が救援活動をおこなった。水害も相次いだ。戦争の影響による水害対策不足、森林の過伐が、水害を助長していた。

戦中および敗戦直後の自然災害は、当時の政府がおこなった情報統制のため、また戦災の被害のほうが大きかったため、現在あまり注目されない。しかし、その影響は被災地のみならず、日本の政治、軍事、経済、社会におよんでいた。また自然災害への認識や対処、そしてその被害には、総力戦の影響がみられた。つまり時代の特徴があらわれていた。

自然災害は人間の都合とは無関係に、予期せぬ形で発生する。本章でみた災害は、戦争と重なるという最悪のタイミングで続発した。災害多発国にはつねにそうしたリスクがつきまとう。自然災害のリスクと被害がおよぼす影響という視角を、歴史分析に導入することは有用であろう。

◆参考文献

〔安芸 一九五二〕 安芸皎一『水害の日本』岩波新書（のち吉越昭久編『日本災害資料集 水害編』第一巻、クレス出版、二〇一二年に所収）
〔池園 一九二八〕 池園哲太郎「大阪防空演習概況並感想」（『東京市公報』一九二八年九月四日）
〔伊藤 一九八三〕 伊藤整『太平洋戦争日記』二、新潮社
〔宇佐美ほか 二〇一三〕 宇佐美龍夫・石井寿・今村隆正・武村雅之・松浦律子『日本被害地震総覧 五九九〜二〇一二』東京大学出版会
〔大井 二〇一二〕 大井昌靖「昭和期の軍隊による災害・戦災救援活動——衛戍令、戦時警備及び防空法の関係から」（『軍事史学』第四八巻第一号）六七〜八五頁
〔木股ほか 二〇〇五〕 木股文昭・林能成・木村玲欧『三河地震六〇年目の真実』中日新聞社
〔木村 二〇一四〕 木村玲欧『戦争に隠された「震度7」——1944 東南海地震・1945 三河地震』吉川弘文館
〔清沢 二〇〇二〕 清沢洌『暗黒日記』二、ちくま学芸文庫
〔高知県南海大震災誌編纂委員会編 一九四九〕『南海震災誌』高知県
〔重光 二〇〇一〕 重光葵『昭和の動乱』下、中公文庫
〔衆議院事務局編 一九九六〕『帝国議会衆議院秘密会議事速記録集』二、衆栄会
〔中央防災会議災害教訓の継承に関する専門調査会 二〇〇五〕『一八九六明治三陸地震津波報告書』
〔中央防災会議災害教訓の継承に関する専門調査会 二〇〇六〕『一八九一濃尾地震報告書』

［中央防災会議災害教訓の継承に関する専門調査会　二〇〇七］　『一九四四東南海地震・一九四五三河地震報告書』
［土田　二〇一〇］　土田宏成『近代日本の「国民防空」体制』神田外語大学出版局
［テクノバ・災害研究プロジェクト編　一九九三］　『近代日本の災害』テクノバ
［東海軍需監理部　一九四四］　「東海軍需監理部報」臨時号（極秘、一九四四年十二月十三日）、防衛省防衛研究所戦史研究センター史料室所蔵（登録番号・文庫－商工省軍需省その他の局－四六）
［鳥取県編　一九四四］　『鳥取県震災小誌』鳥取県
［泊　二〇〇四］　泊次郎「東南海地震と新聞検閲——内務省検閲課勤務日誌に見る」（『日本災害情報学会第六回学会大会研究発表予稿集』）一五〜二〇頁
［日本損害保険協会会史編集室編　一九八九］　『日本損害保険協会七十年史』日本損害保険協会
［日本地震再保険株式会社編　一九九七］　『家計地震保険制度と地再社——三十年の歩み』日本地震再保険株式会社
［野上　一九八七］　野上弥生子『野上弥生子全集』第Ⅱ期第九巻、岩波書店
［古川　二〇〇七］　古川ロッパ（滝大作監修）『古川ロッパ昭和日記〈戦後篇〉』新装版、晶文社
［南　一九四九］　南恒郎『最近の日本戦争保険制度』大蔵財務協会
［山下　一九八六］　山下文男『戦時報道管制下　隠された大地震・津波』新日本出版社
［山下　二〇〇九］　山下文男『隠された大震災　太平洋戦争史秘録』東北大学出版会
［山田　二〇一一］　山田風太郎『戦中派焼け跡日記』小学館文庫
［吉村　一九三四］　吉村冬彦〔寺田寅彦〕「天災と国防」（『経済往来』第九巻第一一号）二三一〜二三八頁

本研究は、JSPS科研費25370790（「近現代日本における災害関係史料の調査・収集・整理・研究」）の助成を受けたものである。

災害・環境から古代中国の戦争を読む

鶴間　和幸

はじめに

古代中国の戦争も近代の戦争も共通していることがある。戦争はいかなる時代も残酷であり、人々を苦しめてきたことである。記憶が新しい近代の戦争でも、記憶からはるかに離れた古代の戦争でも、同時代の人々にとってみればその悲惨さは同じである。たとえ戦争の方法が異なっていたとしても、敵の兵士や民衆を殺戮することに変わりはないからである。

古代と近代の戦争で異なる点があるとしたら、古代では戦争と自然がより一体化してとらえられていた点であろう。人間同士の戦いは、自然を介していたともいえる。現代の私たちが災害や環境から戦争をとらえなおそうという視点をようやく見出してきたのは、自然から距離をおいてきた近代が、再び自然に戻らざるをえないことに気づいたからである。自然とともに生きることが日常であった古代では、戦争も自然のなかでとらえられていた。戦争も人間同士の紛争であったが、古代では戦争は自然の不順から生ずるものと認識していた。そのような古代の自然と結びついた戦争観から私たちも学ぶことがあるのではないだろうか。古代中国からの提言として災害・環境から戦争を読み返してみたい。

中国古代とくに戦国という時代(前四〇三~前二二一年)から秦漢の統一帝国の時代に焦点をあてると、戦争のもつ意味がみえてくる。中国映画「始皇帝暗殺」(陳凱歌《チェンカイコー》監督、一九九八年)「英雄 HERO」(張芸謀《チャンイーモー》監督、二〇〇二年)などの画面には、秦の統一戦争がじつにリアルに描かれている。始皇帝の兵馬俑坑《へいばようこう》から実物大の戦車・騎兵・歩兵の陶俑や青銅製武器が発見されているので、これらの姿は映画にも反映されている。弩《ど》を引く歩兵、戟《げき》を持つ騎兵、いっせいに秦の青銅製の矢が放たれる。しかしそのような映像には、現代から遠く遡った古代であるだけに、現実の戦争の悲惨さは見えず、しばしば英雄だけが称えられて描かれる。英雄の影で、数十万の単位で人々が戦死していった時代を見直してみよう。

一 古代中国の戦争

諸子百家の戦争論

戦国時代は戦争だけの時代ではなく、意外と自由な雰囲気に満ちた国際的な時代であったともいえる。諸子百家の思想家たちが活躍できたのも、漢の儒教一辺倒の統一の時代とは異なる。なかでも墨子(前四八〇頃~前三九〇頃)の戦争論は特異なものであった。戦争のなかで侵略戦争を批判し、殺戮を非難し、敵を相愛する思想が生まれた。現実の戦争が悲惨であるからこそ、戦争を回避する思想となったのである。

一人の人間を殺せば不義といい、死刑がおこなわれる。十人を殺せば不義は十倍、死刑も十倍、百人を殺せば、百倍の死刑がおこなわれる。ところが国が国を攻めた場合は正義とされる。天下の者が相愛すれば、国と国が攻め合うことはない。これが墨子の非攻、すなわち戦争否定と兼愛の思想である。近代の戦争にもそのまま通ずるものである。

墨家の思想は、儒墨と並び称されたものの、儒家一辺倒のなかでその思想は消滅していった。戦争を回避する思想だからこそ、そのために戦術論が詳細に分析された。一二の攻撃法に対する一四条の防衛法、戦争の武器に習熟していなければ生まれない思想である。

一方の法家は国家競合の時代を加速させ、帝王による統治を実現させようとした。戦争には正当な目的が必要であり、正義の戦争が主張された。秦の政治を支えていったのは商鞅《しょうおう》であり、韓非《かんぴ》であり、李斯《りし》であった。縦横家《じゅうおうか》の合従《がっしょう》の蘇秦《そしん》と連衡《れんこう》の張儀《ちょうぎ》の議論は国家間の同盟をめざすものであり、覇者を生み出すものの、帝王は生み出さなかった。鉄と青銅器の武器が戦争を加速させ、大量の殺戮の戦争に突入した。秦の昭王(在位前三〇七〜前二五一)のときに、斬首二万(楚)、二四万(韓・魏)、四万(魏)、一五万(魏)、五万(韓)という数字は戦国後半期の大量動員の戦争の時代を反映している。前二六〇年の長平の戦いではじつに四五万余りの殺戮がおこなわれた。この長平の古戦場の史跡が一九九五年発見された。長平は現在の山西省高平市永禄村にある。十数カ所の人骨坑が出土し、一つの坑には二十歳から四十五歳の男性ら百三十数人が埋まっていた。考古資料が『史記』の記述を裏付けてくれた。大腿骨に矢じりが深く食い込んだものもあれば、鈍器で殴られたような陥没のある頭蓋骨もみられ、なかには刀痕もみられる。頭骨が分離したものも六〇体みられた。古代の戦争の悲惨さを伝えてくれる[山西省考古研究所ほか 一九九六]。

一方戦国時代の軍事思想のなかには、孫子・呉子などの兵法のほかに、呪術性の高い陰陽《いんよう》思想と結びついた兵法もあった[湯浅 一九九九]。天文や占いなどであり、後述するように戦争と自然の関係を示唆するものとして注目したい。

戦争と刑罰

秦始皇帝(前二五九〜前二一〇、在位前二四七〜前二一〇)は征服戦争を統一のための正義の戦争と主張した。古今いかなる戦争でも大義名分が必要となる。始皇帝の顕彰碑である刻石では、東方の君主(秦以外の戦国六国)が民衆を虐待しているので救済するという。しかし戦争に駆り出された民衆にはそのような大義名分はなかった。一九七五年湖南省雲夢県睡虎地秦墓《すいこちしんぼ》で出土した始皇帝の時代の竹簡文書のなかに封《ふう》診式《しんしき》という九八枚の竹簡の裁判文書があり、そのなかに敵兵の首を奪い合う「奪首《だっしゅ》」と題した事件とそれに類似した事件の二つの取調べ文書があった[睡虎地秦墓竹簡整理小組 一九七八]。一件の文書には、前二六六年に秦が楚の地を攻撃する戦いにおいて、敵の一人の首を取った者を剣で襲って横取りしようとした者が逮捕された内容である。もう一件は、同じ戦争で奪った敵兵の首を二人で奪い合った事件である。敵兵の首の所有をめぐって相争った。役人は負傷した顔の傷跡や、首の傷口などを克明に点検した。こうした事件が起こるのは、敵の兵士の首には爵位一級に相当する恩恵があるからである。

また睡虎地四号秦墓から二枚の木牘《もくとく》の書簡が出土した[睡虎地秦墓竹簡整理小組 一九九〇]。二月辛巳(十九日)の日付で故郷に宛てた家書である。淮陽《わいよう》での戦争に参加し、なかなか敵城が陥落しない様子を伝えている。始皇二四(前二二三)年二月、楚都寿春《じゅしゅん》が陥落し王が捕虜となる直前のことであろう。このなかでまだ戦場での功績がないことを告白している。民衆には統一戦争の正義などは見えなかった。生死のかかる戦場では、ひたすら敵の兵士を殺すことが求められた。のちにも触れる漢代の山東地域の画像石には胡漢戦争図というものが見える。騎兵、歩兵の戦争、敵の首を取る場面が描かれている。戦死した兵士が首を取られたまま横たわっている無惨な光景である。

古代中国では、斬首《ざんしゅ》は外の戦争だけでなく、内なる刑罰の一つとしてもおこなわれていた。死罪には斬首(首を切断する刑罰)、腰斬《ようざん》(上半身を切断する刑罰)、車裂(身体を切り離す刑罰)のほかにこれらの遺体を見せしめにさらす棄市《きし》(切断した首を市場にさらす刑罰)、梟首《きょうしゅ》(首を木にかけてさらす刑罰)、磔刑《たっけい》(身体を切り離してさらす刑罰)などがあった。秦の時代の奏讞書《そうげんしょ》という、難事件を上部の機関に伺う出土竹簡文書に「不孝は棄市」という法律があったことがわかった[朱/陳主編 二〇一三]。家のなかで父母に不孝な行為をおこなえば死罪となり、戦争で敵兵を斬首したのと同じことがおこなわれた。さらに君主に反逆すれば不臣として斬首となった。前漢初期の法律を示す張家山漢簡にも呂后二年律令があり、「謀反する者は皆腰斬とし、その父母、妻子、同産(兄弟)は年齢に関係なく皆棄市とせよ」「皇帝信璽《しんじ》、皇帝行璽《こうじ》を偽造すれば、腰斬して見せしめとする」「人を襲って殺したり、争って殺したりしたら棄市とせよ」「長城外の人が侵入して盗賊となった者は腰斬とせよ」とみえる[張家山二四七号漢墓竹簡整理小組 二〇〇一]。最後の条文はまさに外敵への刑罰と外敵との戦時の殺害行為との境目がなくなっていることを示している。

冨谷至は古代中国の死刑を詳しく分析するなかで、軍事行為の外的刑罰と内的刑罰の関連性に言及している[冨谷 一九九五・冨谷編 二〇〇八]。内なる刑罰の場合、ただ斬首や車裂をおこなうだけでなく、人の集まる市場で切り離された遺体を見せしめのためにさらした。前漢文帝(在位前一八〇～前一五七)のときにいわゆる肉刑という身体損傷のうち黥《げい》(いれずみ)・劓《ぎ》(はなぎり)・斬趾《ざんし》(あしきり)の刑罰は廃止されるが、身体を切断する棄市、腰斬の死刑は依然と残された。

戦国時代の秦で商鞅(?～前三三八)は、孝公に仕えて政治改革を断行したが、孝公の死後反対する勢力によって捕らえられ、謀反の罪で車裂の極刑にあてられた。始皇帝が秦王であったときに起こった嫪毒《ろうあい》の乱では、嫪毐側に加わった高級官僚たちは梟首と車裂となった。始皇帝（秦王）暗殺を企む荊軻《けいか》が秦王に謁見するための口実として持参したものは、秦の将軍樊於期《はんおき》の首の入った頭函《とうかん》（首を収めた箱）であった。父母宗族が連坐で殺された樊於期は高額の懸賞金をかけられ逃亡中であったが、秦王への復讐心から荊軻に自らの首を差し出したのである。始皇帝亡きあと、二世皇帝胡亥《こがい》は兄弟を処刑した。男の兄弟一二人は都咸陽《かんよう》の市場で死罪、十人の姉妹は都近くの杜県で磔刑となった。始皇帝を支え統一に貢献した李斯は、始皇帝の死後、最後は趙高《ちょうこう》に裁判にかけられ謀反の罪で腰斬となった。身体が分断されて死を迎えることが、どれだけ悲惨であったかは想像にかたくない。

魂魄と鬼神

古代中国には魂魄《こんぱく》と鬼神《きしん》の思想がある。人間は生まれたときに天や父から魂を授かり、地や母から授かった魄と合体する。死を迎えたときに、魂は天に帰り、魄は地に帰る。遺体を地下に埋葬して保存し、魄は永遠に遺体に宿っていく。戦争や処刑によって肉体を分断されるということは、こうした古代習俗に反することであり、人々はとりわけ恐れを抱く。自然から授かった生命がまた自然のなかに帰っていくことが断ち切られてしまうからである。

戦国楚国の屈原《くつげん》（前三四〇〜前二七八）の詩を収めた『楚辞』の九歌のなかに国殤《こくしょう》と題する詩があり、全滅した軍の兵士を悼んでいる。「身首は離れても心は悔いぬ」「その身は死しても神《しん》は滅びず。魂魄毅然として亡霊の雄となる」［目加田訳 一九七四］、戦場に横たわり、よりどころなく引き裂かれた兵士の無惨な遺体、それを鎮魂する言葉から戦争の悲惨さが強く伝わってくる。

政治的に冤罪《えんざい》によって死罪を言い渡されたときに、身体を裂かれ見せしめにされるよりも天に無罪を訴え、自害の道を選ぶ者もいた。戦国秦の将軍白起《はくき》は、長平の戦いで趙軍四十数万人を殺害したあとに、戦争には消極的であったために秦の昭王から剣を賜り自害を迫られた。このときになぜ天に罪があったのかと自問し、数十万人の兵士を偽って穴埋めにしたことが十分死罪に値すると言って自殺した。やはり始皇帝の統一戦争を支え、統一後は対匈奴《きょうど》戦争で万里長城を建設した将軍蒙恬《もうてん》も、二世皇帝から死罪をくだされたときに、自分が天にどのような罪を犯したのかと振り返り、死罪にあたるとしたら地脈を絶ち切って長城を築いたことにあると言って服毒自殺した。秦が滅んだのち、楚王項羽《こうう》(前二三二〜前二〇二)と漢王劉邦《りゅうほう》(前二四七〜前一九五)が戦い、最後は項羽が敗北した。そのときの項羽の言葉に「天が我を亡ぼしたのであり、戦争の罪ではない」とある。八年間に七十数回の戦に敗北したことがないという自負からでた言葉であった。項羽は自ら首をはねて死を選んだ。彼らのいう天とは、魂を授かり、また魂が帰るところ、循環する世界や宇宙の中心であった。人に裁かれるより、天に裁かれることを極力恐れた。

二　戦争と自然

斉の八神

このような戦争を自然と同列に並べたのは戦国の斉の思想であった。戦国七雄と呼ばれた戦国時代の国々のなかで、斉は東方の海と黄河と泰山の山東丘陵に囲まれた領域をもち、その自然から生まれた八神という信仰があった。天と地、日と月、陰と陽、四時(四季)、そして兵の八つを、それにふさわしい場所で祀っていた(**図1**)。自然神と軍神が同列に並んでいることに、私たちは違和感をもつが、斉の人々にはそれがなかったのであろう。戦争も自然の循環が崩れたときに起こる現象と考えられていたのである。自

⑤ 陽主

④ 陰主

⑥ 月主

① 天主

⑦ 日主

③ 兵主

② 地主

⑧ 四時主

▲図1　斉の八神

然の循環が保たれなくなると、旱魃《かんばつ》や洪水、蝗害《こうがい》などの災害を招き、戦争が起こる。人為よりも自然の大きさを実感していた古代中国の人々にとっては災害と戦争は同列に並ぶものであり、率直な思想であるといえる。斉を最後に滅ぼして天下を統一した始皇帝は、地方を巡行する途上でこれら斉の八神を保護し守った。

斉には木火土金水の五要素が循環する五行思想もあり、八神の祭祀とも関係が深い。『史記』封禅書によれば、天主は斉都臨淄《りんし》の泉の湧く天の臍《へそ》の地で天を祀り、地主は泰山近くの梁父山《りょうほさん》で地を祀り、兵主は斉の西境の地で兵神の蚩尤《しゆう》を祀り、陰主は三神山をかたどった渤海《ぼっかい》沿岸の三山の地で祀り、陽主は渤海に突出した之罘《しふ》島の南面で祀り、月主は渤海を望む莱山《らいさん》で祀り、日主は山東半島東端の成山で日の出を迎えて祀り、四時主は斉の東方の琅邪台《ろうやだい》で四季を祀るものであった。斉の国では祭祀の場所は丘陵と海辺の自然景観のなかに分散していた。

始皇帝は前二一九年、第二回の巡行で斉都臨淄に入り、斉の社稷《しゃしょく》と宗廟《そうびょう》を壊しながらも八神を残し、巡行でことごとく訪れた。第三回(前二一八年)、第五回(前二一〇年)でもその一部を訪れているから、始皇帝がとくに八神にこだわったことがわかる。始皇帝は戦国時代の斉の鄒衍《すうえん》がまとめた終始五徳の運行という論著を奏上され、その思想に傾倒する一方、八神の地で自然の循環が滞りなくおこなわれることを祈願したのである。

山東丘陵は黄河下流域の東方大平原に浮かぶ孤島のようである。その大平原が東の海に面している。黄河と山東丘陵と海に囲まれた斉の独特の景観が八神を生み出した。山東丘陵の北では済水《せいすい》と河水の二つの大河が東に流れて渤海に注ぐ。済水は現在の黄河であり、当時の黄河である河水はその北を並行して流れていた。古代には下流では二つの黄河があったといってもよい。秦が河水を徳水と改名したのも、木火土金水の五徳が永遠に循環するように、黄河の水が涸れたりあふれたりすることのないように願ったからである。しかし当時の河水は現在では水がなく、痕跡だけが砂地になって残っている。

　五行思想は中国に拡大したが、八神の信仰はあくまでも斉地に限られていた。始皇帝は勝者である帝王黄帝や舜《しゅん》や禹《う》の史跡を全国で訪れた。八神のほうは始皇帝に敗れた敗者の祭祀といえるものであった。八神のなかに黄帝に敗北した蚩尤神が入っていることは象徴的であった。蚩尤は斉と同じ姜《きょう》姓であり、斉にとっては国境を守る神であった。後漢の山東の人々は、戈《か》や戟《げき》など五種類の兵器を製造した軍神の姿を画像石に奇怪な形相として描いた（**図2**）。両手両足と頭上に武器を持つ。始皇帝は泰山の西南の東平陸の地で蚩尤神と出会った。斉の西境に位置し、斉の守り神となっていた。劉邦も兵をあげたときに黄帝と蚩尤を同時に沛《はい》の地で祀っている。天下一統を象徴する黄帝と東方人の軍神蚩尤、始皇帝はともに抹殺するわけにはいかなかった。自然の循環が停滞すれば、旱魃や飢饉が起こり、人々は争って戦乱を起こす。八神

▶**図2**　蚩尤（後漢山東武氏祠画像石『石索』より）

に軍神を入れた理由であろう。

　筆者は地主を除く八神の地を調査した。兵主は黄河の氾濫原にあり、黄河の水害から守る意味もあったようである。海に面した月主、陰主、陽主、日主、四時主は、内陸の秦の人間にとって紺碧の海の広がる別世界であった。陽主の之罘、日主の成山では祭祀に用いた玉璧《ぎょくへき》、玉圭《ぎょくけい》などの玉器が出土し、祭祀の建築遺構や始皇帝が滞在した離宮の存在が少しずつ見えてきた。山東半島の突端の成山は、三方を海に囲まれ、最東端に位置することもあり、日の出を祭祀するのに適した場所である。筆者も、春分、秋分には真東に昇ってくる赤い太陽が、紺碧の海面に赤い道筋をつくりだし、それが少しずつ水平線に伸びていく光景を実感した。太陽が昇る東方の海に三神山があるという斉の人々の強い信仰は始皇帝にも引き継がれていった。

前漢武帝の対匈奴戦争

　中国古代の戦争と災害の関係を物語る事例として、前漢の武帝(在位前一四一〜前八七)が黄河の氾濫を二三年間も放置したことに触れたい。放置していた間に衛青《えいせい》(?〜前一〇六)、霍去病《かくきょへい》らの将軍によって、北方の騎馬遊牧民、匈奴との戦争が大々的におこなわれた。黄河の緊急の治水には軍が必要であったが、対匈奴戦が優先され、被災地は犠牲となったともいえる。黄河の決壊場所が塞がれたのは、戦争も終わり、封禅という国家祭儀が粛々とおこなわれた直後であった。武帝自身、黄河の治水を放置した責任を歌にまで詠んでいる。災害と祭祀と戦争との密接な関係を物語っている。しかし人為的な戦争と自然災害による黄河の治水工事が両立できなかったという単純な問題ではなかった。

　武帝の陵墓、茂陵《もりょう》の東に特別に奇妙な形をした二つの墓が並んでいる。漢代の墓は皇帝から官僚まで上部が平らなピラミッド形の墳丘であるのに、一つの墓は長方形をしており、もう一つは正方形で一角を欠いた奇妙な形をしている。長方形の墓の前には「驃騎将軍大司馬冠軍侯霍公去病墓」という碑が立つ墓であり、その隣のもう一つは大将軍長平侯衛青の墓である。

驃騎将軍霍去病(前一四〇頃〜前一一七)は前一一七(元狩六)年にわずか二十四歳で亡くなった。武帝は悲しみのあまり、武装した兵士に長安から茂陵まで送らせて哀悼し、彼のために墳丘の形は祁連山《きれんさん》をかたどった。霍去病が匈奴の渾邪王《こんやおう》の軍を祁連山で破ったので、その功績を称えるためにわざわざ墳丘を山の形にしたのである。母方の舅父(おじ)の大将軍衛青もその隣に匈奴と戦った廬山《ろざん》をかたどった墓を造った。衛青は武帝の衛皇后の弟であり、霍去病はその衛皇后の姉の子である。最近の考古学の調査では、茂陵と茂陵邑《ゆう》(都市)の間に挟まれた特別の場所に霍去病と衛青墓があることがわかってきた。茂陵邑に居住していた人々は、武帝の軍隊を支えた二人の将軍の墓を日常的に眺めていたことになる。司馬遷もその一人であった。

青年将軍の霍去病への武帝の熱き思いは現在でもその墓葬を歩くと伝わってくる。霍去病の墓の上には固い石を置き、その前には石馬、石人を並べていたと、唐代の人は伝えている。現在でも一四体の花崗岩の石像と多くの自然石が残されている。その石像には古代中国人の匈奴戦争への想いが見える。

祁連山の祁連は匈奴の言葉で天を意味し、祁連天山ともいった。この天山は現在の天山山脈とは異なり、甘粛《かんしゅく》省と青海省の境を東西に五〇〇キロ以上続く連峰であり、そのなかの祁連山は標高五五四七メートルである。その北側に沿って河西回廊の交通路が走り、武帝は西に敦煌《とんこう》、東に武威《ぶい》、その中間に酒泉《しゅせん》、張掖《ちょうえき》の四郡をおいた。霍去病が軍事的制圧をしたあとのことである。祁連山脈の水源から北には多くの小河川が沙漠に流れては消える。その河川のほとりにオアシス都市が生まれ、それらが東西に結ばれた。

前一二一年、二十歳の驃騎将軍霍去病は居延《きょえん》の砦を越えてはじめて祁連山脈に入った。このとき匈奴の渾邪王は数万人を従えてくだり、漢はここではじめて優位に立った。張騫《ちょうけん》が前一三九年に最初に西域に出発したときには、まだ河西回廊は匈奴の支配下にあり、河西回廊の東部は匈奴の休屠王《きゅうちょおう》、西部は渾邪王が治めていた。張騫はすぐに匈奴に捕まり、十数年も足止めにされている。張騫が前一一五年に二度目の西域出使に出発したときは、霍去病の功績によって河西回廊は漢の支配下にあった。

胡漢戦争の表象

後漢時代の山東画像石には胡漢戦争を描いたものが見られる。画像石とは墓室や、祠堂という死者の霊魂を祭祀する建物の石材に画像を彫ったものをいい、漢代の思想や文化を知る重要な素材である。とくに山東省の画像石には、胡漢戦争図と呼ばれる画像がいくつか見られる〔邢 二〇一〇〕。祁連山を想わせる山岳地帯には「胡王」と記した人物と騎馬兵が弓を構えて漢の騎馬兵と戦う場面が描かれている(**図3** 山東省長清県文物管理所蔵「孝堂山石祠西壁画像」)〔中国画像石全集編輯委員会編『全集一』二〇〇〇〕。橋を境にして漢の密集部隊の歩兵隊が、胡兵の首を取る場面も描かれている(山東省沂南漢墓門楣画像)〔同〕。歩兵同士が戦い、捕虜になった胡兵も見える(山東省石刻芸術博物館蔵、嘉祥県五老窪出土)〔中国画像石全集編輯委員会編『全集二』二〇〇〇〕。首のない遺体も戦場に横たわっている(**図4** 山東省山陰県博物館蔵「戦争・楼閣・狩猟画像」)〔中国画像石全集編輯委員会編『全集三』二〇〇〇〕。画像石の題材はそもそも被葬者の生前の生活を直接描いたものもあるが、漢王朝の歴史的な故事を描いたものもある。胡漢戦争図は対匈奴戦争の歴史的場面を描いたものであろう。

霍去病の墓前に立つ石像の一つは、仰向けになった一人の遊牧民の男の上に馬が立つ姿の像である(**図5**)。これを「馬踏匈奴」という者もあれば「馬踏老人」とする者もいる。「たたずむ馬」という者もいる。仰向けに倒れた男はひげを蓄え、右手に矢、左手に弓を握りしめ、足にはブーツを履き、ばたつかせている。馬はこの男を踏みつけているのではなく、むしろ馬の四つ足の間に男が転がり込んで馬と戯れているかのように見える。「馬踏匈奴」とは異なる解釈ができる。武帝は霍去病が匈奴の西域王をくだしたとし

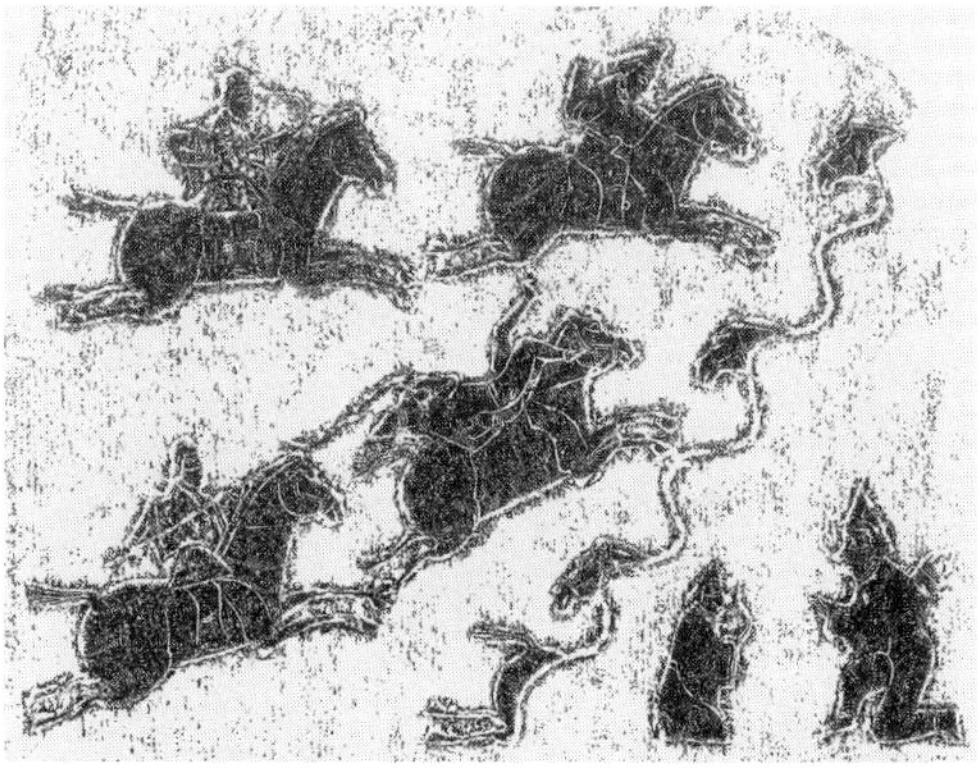

▲図3　胡漢戦争画像石(騎兵戦)　1980年嘉祥県満硐郷宋山出土
出典:『中国画像石全集 2 』p. 95.

▲図4　胡漢戦争画像石(歩兵)　1981年嘉祥県城東北五老窪出土
出典:『中国画像石全集 3 』p. 131.

て褒め称えたが、この石像がはたして凱旋者霍去病を称えたものであろうか。

この青年将軍を弔ったとき、武帝は四十歳、武帝はまだ神仙の思想にとりつかれていた。武帝の周りでは方士たちが不老不死の神仙の術を説いていた。武帝は霍去病の鬼神を鎮魂するかのように、祁連山を築き、そこに生息する動物の石像を並べたのである。草原を駆けめぐる躍馬と伏馬、虎、牛、象、魚、ヒキガエルの石像群、これらはどう見ても対匈奴戦争の功績を誇るものでない。なかでも三つの石像には血気迫る不思議な雰囲気がただよっている。その一つは原石の一部に怪獣が羊を呑み込む光景を浮かび上がらせた像、二つ目は力士のような大男が熊を抱えて格闘する像、三つ目は手のひらを大きく掲げて顔を上向きにたたずむ人物像である。これらは霍去病の鬼神を鎮める石像に見えてしまう。二〇〇〇年以上も風雨にさらされた石像の表面はかなり摩滅し、本来の姿を読み取るのは難しくなっているが、それでも私たちに多くのことを訴えているようである。か弱き羊の群れに襲いかかる大自然の力(**図6**)、獰猛《どうもう》な熊に果敢に挑む力士(**図7**)、鬼神を脅かす邪気を祓うかのような巫女の石像として見ていくと、先の石像を馬踏匈奴として民族の英雄として政治的に解釈することには違和感を抱いてしまう。霍去病墓の東隣には匈奴の休屠王《きゅうとおう》の太子金日磾《きんじってい》の墓が並んでいる。武帝は匈奴人も受け入れている。

三　戦争と災害

黄河の決壊と戦争

前一三二(元光三)年五月、黄河下流の濮陽《ぼくよう》の瓠子《こし》という場所で堤防が決壊した。瓠とはひさごのことで、黄河の河道が湾曲した場所に名づけられた地名である。増水すれば、ここの湾曲した堤防に激流が圧力をかける。あふれた水は鉅野沢《きょやたく》という湖に注いだ(**図8**)。その水は湖水をもあふれさせてさらに淮水《わいすい》(現在の淮河)、泗水《しすい》にまで流れ込んだという。被災地区は一六の郡にまで広がった。武帝はあわてて中央高官の汲黯《きゅういん》と鄭当時《ていとうじ》の二人を派遣して一〇万人を動員して決壊場所を修復しようとしたが、手遅れであった。

　そしてすぐに修復せず、放置した理由には、官僚たちの権益も絡んでいた。武帝の異父兄弟の田蚡《でんふん》が当時丞相《じょうしょう》を務めていた。彼の列侯の爵位の領地が黄河決壊場所よりも下流の北岸にあり、決壊して南に流れている限り水害の被害はなかった。堤防の決壊は天事であるから、人の力で無理に塞ぐと天に逆らうことになるという理由をつけて修復を引き延ばした。武帝は二三年間も決壊箇所を放置した。

　この二三年間は、確かに中央からみれば黄河の治水に専念できる状況ではなかった。毎

◀**図5**　霍去病墓石像(馬)

▲**図6**　霍去病墓石像(怪獣と羊)

▲**図7**　霍去病墓石像(熊と力士)

年のように衛青と霍去病の軍が匈奴に派兵された。治水工事にも戦争にも人力が必要であり、被災地は犠牲となる。すべてに対匈奴戦争が優先されることになる。戦時における自然災害の放置は古今通ずるものもあるが、古代中国特有の側面も探ってみよう。

二三年間に水利事業がまったくおこなわれていなかったわけではなかった(**図9**)。黄河下流の治水の代わりに、都長安が位置する関中平原の畿内の地域ではむしろ積極的な事業がおこなわれた。戦時体制のなかで首都圏の食糧を確保し、同時に辺境へと軍糧を送らなければならなかった。中央政府の国家財政を司る大農令の鄭当時の提案で数万人を動員して三年間にわたって漕渠《そうきょ》を造営した。黄河と渭水《いすい》の交わる地点から都長安まで直線の水路を通すことによって、曲がりくねった渭水の漕運の不便さを解決し、黄河中下流域から穀物を都の長安へ輸送する。漕運と同時に沿岸の灌漑にも効果的であった。また数万人を動員して河東郡に灌漑水路を引き、ここから首都圏へ送る穀物を二〇〇万石《せき》以上も確保しようとするものである。黄河中下流から毎年一〇〇万石もの穀物を首都に運んでいたが、黄河の河幅が狭くなる中流の輸送は困難であったのでこれを解決しようとするものであった。しかしこれは失敗に終わった。そのために新たな方策を考えた。長安の南は秦嶺《しんれい》山脈によって蜀や漢中の肥沃な稲作水田地帯と隔てられている。御史大夫《ぎょしたいふ》の張湯《ちょうとう》は秦嶺山脈に褒斜道《ほうやどう》の交通路を開き、河川の水路を利用して穀物を輸送しようとし、数万人を動員して完成させたが、水路としては失敗に終わった。さらに関中平原の東部には洛水が渭水に注いでいるが、その東の地は塩害の激しい荒れた土地が続く。関中平原内部のこの地を豊かな土壌に換えようとした。洛水から商顔山《しょうがんさん》を通貫して、暗渠の方式で水路を引いてくる龍首渠《りゅうしゅきょ》の事業を一万人以上を動員して十数年かけておこなった。しかしこれも十分な成果はでなかった。結局、東方の穀物を確保するために、再び黄河

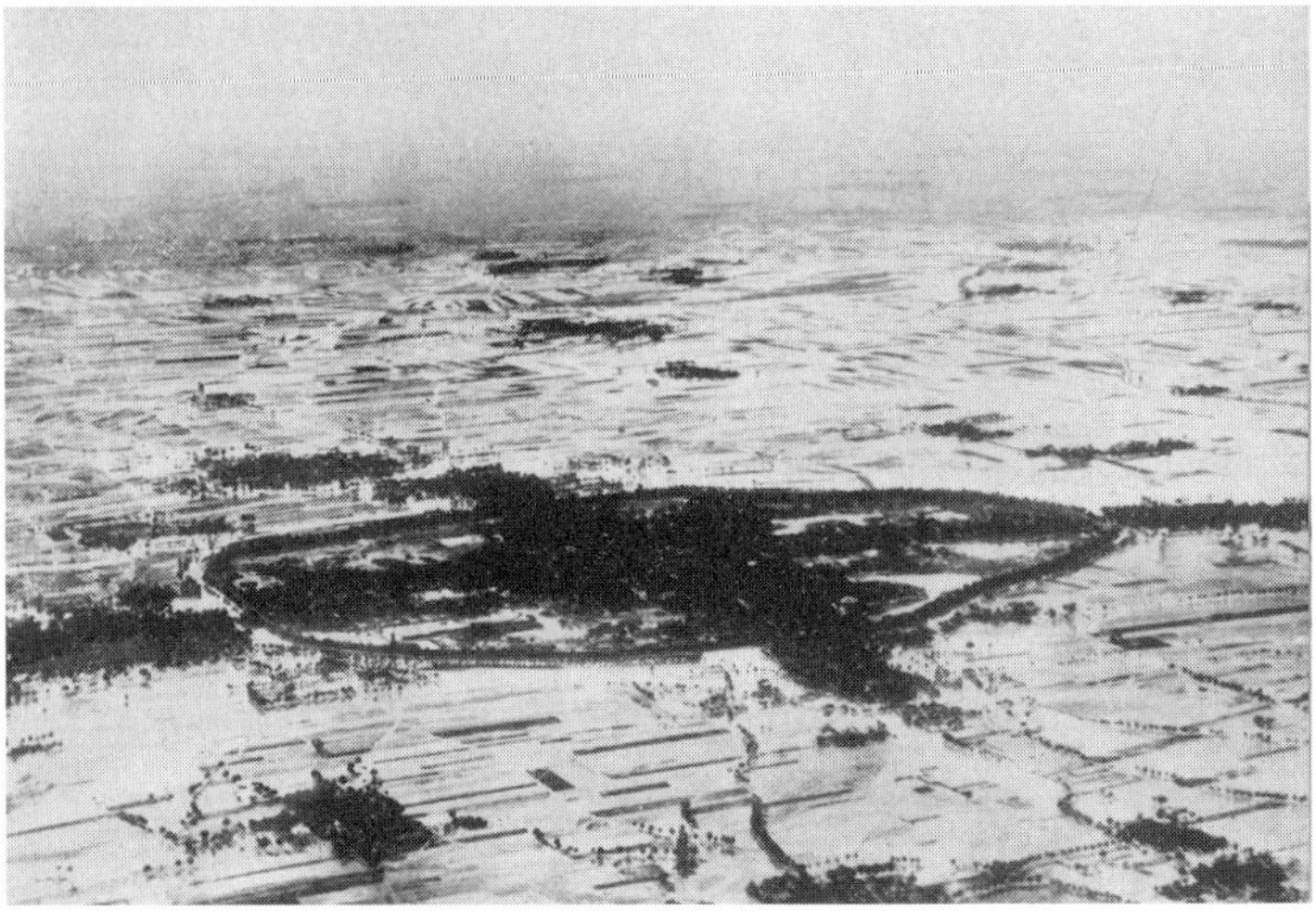

▲図 8　1933年河南省長垣県の洪水（黄河水利委員会編『黄河1946–1955　治理黄河図片集』河南人民出版社，1957年）

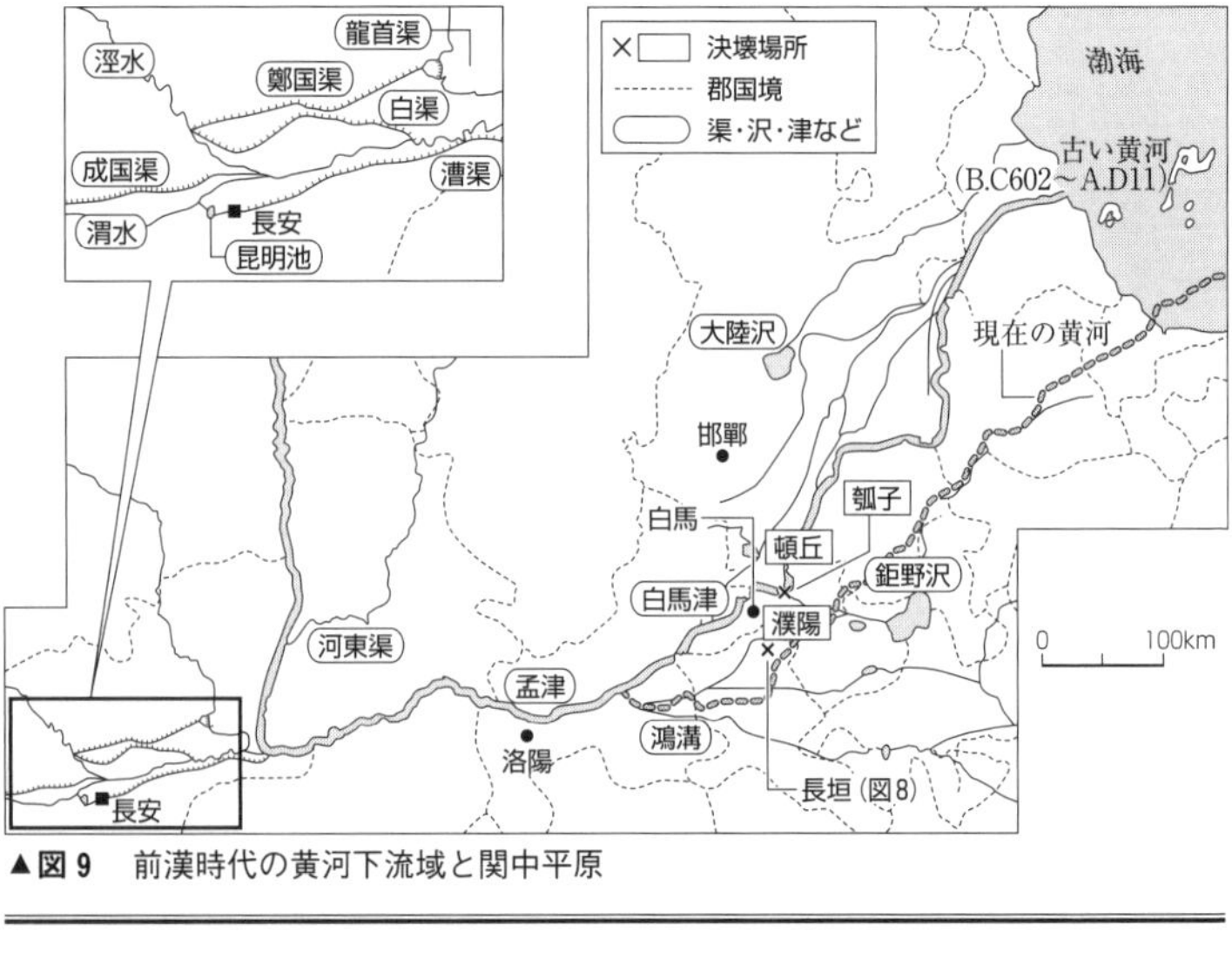

▲図 9　前漢時代の黄河下流域と関中平原

の治水に戻ることになる。

この二十数年間は黄河下流域では旱魃が続き、穀物が実らない年が続いた。とくに黄河南岸の梁楚《りょうそ》の地は被害が大きかった。武帝は対匈奴戦争が一段落した前一一三(元鼎三)年から巡行に出、前一一〇(元封元)年には泰山で封禅という天地の祭祀をおこなった。その翌年は旱魃となり、水量の少ないときを選んで、数万人を動員させて瓠子の決壊場所を修復させた。武帝自身、山東半島の万里沙まで行って祭祀をおこなった帰り道、この現場に立ち寄った。武帝はわざわざ二日間も滞在し、白馬と玉璧を黄河に沈めて河神を祀り、同行していた臣下には、将軍以下に薪を背負わせて決壊した箇所を塞がせた。決壊箇所に石や土を詰めて土嚢とした。

武帝はこのときに「瓠子の詩」という歌を二首作っている。一首目は二三年前のすさまじい洪水のありさまを詠み、封禅のために現地を見てはじめて事態を知ったことを弁解し、河伯(黄河の河神)に救いを求めている。二首目は決壊から二三年後の今を歌った。決壊場所を塞いだことで、黄河の河道は北に流れ、禹王の治水伝説の旧跡に戻ったという。梁楚の地も安定し、水害もなくなった。当時の人々にとっては、匈奴戦争の終焉《しゅうえん》が同時に自然の不順の終焉でもあった。

おわりに

古代中国の事例が現代を考える際にすぐに置き換えて役に立つほど歴史学は単純ではない。古代の黄河の水利の方策が確かに現在まで活かされている面もあるが、古代中国の智恵がそのまま現代に役立つものでもない。現代に役立てるために過去の歴史を解釈することがそもそも歴史であったが、私たちはむしろ現代と切り離して過去の時代にできうる限り入り込む歴史学をめざしている。現代とは違う過去の時代に生きる人間がつくりあげた社会や国家の新鮮な姿が浮かび上がってくるからである。

古代中国の皇帝権力を専制主義としてくることによって明らかになってきた歴史は確かに私たちの学問的な財産である。古代の専制的帝国がなぜ形成され、それが長らく中国史のなかでどのように変質して近代にいたったのか。歴史的な継続と変化の両面を解明していくことが中国史研究の重要な学問的な課題であった。しかしいま、いったんそこから離れて、できうる限り過去の時代そのものを取り出して明らかにする作業が求められていると思う。できうる限りというのは、もちろん完全に過去の時代を再現することなどできず、現代の視点が入り込むからである。

過去の時代を現代に役立てるために解釈してきたことが、ときに過去の時代をゆがめて理解してしまうことがある。現代に都合がよいように過去を解釈してしまう。そのようなことは歴史学ではあってはならない。私たちが依拠する史料そのものが、史料の書かれた時代からみて一定の過去の解釈である以上、慎重な史料の読込みが必要である。

戦争と災害、自然との関連性というテーマは、人間の歴史のなかでいかなる時代でも、またいかなる地域においても共通して重要なものである。人類の歴史においては、その始まりから人間が殺し合うという戦争は絶えることはなかった。だからといって戦争が人間の歴史の歩みや進展を促進したなどと肯定的に認めることはできない。人間が富を求めて他者と争い、領土や資源を求めて殺し合う。なぜそのようなことが繰り返されてきたのかを考える必要がある。そしてその戦争のために武器を製造して兵士を訓練する。敵を殺すことが自己の社会や国家の平和の維持にとって必要であると教育する。人間が自然と対面したときに、自然の大きさに萎縮しながらも、自然の恵みを得ることに智恵をしぼってきた。

自然には循環する時間が存在することを、古代の人々はとりわけ認識していた。月の満ち欠けによって一カ月を知り、太陽の軌道の周期で季節と一年の循環を知り、木星の周期によって一二年を知った。『史記』貨殖《かしょく》列伝では、六年ごとに豊作と旱魃が起こり、一二年ごとに一大飢饉が起こるといっている。現代の宇宙科学でも、ようやく地球環境の変化を宇宙レベルで考え始めるようになった。低温で磁場をもつ太陽の黒点の増減には約一一年の周期があり、地球の気温の変化に影響を与えているとみられている。古代中国ではすでに太陽の黒点を肉眼で観察しており(『漢書』『晋書』などに日中の黒子、黒気の記述がある〔斉藤／小沢 一九九二〕)、湖南省馬王堆《まおうたい》前漢墓で出土した前二世紀の帛画《はくが》(平織りの絹に画像を描いたもの)でも太陽には黒いカラスが描かれている。古代の人々も太陽の変化に気づいていたかもしれない。

災害も戦争も不意に起こるものであり、平時の自然の循環のサイクルからはずれた現象である。黄河の氾濫も地震も旱魃も予測できるものではない。馬王堆前漢墓で出土した帛画には観測された様々な彗星が克明に描かれていた。彗星は惑星のように太陽の周りを回るが、不意にあらわれて日々ゆっくりと移動して消えていく。そのような彗星の出現は戦争や人間の死を予兆するものと考えられていた。

自然の循環や変化に敏感であった古代の人々の戦争観も、現代とは異なるものがある。過去の歴史を忘れ、懲りなく戦争を繰り返してきた人間の負の歴史を振り返ったときに、古代の歴史から学ぶべきものも多いに違いない。

◆参考文献

［邢 二〇一〇］ 邢義田『画為心声、画像石、画像磚與壁画――秦漢史論著系列』中華書局
［斉藤／小沢 一九九二］ 斉藤国治・小沢賢二『中国古代の天文記録の検証』雄山閣出版
［山西省考古研究所ほか 一九九六］ 山西省考古研究所・晋城市文化局・高平市博物館「長平之戦遺址永録一号尸骨坑発掘簡報」（『文物』第六期）
［朱／陳主編 二〇一三］ 朱漢民・陳松長主編『嶽麓書院蔵秦簡〔参〕』上海辞書出版社
［睡虎地秦墓竹簡整理小組 一九七八］『睡虎地秦墓竹簡』文物出版社
［睡虎地秦墓竹簡整理小組 一九九〇］『睡虎地秦墓竹簡』文物出版社
［中国画像石全集編輯委員会編 二〇〇〇］『中国画像石全集一・二・三』山東美術出版社
［張家山二四七号漢墓竹簡整理小組 二〇〇一］『張家山漢墓竹簡〔二四七号墓〕』文物出版社
［鶴間 二〇一三］ 鶴間和幸『秦帝国の形成と地域』汲古書院
［冨谷 一九九五］ 冨谷至『古代中国の刑罰 髑髏が語るもの』中央公論社
［冨谷編 二〇〇八］ 冨谷至編『東アジアの死刑』京都大学学術出版会
［目加田訳 一九七四］ 目加田誠訳『詩経・楚辞』（中国古典文学大系一五）平凡社
［湯浅 一九九九］ 湯浅邦弘『中国古代軍事思想史の研究』研文出版

南海トラフ大地震と『平家物語』

保立 道久

はじめに

私は二〇一二年の年末から文部科学省に設置された科学技術学術審議会、地震火山部会の次期研究計画検討委員会の専門委員を務めた。この委員会は地震火山の観測研究計画を立て、毎年四億円弱の予算の使い道を五カ年分について決めるという委員会である。今次は、三・一一東日本大震災の経験を踏まえ、地震火山の観測研究計画を再検討し、決定するという趣旨のもとに組織された。科学技術審議会の委員会に人文系の研究者が動員されるのは珍しいが、今回の場合は、過去の地震や噴火の研究について、歴史地震・歴史噴火について議論するために歴史の委員が必要だということで役割を務めた。

最終文書「災害の軽減に貢献するための地震火山観測研究計画の推進について(建議)」は、これまでの方針を大きく転換するものとなった。その趣旨は「地震・火山観測研究計画を地震学・火山学などの自然科学としてでなく、災害科学の一部として推進する。災害誘因(自然現象)のみではなく、災害素因(社会現象)も見通して学融合的に災害を予知する」という点にあった。世界の防災学の考え方では、自然現象としての「地震」は「災害誘因」にすぎず、災害（＝震災）の原因、「災害素因」は社会的な脆弱性《ぜいじゃく》にある。災害の根本原因が社会的な脆弱性にあるというのは、例えば過度な開発をはじめとする国土計画・都市計画のあり方というハードの側面から、災害の防災や警告のあり方や社会的な知識や教育のあり方などを意味する。

私は、災害予知という言葉を使おうという意見をいって、それは文書に「理学、工学、人文・社会科学の研究分野の専門知を結集して、総合的かつ学際的に研究を進める災害科学においては、むしろ「前もって認知し、災害に備える」ことを幅広くとらえて「予知」という言葉を用いるほうが妥当」という形で入った。これまで地震学会においては、「予知」というと、もっぱら「場所、大きさ、時間を指定して、地震の発生を正確に予測すること」と定義するのが一般的であったが、しかし、むしろ必要なのは、社会的に「災害」に備え「予知」するということだという点で一致をみたのである。このように地震予知という言葉の意味が大きく変わったことは、歴史学においても社会が災害を予知し、それにあらかじめ備えることに貢献する責任を明示する。

大地の運動にかかわる地震や噴火の災害について、歴史学は全力をあげて研究をしなければならないと思う。その中心は自然科学との学際的・融合的な研究であろうが、しかし、地震や噴火の問題は政治史・文化史・社会史などにとってもきわめて重大な問題であり、研究を進めることによって歴史像や歴史文化を変化させていくことが必要だろう。そこでは職をもつ研究者は、自分の専攻を越えてでも必要な研究をおこなうべきであると思う。私のできることは限られているが、ここでは、平安時代から鎌倉時代の初期を題材にし、『平家物語』の諸本にみえる地震の物語の性格を追跡し、さらに物語のヴェールの向こう側に垣間見える地震の実像を探り、とくに十三世紀半ばに南海トラフ地震が存在した可能性について論ずることとしたい。

一　院政期の比叡山強訴の物語

一〇九六年と一〇九九年に二年の間をおいて発生した東海地震と南海地震の時代は、ちょうど院政期に入った直後であって、この時代の大きな特徴となった比叡山の強訴《ごうそ》が始まった時期であった。東海地震の前年、一〇九五(嘉保二)年十月、比叡山は美濃国司源義綱を訴え、はじめて神輿《しんよ》を担いで嗷訴《ごうそ》に突入したのである。これが教科書などでも有名な比叡山の神輿の動座の初例となる。

それに対して、時の関白の後二条師通《もろみち》は「神輿を憚《はばか》るべからず」と命令し、十月二十四日、武士が矢を放って神人《じんにん》を傷つけるという事件が発生した。これに対して山僧・神人が激昂したことはよく知られている。『平家物語』(延慶本)、『源平盛衰記』、『山王霊験記絵巻』などによると、比叡山の神人は八王子宮の前で師通を呪詛した。この八王子宮とは、比叡山の東本宮の上にそびえる日吉の神体山頂上におかれた社宮であって、そこに鎮座する神は、『古事記』では「大山咋《おおやまくい》神＝山末の大主神」といわれている神である。念のために該当部分を引用しておくと、

> 「吾をば、倭の青垣の東の山の上にいつき奉れ」といひき。こは御諸山《みもろやま》の上に坐す神ぞ。故《かれ》、その大年神、……天知迦流美豆比売《あめちかるみつひめ》に娶して生みませる子、……大山咋神、その名は山末の大主神。この神は近淡海国の日枝山に坐し、また葛野の松尾に坐す。鳴鏑《なりかぶら》もつ神なり。(『古事記』)

ということになる。「故」というのは『古事記』では直接に前を受ける意味で、私の解釈は「大国主命＝

御諸山の上に坐す神＝大物主＝大年神」が迦流美豆比売との間にもうけた神が「大山咋神＝山末の大主神」(日吉と松尾の神、同体)となる。八王子とは、この神が神仏習合のもとでもった神格なのである。

この神が坐《ま》す神体山(八王子山＝牛尾山)は、いまでも日吉信仰の中心をなす山であるが、鬱蒼とした樹林のなかの道を徒歩で上ることができる。頂上は岩盤が盛り上がって樹木がなく、そこからの眺望は相当なものである。磐座《いわくら》というのはこういう眺望を与える、人間にいわば神の目を与えるものだということがよく理解できるように思う。日吉神人たちは、この磐座の上にある八王子宮の前に集まり、師通に対して「鏑矢《かぶらや》一つ放ち給へ」と訴えたという。そして、京都の師通の邸宅に、「叡山の方より、鏑矢鳴りて御身に祟れると御夢に御覧ぜられける。四手《しで》付きたる榊、寝殿の狐戸《きつねど》に立ちたりけり」というのが物語のいうところである。「鏑矢＝鳴鏑」であるから、ここには『古事記』のいう「鳴鏑」が生きた神話として存在しているのである。

さて、師通は鏑矢が飛んできて自分の躰がショックを受けるという夢をみたというのであるが、実際に、朝になってみてみると、師通の寝殿の「狐戸」に「四手」のついた「榊」が立っていたという。狐戸とは屋根の妻にとりつける格子(木連《きつれ》格子＝狐格子)のことをいい、『山王霊験記絵巻』には師通の寝殿の前庭で家人たちが屋根のほうを見ている様子が描かれている。残念ながら屋根の部分は絵巻が破損しているためもあって、『続日本の絵巻』は、これを家人たちが「御簾《みす》」の内側を指さしていると解説しているが、それは誤りで、そこには狐格子と、そこに立った榊の枝が描かれていたに相違ない。

問題は、この「鏑矢鳴りて御身に祟《たた》れる」という「御夢」が『源平盛衰記』では「比叡の大嶽《おおだけ》頽《くず》れ割《さ》けて御身にかゝる」と説明されていることである。この「比叡の大嶽頽れ割けて」というのがどういうことかは、実際に八王子宮をみてみればすぐにわかることで、八王子宮は岩盤の上に懸崖《けんがい》造りでつくられているが、奥には巨岩がそびえている。懸崖造りの下の岩盤が徐々に崩れている様子も観察できる。要するに磐座が崩壊して、師通の身体を下敷きにしたというわけである。

『源平盛衰記』には、これによって師通が病を発し、そのため師通の母の麗子が「徒跣《かちはだし》にて」「忍びて御身をやつし」て十禅師社(現在の東本宮の樹下宮《じゅげ》)に参詣し、卑しい宮籠《みやごもり》(境内居住者・乞食)などと一緒になって必死に祈禱したという物語が書かれている。詳しく説明すると、その場に居合わせた「出羽の羽黒より上りたる身吉と云う童御子《わらわみこ》」が神懸かり、ほかに知れるはずはない麗子の身分を見抜いた。そして、我は十禅師と称し、舞い狂って肩脱ぎになり、背中に矢目の深手があるのをみせ、神人を射た矢によって神の身も傷ついたのであって、許すことはできないと宣言した。これを聞いた麗子は驚愕のあまり倒れ伏したが、「半年・一年でも師通の命を延ばしてほしい。それができれば八王子宮の前で毎日法華講をおこなう」と泣き泣き、新たな心願を立てたところ、巫女がその心中の声を聞き取って「二年の命」を与えると託宣したという。同じ物語を語る『平家物語』(延慶本)では神は「三年」の延命を許したというが、要するに、母の祈願によって若干の延命がおこなわれたが、神の恨みは深く、のちに触れるように、結局、師通は死ぬことになるというのが物語のあらすじである。

このような神の祟りの噂が、当時、実際に流れたものかどうかはわからない。しかし、一〇九五(嘉保二)年十月の事件ののち、不吉な夢想が摂関家中枢を襲ったのは事実であった。つまり『藤原宗忠日記』の同年十一月六日条の裏書には「暁夢想、山騒動のこと、其一両日重ねて夢想」とある。また、藤原宗忠は同じような夢を十日にも見たらしく、十一日条には、藤原宗忠がそれを師通の子の忠実《ただざね》に語ったところ、忠実が祈禱したという記事がある(「暫候之間、今夜夢想不閑之由令申。仍有御祈」)。どういうわけか、現在残る『宗忠日記』の写本に十日条が存在しないが、これは逆に夢想の重大さを示すものなのかもしれない。宗忠が忠実に報告をした当日、松尾社の神の不興を告げる恠異《かいい》があったため、占いのうえ、翌十二日に臨時奉幣《ほうべい》がおこなわれたというのも、あるいは同じ問題であった可能性があるだろう。『古事記』の頃から日吉と松尾が一体であることは先にも触れたところである。このような夢想は宗忠だけでなく、他の貴族たちの幻想でもあり、おそらくそれは共同幻想のように繰り返された可能性もあるだろう。

なお松尾社に臨時奉幣が行われる一方で、その日、摂関家では京極殿御堂において師通の父の師実、母の麗子などによる法華八講が行われていることが注目される。『宗忠日記』によれば、この法華八講は、本来、十月二十四日に行われるはずのものであったが、日吉社神輿の動座と神人負傷事件によって延期されていたという。管見の限りでは師実・麗子や師通、さらには師通の子どもの忠実が日吉社に祈禱したという史料は残されていないが、日吉社の祟りという噂が都に出回ったことは確実で、摂関家のメンバーによって様々なルートを通じて、日吉社に対する祈禱が行われた可能性は高いだろう。

二　連続して発生した十一世紀末東海地震・南海地震

問題は、『源平盛衰記』のいう比叡山の大嶽が崩れて師通の身体を打ち伏せたという夢の解釈であるが、比叡山で、岩盤が崩れ割れるというのは、地震が山体を揺るがすときの定型的な印象であった。例えば、九七六(天延四)年の近江京都地震の記録によれば〔西山昭仁 二〇一三〕、崇福寺《すうふくじ》では法華堂が南方に頽《くず》れて谷底に落ち込み、時守《ときもり》の堂僧の千聖《せんせい》が同じく谷に落ち入って死亡し、鐘堂が顚倒し、弥勒《みろく》堂の上岸《うわぎし》が崩落して堂上に居《す》ふ（位置にあった）一大石が落ちて乾角《いぬいのすみ》を打ち損じたという。「堂上に居ふ一大石」というのは、まさに八王子宮の奥の巨石と同じである。また一六六二（寛文二）年の地震でも延暦寺《えんりゃくじ》は揺れているが、そのとき山麓の日吉大社が大石の崩落によって社殿を打ち砕かれているのは注目すべきであろう。これは「巌《いわお》われて谷にまろびいる」という『方丈記』の一一八五（元暦二）年の地震についての描写がたんなる文飾ではなかったことを示唆する。

要するに、比叡山の大嶽が崩れて師通の身体を打ち伏せたというのは神の祟りが地震という形で現れたという物語なのである。もちろん、『源平盛衰記』は鎌倉時代にできた物語であるから、それだけでは、平安時代に実際に師通への祟りが地震に現れたと観念されていたことは論証できない。しかし、「大国主命＝御諸山の上に坐す神＝大物主＝大年神」は平安時代においても地震神と考えられていた〔保立 二〇一二a〕。私は、その子の大山咋神のご神体が山頂の巨岩である以上、このような噂も、早くから流布していたであろうと考えるのである。

実際、一〇九五（嘉保二）年十月の事件の前後には京都で有感地震が多く、また翌年一〇九六（嘉保三）年十一月二十四日には東海地震が発生した。後者は、京都の強震、近江勢多《せた》橋の倒壊、そして伊勢安濃津《あのつ》の津波のほか、駿河《するが》でも「仏神舎屋百姓四百余流失」という大きな被害を出した大地震である。これは南海トラフ大地震であったと考えられている。つまり石橋克彦が南海トラフ大地震においてはまず東海地震が先行し、そののちに南海地震が発生することを明らかにし、この地震は南海地震に先行して起きたという点で典型的な東海地震であったと論定したのである〔石橋 二〇一四〕。

南海地震の発生は、一〇九九（承徳三）年一月二十四日であって、遅れは、三年となった。この地震で興味深いのは、地震直前に祇園社の宝殿《ほうでん》が震動して雷音《らいおん》を発したという記録が残っていることである（「去正月廿四日卯時寶殿大震動、其聲不異雷電、其後経一時許地震等也」『続左丞抄』一、『鎌倉遺文』補一六三）。周知のように日吉と祇園は一体であるから、これはまさに大地震が神の怒りであったことを明示する史料である。この頃、祇園の関係などで「世間不静」の噂の記録も多く、祇園の地震神としての噂がさかんにささやかれたことも留意しておきたい。

そして、師通はこの南海地震の直後、二月から「風気《ふうき》」を発して調子を崩し（『後二条師通記』康和一年二月二十四日・二十九日条）、三月下旬に発病した。師通は六月半ばまで日記をつけ、気丈に行動しているが、六月二十五日に上表した。上表文には「病痾《びょうあ》侵すところ、近日もっとも酷」とあるが、そこから三日とおかず、二十八日に死去したのである。一〇九五（嘉保二）年十月の神人射撃事件からは足かけ五年、実質三年八カ月、一〇九六（嘉保三）年十一月の東海地震からは足かけ四年、実質二年半である。私は麗子が祈禱によって与えられたという師通の命の「二年」あるいは「三年」の猶予なるものは、この東海地震と南海地震の間隔の記憶が物語に反映したものではないかと思う。

師通の命取りとなったのは、「二禁」（腫れ物、ニキン＝ニキビ。実態は皮膚癌であろう）の病であったという（『源師時日記』）。『源平盛衰記』はその様子を「この病は御髪際に出て悪瘡にて大に腫《は》れさせ給へり、御看病に伺候《しこう》したる輩、立烏帽子《たてえぼし》を着て前後に侍りけるが互いにみえぬ程に大に高く腫れさせ給ひたれば」と述べている。さらに生々しいのは『山王霊験記絵巻』であって、その画面には、師通が片肌を脱いだ姿が描かれており、詞書《ことばがき》には「関白殿、今際《いまわ》にならせ給ひて、「いで先年の矢目みせん」とて、御□を押し退けさせ給へば禰宜《ねぎ》が射られたりし所の程より□□□れ出てけり」（『山王霊験記絵巻』）とある。神輿と神人を射させた以上、同じ場所に神の鏑矢があたったのは自業自得であるというわけであろう。

そして、『源平盛衰記』は、八王子宮のある牛尾山山頂の巨石の下に、師通の魂が押し籠められ参詣の人々がその嘆き苦しみの声を聞いたと伝えている。その部分はつぎのようなものである。

関白殿薨去《こうきょ》の後、八王子と三の宮との神殿の間に盤石あり、彼の石の下に雨の降る夜は常に人の愁吟する声聞へけり、参詣の貴賤あやしみ思ひけり、餘多人の夢に見けるは束帯したる気高き上臈の仰には、「我はこれ前関白従一位内大臣師通なり、八王子権現我魂を此岩の下に籠め置かせ給へり、さらぬだに悲きに雨の降る夜は石をと《（ふ?）》りて責押すに依て其苦堪え難きなり」とて、石の中に御座すとぞ示し給ひける。

凄惨な風景であるが、問題は、これが『山王霊験絵巻』でも同じように語られており、じつは、この絵巻が東海地震が襲った駿河国の沼津、日枝神社の所蔵であることである。念のため、その部分も引用しておく。

八王子・三宮のあはひに磐狭間《いわはざま》とて大なる巖あり、雨の降る夜は、かならず人の叫ぶ声聞こゆ。上下あやしみ思程に、関白殿束帯《そくたい》うるはしくて「八王□□□□のここに戒《いまし》めおき給へるが、雨の降る夜は石のふとるによりて、その苦しみたへがたし、ただし其時も□□□□講（法華講）をきくにぞ、苦しみいささか軽む」と人の夢に見えたまひけり。

この『山王霊験記絵巻』は、鎌倉時代後期の絵巻であるが、なぜ、駿河国沼津に師通への冥罰《みょうばつ》を語る物語の絵巻が残っているかといえば、それは師通の死を悲しんだ母の麗子が日吉社の仏事（おそらく法華八講であろう）の費用を寄進し、その「役」は駿河国大岡庄が果たすという契約を結んだためであった。この契約は師通の死の直後におこなわれたはずである。逆にいえば、これは駿河の人々が、東海地震と、師通の死去を重ね合わせて受け止めたことを意味する。駿河の人々は駿河を襲った地震の原因を日吉神社の祟りと考えただろう。この沼津日枝神社は、現在、沼津の狩《か》野《の》川河口部を少し遡ったところの北岸の低い河岸段丘の縁に建っており、沼津を津波が襲ったとすれば、神社周辺までの土地が津波に襲われたであろう。被害に襲われた神社で法華八講がおこなわれたものとすれば、駿河の大地震と津波が、焼津《やいづ》などの湾口部のみでなく、湾奥の沼津までおよんでいたことを示すことになる。これはすでに地震学の都司嘉宣が注目したところであり、都司は、沼津市の狩野川河口部南岸の牛臥山の東斜面の大朝神社について寛治年間(一〇八七〜九四年)の頃、神社前は湊であったが、そこを津波が数度にわたって襲い、大きな被害がでたという伝承があることも合わせて注目している〔都司 一九九三〕。石橋は、「沼津もその(津波の)被害を受けたらしい」「ありそうなこと」としながらも、都司の見解について「ローカルな伝承や個人的な因縁話に囚われすぎている」としたが、以上によって「因縁話」にもそれなりの蓋然《がいぜん》性を追加し、都司の推測の確度をややあげることができたのではないかと思う。師通への祟りの噂が現実に存在したと考えられる以上、それは都でも、さらには地方にまでも広がっていた可能性があるのである。

こうして祟りの物語の背後には、現実の地震・津波が存在していたということになると、『山王霊験記絵巻』が駿河の神社の所蔵であるということが、重大な現実的意味をもってくる。つまり、近著『南海トラフ大地震』において、石橋はいわゆる「アムールプレート東縁変動帯仮説」を明瞭に打ち出して、それと有名な駿河湾地震説を新しい形で統合させた。それによれば、東海地震においては、それが駿河湾奥の地震を含むかどうかは、東海地震の発震機構を論ずるうえで決定的な意味をもつという。アムールプレート(以下AMプレート)とは、インド亜大陸の北上衝突によって中国大陸北部が東へ押し出されて運動しているユーラシアプレートの部分プレートである。このAMプレートの南東端が遠州ブロックにあたり、そこは太平洋プレートの西進のみでなく、AMプレート東進にともなう地殻のゆがみを蓄積している。ここに南海トラフ地震がおよぶと、何回かに一度は、その固着が一挙に剝がれ、それを条件として太平洋プレートの沈み込みのみでなく、AMプレートの顕著な東進が起こる。こうして南海トラフ地震のうちの規模の大きな東海地震は「駿河湾地震」をともなうということになるというわけである。もとより、私には、この仮説の地震学的な評価はできないが、もしそうであるとすれば、右の『山王霊験記絵巻』の解釈は、一〇九六年東海地震の規模・形態という地震学的な事実問題にかかわってくる可能性があるということになる。もちろん、これは石橋もいうように、あくまでものちの文献史料からの推測であって、最終的な事実判定は、今後の考古学的な津波調査に委ねられねばならないことであるが、歴史学の側からは看過できない論点である(なお、最近、藤原治ほかの仕事によって、駿河湾北岸の浮島ヶ原の湿地堆積物調査において十一世紀の湿地水位の急上昇が確認され[藤原ほか 二〇〇七]、それが、この地帯における地震動の存在を示唆することが論じられている)。

三　源平合戦と地震

日吉社の師通への祟りが「巖」をもって表現されるというのは、『平家物語』諸本のなかでは『源平盛衰記』に独自なものである。その史料的価値を正確に評価するためには、『平家物語』の物語群において、地震などの災害がどう描かれているかを踏まえる必要がある。『平家物語』の物語群は、地震と災害について文学的な想像を交えながらも、相当に意識的な情報の集約をおこなっているのではないかと考えられるのである。

最も重要なのは、一一七九(治承三)年の地震についての『平家物語』の記述であろう。『平家物語』は、この地震の記述を源平内戦に向かう政治史の最も重要な伏線としている。あとの説明との関係もあって、以下、『平家物語』(覚一本《かくいち》)から、その部分を引用しておく。

同十一月七日の夜、戌剋《いぬのこく》ばかり、大地おびたゞしう動てやゝ久し。陰陽頭《おんみょう》安陪泰親《やすちか》、急ぎ内裏へ馳参つて、「今度の地震、占文《せんもん》のさす所、其慎み軽からず。当道三経の中に、根器経の説を見候に、年をえては年を出ず、月をえては月を出ず、日をえては日を出ずと見えて候。以外《もってのほか》に火急候」とて、はらはらとぞ泣ける。伝奏の人も色をうしなひ、君も叡慮をおどろかさせおはします。わかき公卿・殿上人は、「けしからぬ泰親が今の泣やうや。何事の有べき」とて、わらひあはれけり。され共、この泰親は晴明五代の苗裔《びょうえい》をうけて、天文は淵源をきはめ、推条掌をさすが如し。一事もたがはざりければ、さすの神子とぞ申ける。

つまり、このとき、陰陽頭安倍泰親が院御所に参上して大事発生の占いを泣いて訴えたというのである。もっと端的なのは『平家物語』(延慶本)であって、そこには泰親がこの地震は「仏法王法共に傾き、世は只今に失候なむず」と泣いて訴えたとある。

『平家物語』の諸本のうち、この地震について最も詳しい説明をしているのは、延慶本と『源平盛衰記』である。つまり、そこでは、この地震において、京都の将軍塚が鳴動《めいどう》し、つづいて大地震が発生したとする。まず将軍塚は一時のうちに三度鳴動し、「後に聞へけるは」、第一の鳴動は洛中の九万余の家々に聞こえ、第二は大和・山城・和泉・河内《かわち》・摂津《せっつ》から難波《なにわ》浦に響き、第三度目は全国六十六カ国に響きわたって、「東は奥州のはて、西は鎮西九国まで鳴動しける」という。そして、それにつづいて、山崩、溢水《いっすい》、堂舎崩壊などの被害をもたらした大地震が起きたという。この地震についての記述は『源平盛衰記』から引用しておく。

同日ノ戌刻ニたつみの方より地震して、乾《いぬい》を指してふり持行く、是も始には事なのめなりけるが、次第に強く振りければ、山傾きて谷を埋み、岸崩れて水を湛へ、堂塔坊舎も顛倒し、築地・たて板も破れ落て、山野の獣・上下の男女、皆大地を打返さんずるにやと心憂し、谷より落る瀧津瀬に棹さし渡し煩ふ筏師の、乗定又心地して、良久しくぞゆられける。（『源平盛衰記』巻一一、大地震の事）

（なお『平家物語』〈延慶本〉もほぼ同じであるが、さらに修飾が強くなり、堂塔坊舎が顛倒したのみでなく、「皇居まで、安穏なるは一もなし」などといわれている。）

巨大な被害を与えた地震であるということになるが、そのような記録は残っておらず、ここには相当の文学的誇張があるといわざるをえない。しかし、この叙述はほしいままの想像によるたんなるフィクションではなく、それなりの記録や伝承に基づいて組み立てられたものと考えられる。まず『九条兼実《かねざね》記』は「亥刻大地震、比類なし」、『中山忠親《ただちか》記』も「亥剋《いのこく》大地震」とするから、この地震が相当の大きさをもっていたことは否定できない。またこの地震の発生を知って平宗盛《むねもり》が氏神の厳島《いつくしま》神社に向かおうとしたことは、その衝撃をよく物語っている［保立 二〇一二b］。そして陰陽頭泰親が泣いて訴えたという事件も、のちに触れるように一二四五（寛元三）年の大地震の際に想起されたことからいって事実であった可能性は高いのである。とくに興味深いのは、将軍塚鳴動の記事であって、これはおそらく、前年、一一七八（治承二）

年六月二十三日に実際に起きた将軍塚鳴動の事実に基づいて創作されたものであろう。それは『忠親日記』に記録された事件であって、「辰剋、東方、大きくもって鳴動、太鼓を打つが如し。或いは将軍墓と曰ふ」とある。蔵人頭が、内々、陰陽師に問い合わせたところ、「口舌・兵革、公家御憂」という占文があったというから、両者の文脈は共通している。

いうまでもなく、清盛が福原から上京し、高倉院の権威を表に立てて平家による全面権力掌握の挙にでたのは、この地震の七日後、一一七九(治承三)年十一月十四日であった。よく知られているように、清盛は、院近臣の面々をすべて解官《げかん》し、後白河院を鳥羽離宮に移した。いわゆる平家クーデタである。泰親の予言はまさに大当りであったということになる。

そしてそれに引き続いて、物語は以仁《もちひと》王・源頼政の蜂起から福原遷都へと続くのであるが、将軍塚の問題は福原遷都の段であらためて立ち戻って説明するというのが『平家物語』の筋書きである。これについては西山克が右の『忠親日記』の記事を含めて詳しく説明しているが〔西山克 二〇〇二〕、要するに、平安京は桓武《かんむ》天皇が設置した都であり、桓武はその都を守るために将軍塚を設置したのだ。平氏が桓武の子孫であるにもかかわらず、それをないがしろにして遷都したことは名分が立たない。「尤も平家のあがむべきみやこなり。先祖の御門《みかど》のさしも執しおぼしめされたる都を、させるゆへなく他国・他所へうつさるゝこそあさましけれ」。だからこそ、桓武が怒り、将軍塚が鳴動したのだというのが結論となる。よく整った物語の構成であるというべきだろう。

ここから立ち戻って考えると、『平家物語』が治承の大地震へ物語を運んでいくうえで災害の記述を重視していることに注意すべきであろう。『平家物語』が最初に伏線としたのは、有名な一一七七年の大火

（「安元の大火」、安元三年＝治承一年）である。この京都を襲った大火事は、加賀国司師高《もろたか》による白山末寺の焼討ちに抗議する叡山の強訴の物語の流れで位置づけられる。『平家物語』（覚一本）は、この事件の結果、「「霊神怒をなせば、災害岐《ちまた》に満つといえり、おそろし〻〻」とぞ人びと申しあわれける」というなかで、大火が起こって内裏が焼失したとするのである。『平家物語』（延慶本）と『源平盛衰記』における師通の物語は、この白山末寺の焼討事件から京都大火事という事態の運びの叙述のなかに、少し前に遡って、そのような「神の怒り」の由来を解説する趣旨で差し込まれたものであった。日吉の十禅師《じゅうぜんじ》社《しゃ》神前での十禅師権現神懸かりの様子は師高事件と師通事件においてまったく同じ様子で語られているのである。

つづいて、物語は、鹿谷《ししがたに》の陰謀の暴露によって成親《なりちか》・俊寛《しゅんかん》・西光《さいこう》などが殺され、あるいは配流されるという運びとなるが、彼らの運命も、天台座主明雲《みょううん》を流罪とし、比叡山を滅亡させようとしたために「山王大師の神罰・冥罰を立ちどころにこうぶっ」たものと語られる。そのなかで、比叡山の学侶・堂衆の争いによって比叡山自体が荒廃し（覚一本「山門滅亡」）、善光寺が炎上して、「王法尽きんとては、仏法まづ亡ず」という事態に続き、それは「霊寺・霊山のおほくほろび失せぬるは、平家の末になりぬる先表」であるという筋書きとなる（覚一本「善光寺炎上」）。

そして『平家物語』は、治承の辻風《つじかぜ》を「彼地獄の業風なり共、これには過ぎじ」と語り、そして大地震を語っていく。おのおのよく知られた描写である。しかし、注意すべきことは、『平家物語』の描き出す災害の順序が京都大火事（一一七七〈安元三＝治承一〉年）、辻風（一一七九〈治承三〉年五月）、大地震（一一七九〈治承三〉年十一月）となっていることである。京都大火事→辻風→大地震である。しかし問題は、『平家物語』の文章の手本を提供している『方丈記』が、辻風の発生を、その翌年、一一八〇（治承四）年とすることである。つまり『方丈記』は京都大火事→大地震→辻風という順序で、この時期の災害を語っているのであり、これは『方丈記』が正しい。『平家物語』は『方丈記』の、大地震→辻風という順序を、辻風→大地震と逆転させたのである。『平家物語』がこういう小細工をしたのは、辻風という話題を（事実とは逆に）同年十一月の大地震の前にもってくるためであり、明らかに災害が連続したあげくに一一七九（治承三）年の大地震が起きたのだというプロットをつくるための虚構であった。『平家物語』は、こうまでして源平内戦へ向かう政治史を大地震に向かう流れとして描こうとしたのである。

このように、『平家物語』の構成において地震はきわめて大きな位置を与えられていたのであるが、さらに重大なのは、平家の壊滅も地震との関係で語られることである。つまり平氏の壇ノ浦での壊滅ののちに起きた一一八五（元暦二）年の近江山城地震である。この地震の事実関係については、別稿［保立 二〇一二b］をご参照願いたいが、ここでは、『平家物語』諸本が、この地震は平家の怨霊によって引き起こされたといっていることが問題となる。原文を引用すると「平家の怨霊にて世の中の失うべきの由、申しあへり」（延慶本）、「平家の死霊にて世の滅ぶ可き由申し合へり。昔も今も怨霊は怖しき事なり」（『源平盛衰記』）、「怨霊はおそろしき事なれば」（覚一本）などということになる。

このように、平家の権力掌握と滅亡の両方が地震との関わりにおいて語られていることは、これまで十分には注目されてこなかったのではないだろうか。ここでとくに強調しておきたいのは、天台座主慈円《じえん》の『愚管抄《ぐかんしょう》』が、より明瞭に、この地震を「事もなのめならず龍王動《りゅうおうどう》とぞ申し。平相国（清盛）龍になりてふりたると世には申しき」としていることである。いうまでもなく、『徒然草』第二二六段がいうように『平家物語』は慈円の周辺で形成された物語であり、最近では、その様相が具体的に明らかになりつつある［尾崎二〇一四〕。そしてこの地震との関係で重要なのは、慈円が地震直後に叡山に向かっていることであって(『兼実日記』)、慈円は、この地震直後の叡山の状態を見聞しているのではないだろうか。『愚管抄』には、そのときの経験が反映している可能性があるように思う。

この地震では比叡山惣持院《そうじいん》が顚倒しているが、『平家物語』(延慶本、第六末)は、この地震を起こした龍によって惣持院の宝物であった七宝《しっぽう》の塔婆に収められた「仏舎利」が奪われた。叡山の衆徒が龍神調伏の法をおこなおうとしたところ、衆徒らの夢に琵琶湖の龍神があらわれて、その龍は自分ではなく、伊勢の海の龍であると弁解したというエピソードを伝えている。私は、この琵琶湖の龍神とはまさに八王子宮に鎮座する地震神＝龍そのものであったろうと思う。日吉社の大祭、山王祭りは神体山から出御した神輿が琵琶湖へでて船渡御《ふなとぎょ》をするという勇壮な祭りであるが、これは日吉の神の水神＝龍神としての本質を語るものであろう。そして、それに対する伊勢の龍とは、地震を起こした龍の本性が平家(伊勢平氏)にかかわるものであることの暗喩であろう。つまり、このエピソードは、清盛が龍となって地震を起こしたということを叡山に即して語ったものであったのである。私は、『平家物語』の基底には、自身が地震神としての神格にかかわる性格をもち、王城守護を役割とする比叡山延暦寺と日吉神社の仏神譚が存在していたのではないかと考える。

四　一二四五年の南海トラフ地震

『平家物語』の物語群が、源平合戦と地震を中心とした災害の記憶を重ね合わせて語ろうとしたことの背景は、だいたい以上のように考えられるのであるが、しかし、『平家物語』群における地震災害の記事が増えていくうえでは、もう一つ、別の追加的な事情、歴史的な事情もあった。

　それは、一二四五(寛元三)年七月二十七日における大地震の発生である。つまり、平家の壇ノ浦での敗北ののちに発生した一一八五(元暦二)年の近江山城地震ののち、列島の大地はほぼ六〇年にもおよぶ静穏期に入った。そのなかで地震の記憶には薄膜がかかるようになっていたろう。この地震はそれを破るようにして発生したのである。それが、ちょうど形を整えつつあった『平家物語』群のなかに地震の物語が組み入れられる一つの機縁になったのではないだろうか。もちろん、『平家物語』の原型はより早く成立していたが、それが形を整えていくのは、一二四〇(仁治元)年頃の執筆と推定されている頼舜《らいしゅん》書状に「治承物語六巻〈号平家〉」とあり、一二五一(建長三)年頃の深賢《じんけん》書状「平家物語、合八帖〈本六帖／後二帖〉」とあることが示すように、ちょうど、この頃のことだったのである[横井 二〇〇一]。

　さて、じつは、この一二四五年地震を検討することは歴史地震学にとって重大な問題に連なっていく。つまり、すでに論じた十一世紀末の南海トラフ地震(一〇九六年東海・一〇九九年南海地震)が起きたあと、一三六一年の東海・南海地震まで、約二六〇年余り、南海トラフ大地震の発生は特定されていない。周知のように南海トラフ大地震はだいたい一〇〇年から一五〇年ほどの周期で起こるとされるから、それが正しいとすれば、この間に、一回、南海トラフ大地震が起きていたはずなのである。

　この点に着目した石橋克彦は、この一二四五(寛元三)年地震こそが南海トラフ大地震であったのではないかという。石橋は、それを「史料原典に遡って綿密に検討することが史料地震学の重要課題である」とした[石橋 二〇〇二]。そして近著『南海トラフ巨大地震』ではやや踏み込んで、「(記主の平経高《つねたか》にとって、この地震が)生まれて初めての大揺れで震動が長かったこと、京都のあちこちに小被害があったことが書かれている」と指摘している。石橋は、それ以上の言及をしていないが、私は、この指摘が成立する可能性は高いと考えるにいたった。

やや詳しく説明すると、この地震は、同年七月二十七日丑剋《うしのこく》(午前二時)に発生した。『平経高日記』(通称『平戸記』)は、廿六日条に、「今日、泉亭において避暑。雷雨、昨日のごとし。然れども幾《いくば》くならず。今日蓬門を修理。工など出京し了」としたのちに、行を変えて地震の記事を記している。つまり、経高は「泉亭」で避暑をしていたが、夕方には本殿に戻り、夜に地震以前の記事を書いたものと推定されよう。そして、就寝後、午前二時頃の大地震で、「眠より驚く」(眠りから驚いて覚めた)ということになったのである。その記事を一応読み下して引用しておくと、以下のようになる。

今夜丑剋、大地震、予本自ずから眠より驚く。動揺常篇を絶し、驚きて走出で庭上に立つ。この後就寝の者など相驚きて出でしむ。堂後の壁は破損し、築垣は壊《こぼ》たしめ、所々の屋々も多くもって破損す。昨日に修理を加ふ蓬門は西に傾き、釘尻などは離れ分る。車宿の屋も東に傾く。但し寝殿は已《す》べて全し。やや久しく動揺して、漸やくに休む。この後に寝所に入る。生を受けて已後、これ程の事、覚悟せず。今年、天変・恠異、地震もまた連々、今すでにかくの如し。尤も怖畏すべし、々々。

今夜丑剋、大地震、予本自驚眠。動揺絶常篇、驚走出立庭上、此後就寝之者等相驚令出、堂後壁破損、築垣令壊、所々屋々多以破損、昨日加修理蓬門西傾、釘尻等離分、車宿屋東傾、但寝殿者已全、良久動揺漸休、此後入寝所、受生已後此程事不覚悟、今年天変恠異地震又連々、今已如此、尤可怖畏々々。

(『平経高日記』寛元三年七月二十六日条)

これは翌朝目覚めたあとに書いたものと思われるが、経高邸は「堂の後壁」が破損し、「築垣《ついがい》」が壊れ、

「所々屋々」が多く破損し、「門」や「車宿の屋」が傾いたというから、この地震が相当の震度をもつものであったことは明らかであろう。ここで注目すべきなのは、「生を受けて已後、これ程の事、覚悟せず」とあることで、記主の平経高の誕生は一一八〇(治承四)年であるから、一一八五(元暦二)年の近江山城地震以降、最大の京都有感地震であったことになる。

さらにこの地震の大規模性を傍証するのが、『平経高記』にあらわれたこの地震の審議の様子である。つまり、経高はこのとき六十六歳、前参議の地位に退いているが、政務熟達といわれる貴族で、地震の翌朝二十七日に中宮大夫四条隆親《しじょうたかちか》からいち早く、諮問の手紙を受け取っている。中宮大夫四条隆親は、権大納言正二位、後嵯峨天皇の側近で、公卿の中枢にいた人物である。その手紙は「京都所々また破損と云々、万人驚騒のほかなし」などの状況報告をしている。「京都所々又破損」というのは経高邸と同じような被害が京都の各地ででていたということを意味する。またこの中宮大夫四条隆親からの手紙には、この地震に関する安倍維範・家氏父子の天文密奏の草案(「地震事奏草」)が添付されていた。この天文密奏は二十八日の日付をもっているから、二十八日に奏上され太政官の審議があったのであろう。経高も、夕方には出京し、その様子に触れたようである。そして二十九日には前内大臣土御門定通《つちみかどさだみち》邸からの呼び出しに応じて、定通が「世間の事を歎き示す」のに応じ、ついで関白良実《よしざね》邸に参上し、陰陽師賀茂在清《あききよ》朝臣とこの地震について話し、帰路、中心人物の四条隆親に面会し、「言談また時を移し」深夜に帰宅している。

この年、偶然、ほかに日記史料は残存しておらず、ほかのおもな史料は『百錬抄《ひゃくれんしょう》』のみであるために、この地震の状況は不明なところが多い。とくに被害が京都以外でどうであったかの情報はまったく残っていない。しかし、以上から、この地震が相当の論議が必要とされるような国政的な問題であって、揺れは京都以外にも広くおよんでいたと推測しておきたい。

さらに、興味深いのは、関白良実の邸宅で、陰陽師在清朝臣が、つぎのように語ったという記事である。

治承三年地震、龍神動なり、今度また龍神動なり、彼の治承の時、故泰親朝臣、後白河院に馳参じ、泣きて奏す。近習・若年の輩これを咲《わら》ふ。泰親朝臣奏聞の詞、いまだ乾かずして大事出来《しゅったい》。今度すでに彼の動たり。返す返す、怖畏《ふい》あり。(『平経高記』)

ここで「龍神動」というのは、地震の発生した二十六日の宿曜《すくよう》が「月在柳宿、土曜直日」であったことによるが、一一七九(治承三)年の地震も同じ宿曜であったことになる。こういう宿曜の地震占いのなかで記憶がよみがえっているのである。とくにこの『平経高記』の「泣奏之、近習若年の輩これを咲う」という表現は、先に引用した『平家物語』の末尾近くにある「わかき公卿・殿上人は、「けしからぬ泰親が今の泣やうや。何事の有べき」とて、わらひあはれけり」という一節と非常によく似ている。つまり、大地震を体感するなかで、過去の地震の記憶が衆口に乗るようになり、『平家物語』の記述に反映したのではないだろうか。これによって、一二四五(寛元三)年の地震と一一七九(治承三)年の地震とがほぼ同じような強さや、規模をもつものとして二重化されたというようなこともあるのかもしれない。前述のように、一一七九年の地震についての『平家物語』の記述は、「皇居まで、安穏なるは一もなし」など誇張といわざるをえない部分を含んでいるが、あるいはそれは一二四五年の地震のイメージが二重化していったということかもしれない。

以上は状況証拠というほかないが、ともかく一二四五年の地震が約六〇年前の地震の記憶を呼び戻すような強さをもっていたことは認められてよい。これを一二四五年地震が南海トラフ大地震であった可能性が高いという石橋の仮説の傍証とすることは許されるだろうと思う。その先の問題は、この地震が、南海トラフ大地震のうち紀伊半島から東を震源とする東海地震なのか、あるいは西を震源とする南海地震なのかにある。これについては、前年一二四四(寛元二)年から京都地震が多く、この年も先の引用の傍点部分に「今年天変恠異地震又連々」とあるように京都地震が多かったことの意味が問題になる。それを重視すると、前年七月二日の地震など、それらのなかで史料に大地震とあるもののなかに東海地震が存在していて、一二四五年七月地震は南海地震であったのかもしれない。なお、この地震のあとにはほとんど余震が起きておらず、長く続いた京都の揺れが沈静していった。これはあるいは、一〇九九年南海地震にほとんど京都で余震がなかったことと同じなのであろうか。しかし、いずれにせよ、これらはあくまでも仮説であって、詳細は今後の考古学的な地震痕跡の調査に期待せざるをえないだろう。

さて、もし以上の想定が正しく、一二四五年地震が南海トラフ大地震であったとすると、注目すべきことは、『平家物語』群のうちの『源平盛衰記』に日吉社八王子宮の師通への祟りの物語として、十一世紀末の南海トラフ地震(一〇九六年東海・一〇九九年南海地震)が登場していることである。これは過去の地震の記憶の発掘が約一五〇年昔、一サイクル前の南海トラフ大地震にまでおよんだことを意味する。これは『平家物語』成立の場であった比叡山・日吉社の伝承世界を遡ることによって可能となったものであるが、地震の記憶のよみがえりのあり方という意味ではきわめて印象深いことに思われる。

おわりに

今回の主報告に対応するためには、本来はより具体的な史料に基づいて、南北朝時代から織豊時代までの災害と戦争を論ずるべきであろう。しかし、私の専門と能力の関係によって、平安時代末期から鎌倉時代を対象として戦争と災害という問題に答えることになった。この点お許しをいただきたいと思う。ただ、この時代の研究を専攻するものとして追加的に述べておけば、最後に触れた一二四五年地震は、その翌年には後嵯峨《ごさが》院政が始まり、北条時頼が執権となり、摂家将軍頼経が京都に送り返され、さらにその翌年には宝治合戦で三浦氏が滅亡するという、時代の転換期を画するものとなったように思う。ともかくも、こういう時代に、一つ前の時代に対する、ある種の百科全書的な歴史回顧として『平家物語』が集成されていったというのは興味深いことである。列島の歴史上、戦争と災害という問題が歴史回顧の対象となったのは、これが最初かもしれない。

地震災害に関係した日本史研究の現場責任は、⑴地震史料の保存・蒐集分析、⑵文理融合的な研究、⑶地震噴火の歴史・文化論にあるといってよい。それを戦争認識に結びつけていく作業に前近代史研究の側からも貢献する必要は、今回の報告を依頼されるなかではじめて考えさせられたことであった。こういう機会を与えていただいたことに感謝したい。

私は論文「平安時代末期の地震と龍神信仰」〔保立 二〇一二b〕において、一一七九(治承三)年地震が「あるいは」南海トラフ地震であった可能性を否定できないとしたが、これについて石橋克彦氏より、その著書『南海トラフ巨大地震』において批判をいただいた。本章では、その指摘を受け入れて問題を再検討し、石橋氏が従来から指摘していたように、一二四五(寛元三)年地震こそが南海トラフ地震であった可能性が高いとした。石橋氏の指摘に感謝したい。また陰陽師関係の史料の解釈について下村周太郎氏の教示を受けたことを記して感謝したい。

◆参考文献

［石橋 一九九九］ 石橋克彦「文献史料からみた東海・南海巨大地震」（『地学雑誌』第一〇八号） 四頁
［石橋 二〇〇二］ 石橋克彦「フィリピン海スラブ沈み込みの境界条件としての東海・南海巨大地震」（『京都大学防災研究所研究集会13K—7報告書』） 総計九頁（頁附番なし）
［石橋 二〇一四］ 石橋克彦『南海トラフ巨大地震——歴史・科学・社会』 岩波書店
［尾崎 二〇一四］ 尾崎勇『愚管抄の言語空間』 汲古書院
［都司 一九九三］ 都司嘉宣「静岡県沼津市下香貫大朝神社（潮留明神）の伝える嘉保三年（一〇九六）東海地震の津波伝承」（『歴史地震』第九号） 一二五〜一三二頁
［西山昭仁 二〇一三］ 西山昭仁「天延四年（九七六）の京都・近江の地震における被害実態」（『歴史地震』第二八号） 一六二頁
［西山克 二〇〇二］ 西山克「中世王権と鳴動」（今谷明編『王権と神祇』 思文閣出版） 一〇五〜一四四頁
［保立 二〇一二a］ 保立道久『歴史のなかの大地動乱』 岩波書店
［保立 二〇一二b］ 保立道久「平安時代末期の地震と龍神信仰」（『歴史評論』第七五〇号） 六六〜八〇頁
［藤原ほか 二〇〇七］ 藤原治・澤井裕紀・森田益宗・小松原純子・阿部恒平「静岡県中部浮島ヶ原の完新統に記録された環境変動と地震沈降」（『活断層・古地震研究報告』第七号） 九一〜一一八頁
［横井 二〇〇一］ 横井清「『平家物語』成立過程の一考察」（一九七四年初出）（横井『中世日本文化史論考』平凡社） 一一六〜一三七頁

第Ⅱ部　戦争と環境

第一次世界大戦の環境史

――戦争・農業・テクノロジー

藤原　辰史

はじめに

第一次世界大戦の塹壕《ざんごう》戦のなかで兵士たちを脅かしたのは、敵兵の放つ銃弾や砲弾だけではなかった。塹壕の土や戦友の身体、そして口から取り入れている空気や水や食べもの、塹壕の簡易便所に排泄された糞尿に潜む微生物やウィルスもまた、兵士たちを毎日脅かし続けた。発疹チフス、赤痢、結核、天然痘、塹壕熱、強毒性のインフルエンザは、銃弾や砲弾にもまして、兵士たちのサバイバルを困難なものにした。

大戦初期には、とりわけ高熱や発疹をともなう発疹チフスが猛威を振るう。発疹チフスは、一九一四年十一月にセルビアで始まり、シラミなどの媒介昆虫を通して兵士の間で流行、六カ月で一五万人の命を奪った。塹壕熱というバルトネラ感染症の一種も、シラミやダニを媒介に感染し、兵士たちを悩ませた。また、一九一八年三月にアメリカで発生し世界中で流行した強毒性のインフルエンザは、世界で少なくとも二五〇〇万人、多くて五〇〇〇万人、日本でさえも二五万人以上の死者をもたらした［クロスビー 二〇〇四、一〇頁］。この病原体のインフルエンザ・ウィルスはもちろん、前記の様々な病気の病原体やその媒介昆虫のように、見えづらく、見つけにくい。見つけにくいにもかかわらず致命的な作用をおよぼす生命体が身体の周りで生きている——こうした事態に対処するため、媒介昆虫を退治する化学薬品や殺虫剤が大量に導入された。第一次世界大戦が「見えない戦争」と呼ばれたのも、こうした事実があるからだ〔山室 二〇一四、一〇〜一二頁〕。

瀬戸口明久はこう述べている。「大戦では、媒介昆虫が生き延びることができない空間をつくりあげるため、あらゆるテクノロジーが動員された。まず駐屯地では、身体の表面からシラミを洗い落とす浴室設備が配置される。身につける衣服はクリーニングに回され消毒される。さらに兵士たちには、身の周りの空間からシラミを根絶するための殺虫剤が配布される。戦時中、日本からヨーロッパへの除虫菊の輸出量は、開戦前の三倍にまで増加した」〔瀬戸口 二〇一四、二一二〜二一三頁〕。実際、世界の除虫菊の生産地の中心は、クロアチアのダルマチアから日本の広島、和歌山、愛媛、そして北海道へと移っていく。一九一〇年には全国で約四四九ヘクタールしか作付けされていなかったが、一七年になると約四二八五ヘクタールにまで急増している〔細野 一九四九、二四頁〕。

媒介昆虫の退治用薬品のなかには、もともと農業で燻蒸剤として使用されていたクロロピクリンもあった。じつは、このクロロピクリンは、ホスゲン（窒息剤）とともに敵軍に対する武器としても使用された（ホスゲンほどの毒性はなかったが）。はじめて大量の毒ガスが使用された戦争である第一次世界大戦は、敵軍への攻撃のみならず自軍の衛生管理という意味でもケミカル・ウォーと呼ぶに値する世界戦争、つまり世界化学戦争であったといえよう。

日本もまた、世界化学戦争の例外ではなかった。一九一七年九月には、軍医学校は陸軍省より化学兵器研究のための建物の予算、一万九〇〇〇円を獲得している。この年、日本陸軍軍医の小泉親彦《ちかひこ》がイギリスから一九一六年型のガスマスクを入手し、研究を開始、一八年四月には、シベリア戦争(シベリア出兵)でロシア軍が使用すると予想し、毒ガス実験に着手していた。その後、中国大陸で繰り広げられた戦争でも、毒ガスを用いた人体実験を経たうえで、日本軍は、実際の戦闘でも大量の毒ガスを使用していくことになる[吉見 二〇〇四]。

また、エドマンド・ラッセルが『戦争と自然――化学薬品によって戦う人間たちと虫たち 第一次世界大戦から「沈黙の春」まで』で述べているように、第一次世界大戦を契機として、とくにドイツ、アメリカ、日本などの化学企業は急成長を遂げ、世界各地で商品を売るようになる。大戦で蓄積した化学の知識は、人間生活に害をおよぼす虫や微生物の駆除のために、戦後は農地や穀物倉庫、あるいは都市の施設で利用されるようになる。さらに、毒ガスそれ自体も、スペイン、日本、イタリアをはじめとして、様々な国が第一次世界大戦後も使用する[Russell 2001]。

以上の事実からも垣間見られるように、化学テクノロジーは、第一次世界大戦を通じて、生物横断的(人間もそれ以外の生物も)および分野横断的(戦争も農業も)に効果をもたらす包括的制御装置となった。それは、病原菌や媒介昆虫をコントロールするだけでなく、これらの恩恵をこうむるはずの人間たちの身体にも、その生活環境を通じて立体的かつ持続的に影響をおよぼしていく。つまり、世界化学戦争は、世界的な規模で、人間そのものというよりはむしろ、その生存条件を意識的または無意識的に破壊・管理していく、いわば「生存条件破壊」の応酬ともいうべきものだったのである。本章のタイトルを「第一次世界大戦の環境史」としたのは、こうした基本的認識があるからにほかならない。

本章は、人間と動物の境界と、有事と平時の境界を超えてダイナミックに影響をおよぼすことのできる「世界化学戦争」が、第一次世界大戦を起点として世界中に広まっていく様子を先行研究の成果に即しつつ、まとめてみたい。有事も平時もどちらでも見えない「敵」の生存環境にダメージを与え、場合によっては一挙に抹消する手段は、第一次世界大戦後のヨーロッパ外での化学・生物兵器の使用のみならず、現代の遺伝子組換え作物の九〇％のシェアをもつ巨大化学企業モンサントがかつて生産していたベトナム戦争の枯葉剤(オレンジ剤)［ロバン 二〇一五、第二章・第三章］、そして、モンサントやその先達を含む化学肥料・農薬メーカーや国家によって導かれた大規模農業生産システムを通じて、大胆に発展を遂げていく。現代社会を生きる私たちは、毒ガスから農薬へとつながる現象、あるいは、それらが並行するような現象をどうとらえるべきなのだろうか。毒ガスと農薬という「二重人格」的な薬品に即しつつ、モノと人間の間に成立している生活世界から、世界化学戦争の容貌をとらえてみたい。

一　第一次世界大戦のインパクト

生存の条件を攻撃する戦争

第一次世界大戦は、為政者たちや軍人たちの大方の予想と、参戦者たちとその家族の切なる期待に反して、一九一四年のクリスマスのあとも続き、ついには四年を超える長期戦になった。果ては民衆の困窮と、民衆の政体への不信感を導き、その重荷に堪えかねた巨大な帝国が四つも倒れたことは、よく知られていることだろう。一九一四年のクリスマスに敵国軍同士でサッカーに興じたり、クリスマスソングを歌ったりしたという珍事は、長期にわたって敵国への憎悪を維持し、戦い続けることの困難さをあらわす一例というよりはむしろ、あまりにも戦場が熾烈《しれつ》であることの証左といえよう。兵士たちが無限に続くかのような苦しい戦場を生き延びることと、議会で意見を述べたり、司令部で地図を眺めて命令をくだしたりすることとの亀裂が絶望的に大きくなったことを意味しているのかもしれないからである。いずれにしても、この戦争の長期化は、為政者、兵士、銃後それぞれに、いままで戦争中にありえなかった珍奇な経験をもたらすことになる。その経験の奇異さは、敵国の攻撃の形態が、ナポレオン戦争や普仏戦争など十九世紀の戦争と大きく異なっていることに由来する。つまり、第一次世界大戦によって、人類は、生存条件である環境そのものへの大規模な攻撃にさらされるようになったのである。

それは、第一に、「食べる」という生存条件への攻撃である。第一次世界大戦は、前線の膠着《こうちゃく》状態が続くことで、限られた労働力のなかでどれだけ迅速かつ大量に兵器や食糧を産出できるか、というような、交戦国の国力そのものが問われる全体戦争、いわゆる総力戦となった。それゆえに、攻撃は、兵士だけではなく、その家族を含む銃後の非戦闘員にも向けられるようになる[藤原 二〇一一]。イギリスは世界最強の海軍力によって、中立国からドイツに向かう船を取り調べ、武器はもちろん穀物までも没収して海上封鎖を断行した。それに対してドイツは、潜水艦を使ってイギリスへと向かう船を魚雷で攻撃した。お互いに物資、とくに食糧の欠乏を狙う。つまり、「食べもの」という生存条件そのものを遮断することによって、銃後の生存環境を苛酷なものにし、国力の弱体化をめざしたのである。これは、現在でも経済制裁という名のもとになされる大国の行為に通ずるものといえよう。

第二に、「住まう」という生存条件への攻撃である。第一次世界大戦は、どちらの陣営も、空からの銃後への攻撃を持続的におこなったはじめての戦争であった。ドイツ軍の飛行機がベルギーの都市ルーヴェンを空襲し、伝統あるルーヴェン大学の図書館を破壊したことや、飛行船ツェッペリンがロンドンを空襲したことは有名であるし、ドイツの都市フライブルクが連合軍によって空襲を受けたことは、ロジャー・チッカリングが明らかにしているとおりである〔Chickering 2007〕。このように、都市の住居のなかで対戦している特定の人間を殺害するのではなく、都市を生きる人間たちの住居環境をまるごと破壊し、そのなかで人間を無差別に殺害していく感覚は、まさに第一次世界大戦期に生まれたものである。当然、この感覚は、日本では広島、長崎の原爆、東京などの大空襲のみならず、日本軍による中国の重慶《じゅうけい》爆撃ももちろん、そして、現在の中東やアフリカで大国がおこなう空襲にいたるまで、現在の暴力感覚の基調ともいえる〔荒井 二〇〇八〕。

第三に、「呼吸する」という生存条件への攻撃である。いうまでもなく、これは、毒ガスのことを意味している。毒ガスは、数メートルの厚さの毒に満ちた空気を敵陣地に運ぶという化学兵器である。とくにホスゲンは、鼻や口から入って呼吸器系を害する塩素系の毒ガスであり、呼吸するというあたりまえの営みを死や負傷に導くものであった。ホスゲンの使用より二年たって登場したイペリットは、呼吸器のみならず、皮膚をただれさせる糜爛《びらん》性の毒ガスであり、「呼吸する」どころか「その場にいる」こと自体を危険状態に変えた。

前記三つの条件は、当然重なることもある。焼夷弾を用いた絨毯《じゅうたん》爆撃は、まさにすべての生存環境を一挙に奪う生存環境の破壊であろう。「食べること」「住まうこと」「空気を吸うこと」、これら基本的な人間の営みを一言に凝縮していえば「存在」ということも可能だろう。つまり、食、住居、空気という条件が消えた瞬間に人間は存在の危機にさらされるわけだ。人間の存在条件である環境を阻害することで間接的に人間の存在を脅かし、少なからず抹消するノウハウを、人類は第一次世界大戦によって覚えたのである。これは環境史の大きな課題の一つにほかならない。

毒ガス史のなかの第一次世界大戦

大戦以前――その法的規制のなかで　本章では、これまで論じてきた経済封鎖、空襲、毒ガスという三つの生存条件の攻撃方法のうち、毒ガスにフォーカスをあてる。ここでは、毒ガスの歴史を、大戦前、大戦中、大戦後の三つの時期に分けて概観してみたい。

毒ガスのようなものを使用した歴史的記録は、紀元前四三二年、ペロポネソス戦争にまで遡るといわれている。スパルタ軍がアテネ人の籠る城に向けて、硫黄にピッチや薪をまぜて燃やし発生させた亜硫酸ガスを流したという。「ギリシアの火」と呼ばれたこのガスの効果を具体的に知るのは難しいが、亜硫酸ガスが、基本的な武器では攻撃しづらい状態であるときに発明・開発される一種の飛び道具であったことは否定できないだろう。このあとも似たような攻撃方法が世界各地で用いられたが、大々的な使用はやはり第一次世界大戦を待たねばならない。

とはいえ、大戦勃発までに様々な国が様々な戦争で毒ガス使用の計画を立てたことは確かである。一八五五年、クリミア戦争のとき、イギリス軍は毒ガス使用計画を立てるが、政府が認可しなかったし、六二年のアメリカ南北戦争時には、北軍が南軍に塩素ガスを使用するアイディアがでたが、これも、北部二五州で構成されるアメリカ合衆国政府が同意しないまま、戦争は終結を迎えたという。

以上のような毒ガス兵器使用の動きに対し、規制をかけようという国際的動きが生まれる。一八九九年七月にオランダのハーグで開催された万国平和会議で締結にいたった「陸戦の法規慣例に関する条約」とその付属書「陸戦の法規慣例に関する規則」、一般的に「ハーグ陸戦条約」と呼ばれている国際法は、一九〇七年十月に開催された第二回万国平和会議で補完、強化されるが、捕虜の虐待のみならず「毒、または毒を施した兵器」と「不必要な苦痛を与える兵器、投射物、その他の物質」の使用を世界的に禁止しようとするはじめての試みであった。興味深いことに、一九〇七年の段階で、ドイツ、オーストリア＝ハンガリー二重君主国、イタリア、イギリス、フランス、アメリカ、日本、セルビア、モンテネグロなど、のちに第一次世界大戦の参戦国となる国はほとんどすべてこの条約に加盟していた。参戦した国のなかで一国でも条約に加入していない国があればその条約は適用されないという「総加入条項」も紛れ込んでいたが、戦場で本格的に毒ガスが使用される一九一六年の段階まででは、すべての交戦国はハーグ陸戦条約に加盟していたのである。

なお、ハーグ陸戦条約の第二条約として一八九九年に締結された「毒ガスの禁止に関するハーグ宣言」は、毒ガスの使用を直接禁止した画期的な宣言である。ただし、問題も少なくなかった。フランス、ドイツ、イタリアなど主要参戦国は批准していたが、アメリカとイギリスが批准していなかったがゆえに、ハーグ陸戦条約と同様に総加入条項が適応される可能性が高くなる。さらに、「窒息させるガスまたは有毒のガスを散布することを唯一の目的とする投射物の使用を各国に禁止する」という文言が、ドイツ軍が塩素ボンベから毒ガスを放射したり、ガス手榴弾《しゅりゅうだん》を利用したりというような「抜け道」を用意し、事実上「死文化」する〔藤田 一九六九、六頁〕。

「ハーグ宣言」に反対した一人に、アルフレッド・セイヤー・マハンがいたことは記憶に留めるべきだろう。軍人であり、戦略家であるとともに、海洋地政学の祖としても著名なマハンは、化学兵器の使用について具体的な議論がはじめてなされたハーグ平和会議の第一委員会第二分科(海軍)委員会で、つぎのような発言をしたという。

新しく開発された兵器はつねに反対論にさらされる。火器、榴弾、水雷などは、それぞれ登場したときには非難を受けたがいまは有効に使用されているではないか。窒息性の毒ガスの投射物は、毒物を井戸に投ずることとは異なり、非人道的なあるいは不必要な苦痛を与えることのない適法な手段である。毒ガスの投射物も、急に戦争状態に突入したときなどにどんな有益な効果をもたらすか定まっていないのだから、尚早に禁止すべきではない。[藤田 一九六九、四頁]。

毒ガスは非人道的な兵器ではない、というマハンの主張は、じつは、のちの毒ガスの歴史を考えるうえで基調となる思考枠組みである。というのも、毒ガスは、前記の国際法に基づく人道性による圧力を一方で技術論によってかわしつつ、他方で人道性を巧みに折り込みながら発展を遂げ、例えば、日本軍が毒ガスの生体実験を中国人を使って遂行したように、通常の感覚では信じられないほど人間性を踏みにじっていくのである。あらかじめ結論めいたことを述べれば、人道的であるとともに非人道的という毒ガスの独特の位置が、毒ガスの寿命を現在にいたるまで延ばし続けている一つの原因だと考えられるのである。

大戦前期――毒ガスの登場　繰り返すが、ハーグ陸戦条約の法規に従えば、第一次世界大戦が開戦したとき、各交戦国のなかに毒ガスを使用するという選択肢は存在しなかったはずであった。しかも、毒ガス兵器が非人道的であることはすでに国際的な世論にさえなっていた。

ところが、一九一四年八月から十二月にかけて、フランス軍は、ブロモ酢酸エチル(いわゆる「催涙ガス」)を手榴弾に詰めて西部戦線で使用した。これは非致死性の刺激剤であり、ハーグ陸戦条約やハーグ宣言が規制しているものではないとした。また、同年十月、ドイツ軍は、ヌーヴ・シャペルで、くしゃみを引き起こすジアニシジンクロル硫酸を一〇・五センチの榴散弾に詰めて、三〇〇〇発発射した。炸裂弾であって毒ガスを撒くことが唯一の目的ではない、という名目で国際法の網目をかいくぐろうとした。ジアニシジンクロル硫酸は、高級染料であるシカゴブルーの原料である。藍染めの代わりに化学的に藍色を抽出する技術の副産物であった。製造は、いまなお世界のトップ化学企業の一つであるドイツのバイエルである。シカゴブルーの工場で労働者が頻繁にくしゃみするのをみて、戦場で使われることになったという。提案者は、ベルリン大学のヴァルター・ヘルマン・ネルンスト、一九二〇年に熱力学の研究でノーベル賞を受賞する国際的な科学者である。じつは彼は、敵を殺傷するのではなく、敵の戦意を喪失させる「人道的兵器」として、ジアニシジンクロル硫酸を考えていたのである。

催涙ガスとくしゃみ剤は、のちに登場するホスゲンやマスタードガスほど残酷な兵器ではない。とりわけくしゃみ剤に関しては、「人道的兵器」と断言するネルンストの論理も一見妥当にみえるかもしれない。だが、どちらも一定時間兵士を苦しめ、被曝量によっては深刻な身体的ならびに精神的なダメージを受けるものであることは否定できないうえに、そもそも、毒ガス攻撃はその後の機関銃や砲撃による一斉攻撃をしやすくする効果がある。それゆえに、嘔吐性ガスやくしゃみ剤によって身動きがとれないところを機関銃でなぎ倒すとすれば、当然、非人道的という誹《そし》りも免れえない。それ以上に、国際法を意識しながら使用されることが、かえって毒ガスの非人道性を覆い隠すことさえありうることを、これらの事実は示している。

ただ、どちらも大きな効果がなかったことから、翌年以降、より効果的な毒ガスが使用されるようになる。歴史教科書に歴史的な一歩として記されるのは、むしろつぎの出来事であろう。一九一五年四月二十二日午後六時、ベルギーのイーペル近郊で、ドイツ軍のガス聯隊が、塹壕に埋めておいたガス五七三〇本の高圧ガスボンベから一六八トンの塩素ガスを放出する。塩素ガスは空気より重いので、塹壕内の敵兵に有効であった。フランス・カナダ混成軍歩兵部隊の塹壕のなかへ塩素ガスは流れ、六キロの幅で六〇〇〇から九〇〇メートルの厚みのあるガス雲が戦地を覆った。高圧ボンベに充塡する方法は砲弾に詰めて敵陣地に飛ばすよりもはるかに広範囲をカバーできたし[タッカー 二〇〇八、一一頁]、毒を詰め込んだ「投射物」の使用を禁止するハーグ宣言の規制を免れる口実になった。ちなみに、フランス軍の中心は植民地から徴発したアルジェリア兵であったが、この事実から、世界史上初の化学戦争が有する世界性の一端がうかがえるだろう。

高圧ボンベに塩素ガスを充塡する方法を開発したのは、フリッツ・ハーバーという化学者である。ハーバーは、学会ではネルンストの後輩にあたり、カイザー・ヴィルヘルム物理化学研究所の研究員であるとともに、ベルリン大学の教授でもあり、戦争になると陸軍の化学兵器開発の責任者になった。ハーバーはすでに一九〇九年、大量に天然ガスを投下したうえで高エネルギー状態をつくりだし、そこで大気中の窒素からアンモニアを合成する方法を発明していた。アンモニアは、三大栄養素の一つである窒素を土壌にもたらす硫酸アンモニウムばかりでなく、爆薬の基剤であるニトログリセリンとトリニトロトルエンの原料である硝酸の製造にも用いられるものであった。なお、ハーバーがこの空中窒素固定法によってノーベル賞を受賞するのは、敗戦直後の一九一九年のことである。

一九一五年の年明けにはすでに、この年満五十四歳になる陸軍参謀総長エーリッヒ・フォン・ファルケンハインは毒ガスの使用は「騎士道的」ではない、という従来の考えを捨てていた［タッカー 二〇〇八、一一頁］。ファルケンハインの命令によって、この年四十七歳になるハーバーは、部下に塩素ガス攻撃と防御の準備、実験を繰り返させ、自らもその指揮に立った。塩素ガスは、酸味のある臭気があり、目や口、気管、肺の粘膜を刺激し、最悪の場合は呼吸不全に陥らせる窒息剤という種類の毒ガスである。嘔吐、頭痛、目の痛みや最悪の場合は失明、気管の炎症、それにともなう胸の猛烈な痛みで多くの兵士たちが苦しんだ。ドイツ軍は、塩素ガスによって混乱するフランス軍とカナダ軍の混成部隊に向けて集中砲火を浴びせ、若干前進することに成功したが、すぐに側面からイギリス軍とカナダ軍が進軍してきて、陣地を取り返される。作戦としては失敗に終わったが、毒ガスの効果が証明され、またその問題点も明らかになったはじめての戦闘であった。以上のことから「毒ガスの父」とも呼ばれるハーバーが毒ガス生産を指揮するなかで、それに嫌悪感を示した妻で、化学者でもあったクララがピストル自殺を遂げた悲劇はあまりにも有名だが、ここではこれ以上触れないでおこう。

一九一五年五月三十一日には、ドイツ軍は東部戦線でも塩素ガスを使用する。ポーランドのボリモウで二四〇トンの塩素ガスを放出し、ロシア軍に打撃を与えた。同年六月十二日も、ボリモウからワルシャワ側に一〇キロほど離れた場所で、塩素ガスとホスゲンを混合した有毒ガスを放出した。ホスゲンは、体内の水と反応して塩化水素を発生させる窒息剤で塩素ガスほど臭いが強くなく、より効果的に敵軍にダメージを与えることができるので、その後、しばしば使用されていく。こうして、国際法によってはめられた毒ガスのタガが一気にはずれていくことになる。

連合軍も、ドイツ軍の新しい攻撃に苦しんでいるだけではすまない。イーペルの惨劇のあと、イギリス軍も特殊ガス中隊を設立する。一九一五年九月二十五日五時二十分、イギリス軍は、ベルギーのロースで五五〇〇本のガスボンベから、煙幕用のキャンドルの煙とともに、塩素ガスを放出した。だが、風向きが変わってイギリス軍側に塩素ガスが戻ってきてしまい、ドイツ軍よりもイギリス軍の死傷者が勝る結果になった［タッカー 二〇〇八、一六頁］。

とはいえ、一九一六年二月二十二日には、フランス軍がヴェルダンでホスゲンを充塡した七五ミリ砲弾を発射したり、一七年七月にはイギリス軍がソンムの戦いで四インチのストークス砲(火炎放射器)に毒ガスの砲弾を詰めて発射したりと、次第に毒ガスが一般的に使用されるようになってくる。

大戦後期——リーヴェンス砲とマスタードガスの登場　連合軍の毒ガス攻撃の画期的技術革新は、リーヴェンス砲の開発であった。一九一七年四月九日、大量の毒ガスを充塡した缶を敵陣に打ち込む迫撃砲であるリーヴェンス砲を初めて使用する。缶のなかには火薬が少量入っており、着弾すると爆発とともに中身が飛び散る。まさにハーグ宣言の「投射物」そのものであるが、もうすでに国際法のタガがはずれており、また、天候に左右されることなく毒ガスを遠隔地に発射できるという戦略上の魅力には抗うことができず、これ以降多用されていく。

毒ガスが戦地で日常的に使用され、兵士の防護技術も飛躍的に向上すると、ハーバー率いる研究グループは、窒息剤よりも強力な毒ガスの合成の研究を進めていく。これこそが、マスタードガスにほかならない。これは、窒息剤ではなく、糜爛剤の一種である。かすかなマスタードの香りをもつため、このような呼称が定着した。呼吸器系のみならず、皮膚そのものに付着し、火ぶくれやただれを起こさせる。衣服を通過して皮膚を傷つけ、衣服に付着したとしても長い間落ちにくいので、ガスマスクだけでは対応できない。被曝後すぐには効果があらわれないことから、手遅れになる前に兵士たちが気づきにくい。[タッカー 二〇〇八、一八頁]。正式な化学名は、硫化ジクロロジエチルである。

一九一七年七月十二日午後十時、ドイツ軍は、イーペル近郊のイギリス軍の塹壕に向かって、七七ミリおよび一〇五ミリのガス砲弾を五万発打ち込む。この砲弾にはマスタードガスが充填されていた。はじめてマスタードガスが戦場で使用されたのである。イーペルで使用されたことから、マスタードガスは「イペリット」とも呼ばれる。

一九一八年六月には、フランス軍、同年九月にはイギリス軍がはじめてマスタードガスを使用する。なお、一九一八年十月十三日、アードルフ・ヒトラーが、ベルギーのヴェルヴィック村でマスタードガスの被害を受けて、失明寸前になったことは『我が闘争』でも記されているとおりである。

タッカーによれば、「第一次世界大戦が終結するまでに、主要な戦闘国は、三十九種類の毒物を十二万四〇〇〇トン以上使用し、それらの大半が六六〇〇万発の砲弾によって撒かれ」死者は「九万人」、生き残った者も深刻な後遺症と戦い続けることになっていく[タッカー 二〇〇八、一九頁]。

毒ガスの歴史のなかで、第一次世界大戦はその揺りかごであり、学校であったばかりでなく、成年時代でもあった。わずか四年のうちに急速な成長を遂げ、戦争の日常にとけ込んでしまった毒ガスとその発明者・生産者たちは、当然のことながら急に行き場を失うことになる。そのとき、大量に倉庫に余った毒ガスと研究所からあぶれそうになった毒ガスの開発者たちには、三つの道しか残されていなかった。完全に廃棄・失業するか、別の活躍の場を探すか、あるいは、別の用途を見出すか、のどれかである。このうち第一番目の方法が、第二、第三の方法によって圧倒されていくことを、次節以降私たちはみなくてはならない。「第一次世界大戦の環境史」は第一次世界大戦では終わらない。第一次世界大戦がつくりあげた環境攻撃と管理の方法の意味が本格的に問われるのは、むしろ大戦後なのである。

二　第一次世界大戦後の世界的展開

ハーグからジュネーヴへ

十九世紀末にハーグで編まれた毒ガス使用規制の網は、第一次世界大戦の交戦国によって容易にかいくぐられてしまい、あっけなく空文化した。第一次世界大戦後、毒ガスの非人道性を認める外交の舞台は、国際連盟本部の所在地ジュネーヴに移される。一九二五年六月十七日、第一次世界大戦の反省に立って、いわゆる「ジュネーヴ議定書」が四四カ国の署名によって締結された。ただ、一九二八年二月八日効力発生まで三年弱の歳月を待たねばならなかった。ジュネーヴ議定書の正式名は「窒息性ガス、毒性ガス又はこれらに類するガス及び細菌学的手段の戦争における使用の禁止に関する議定書」。ここには、ハーグ宣言にはなかったつぎのような宣言が謳い上げられている。

窒息性のガス、毒性ガス又はこれらに類するガス及びこれらと類似のすべての液体、物質又は考案を戦争に使用することが、文明世界の世論によって正当にも非難されているので、／前記の使用の禁止が、世界の大多数の国が当事者である諸条約中に宣言されているので、／この禁止が、諸国の良心及び行動をひとしく拘束する国際法の一部として広く受諾されるために、／次のとおり宣言する。

締約国は、前記の使用を禁止する条約の当事国となっていない限り（すでに、このような兵器を禁止するような別の条約に加わっていない限り、という意味）この禁止を受諾し、かつ、この禁止を細菌学的戦争手段の使用についても適用すること及びこの宣言の文言に従って相互に拘束されることに同意する。〔粟屋編 二〇〇二、二五四頁〕

第二次世界大戦時にはヨーロッパ戦線に限って毒ガスが使用されなかったことは、あのナチスが戦争に限っては毒ガスを用いなかったことも含めて、ジュネーヴ議定書の成果として認められるべきだろう。また、日本は、敵軍の「国際的悪宣伝」の材料にされないように国際世論に注意を払いながら、中国大陸で大量に使用していたことの一因とみなすこともできよう〔吉見 二〇〇四、六六頁〕。けれども、毒ガスのように、人道的な衣装を身にまとうことのできる兵器に対し、「文明世界の世論」と「諸国の良心」という言葉はやはり空虚に響く。本章の文脈からすれば、ジュネーヴ議定書の問題点を三点指摘せざるをえない。

第一に、「文明」という言葉である。吉見義明が明らかにしているとおり、日本の陸軍は、アジア・太平洋戦争時にイギリス兵やアメリカ兵に対してはできるだけ毒ガスを使用しないように兵士に命令をくだしていた一方で、中国大陸では中国人兵士や民兵に対し多種類の毒ガスを大量に使用した。イタリアもまたリビアやエチオピアで毒ガスを使用する。「文明世界」という言葉の裏側に貼りつく「非文明世界」という概念は、おそらく、第一次世界大戦から第二次世界大戦にかけて、非ヨーロッパ・非アメリカ地域で毒ガス使用が広まっていくことと無関係ではないだろう。

第二に、ジュネーヴ議定書で制限されたのは毒ガスや細菌兵器の使用だけで、研究、開発、生産、保有が制限されなかったことである。ジュネーヴ議定書は、毒ガス研究を深化させていくことにブレーキをかけられなかったし、毒ガスの平和利用という問題にもほとんど対応できなかったのである。

そして、第三に、つぎに述べるように、戦後の毒ガスの使用は少なくとも一九二三年に始まっており、その隠蔽された事実をほとんど検証できないまま二八年二月八日という効力発生の日付を迎えたことはやはり不幸であったといわざるをえない。

毒ガス戦の世界拡散――アフリカ、中国、ベトナム

モロッコ――アブド・エル・クリムに対する毒ガス攻撃　大戦後毒ガスを戦闘ではじめて使用したのは、第一次世界大戦時に中立を貫いたスペイン王国であった。じつは、ジュネーヴ議定書が締結される二年前、一九二三年七月に保護領モロッコのリーフ地方で起こった民族の独立運動、すなわち第三次リーフ戦争で、毒ガスを使用したのである。以下、深澤安博の「リーフ戦争におけるスペイン軍の空爆と毒ガス戦――「空からの化学戦」による生存破壊戦略の初の展開か」という論文やルーディベルト・クンツとロルフ＝ディーターの研究書『アブド・エル・クリムに対する毒ガス攻撃――ドイツ、スペイン、そしてスペイン領モロッコで起こったガス戦争　一九二二～一九二七』にもっぱら寄りつつ、スペインの毒ガスの使用について追っていきたい［深澤　二〇〇六；Kunz und Müller 1990］。

一九二一年十一月、ドイツの都市ハンブルクの化学企業主であったフーゴ・シュトルツェンベルクは、マドリードへ向かった。シュトルツェンベルクはその後、頻繁にスペインを訪問することになる。それはなぜか。プリモ・デ・リベーラ体制下のスペイン国政府が、第三次リーフ戦争で毒ガスを使用する準備を考えており、シュトルツェンベルクにそのための工場の建設と準備を依頼したのである［Kunz und Müller 1990：66］。第三次リーフ戦争は、スペイン軍がモロッコを平定するために送った軍隊に対し、指導者アブド・エル・クリム率いるリーフ人の軍隊が戦い、勝利を収め、リーフ共和国の独立を勝ち取った戦争である。その後、ソヴィエト・ロシアや国際共産主義組織の援助を受けて、リーフ共和国は独立を保ち続

けるが、一九二六年五月、大戦時の「ヴェルダンの英雄」フィリップ・ペタン率いるフランス軍とスペイン軍の挟撃に耐え切れず降伏して崩壊した。

フーゴ・シュトルツェンベルクは、大戦時は毒ガスの父フリッツ・ハーバーの有能な助手であった。第一次世界大戦後もまた第一次世界大戦の環境史である、と私が述べたのは、じつはこのことにほかならない。というのも大戦時、シュトルツェンベルクは、ハーバーの信任のもと、イーペルでの塩素ガス攻撃計画の中心的役割を果たしていたし、マスタードガスの開発でも決定的な役割を果たしていたのである。

戦後、シュトルツェンベルクは、ハーバーの勧めもあって、戦時に使用された毒ガスや薬品などを秘密裏に保存し、活用するための任務を任されていたが、スペインからの要請によって再び戦争にかかわるようになっていく。一九二二年六月には、マドリード県アランフェスのラ・マラニョーサにアルフォンソ十三世国立化学生産工場を設立し、シュトルツェンベルクの会社がそこで毒ガス製造を指導する。一九二三年六月二十五日には、シュトルツェンベルクは、国王らと対談し、二十六日にラ・マラニョーサ工場を視察。クロロピクリンの毒ガス弾の実験をおこなった。このときシュトルツェンベルクと国王らは「このやり方は一見すると非人道的に見えるが、その効果の速さからして、逆にたいへん人道的である」という意見で一致したという［深澤 二〇〇六、六〇頁］。ここで再び、私たちはあの逆説に出会う。非人道的にみえてじつは人道的、という十九世紀末のマハンの発言以来決して影響力を失わない捉え方だ。第一次世界大戦後もなお毒ガスが生命を失わなかったのは、その開発者たちと利用者たちの主観では毒ガスという兵器が善悪の彼岸にあったからである。ここには、ハーグの「禁止」もジュネーヴの「拘束」もいつまでたっても届かないことを、シュトルツェンベルクの足跡こそが証明しているのである。

一九二三年七月十五日、モロッコのティジ・アッザの戦闘で、大砲からついに、シュトルツェンベルクの指導のもとにつくられたマスタードガス弾が発射された。深澤によれば、その前後に、ホスゲン、クロロピクリン、マスタードガスなどの毒ガス弾を空爆で投下した可能性も高いという［深澤 二〇〇六、五九～六〇頁］。

リビアとエチオピア――ファシストの毒ガス　イタリアは、一九一五年五月二十三日にオーストリア＝ハンガリー二重君主国、八月二十一日にオスマン帝国、翌年八月二十七日にドイツにそれぞれ宣戦布告をして以来、第一次世界大戦の連合国側として戦い、かなりの犠牲を払った国である。そのわりには領土的野心を満足させることのできなかったイタリアで、戦後、ムッソリーニ率いるファシストが支配するようになると、スペインと同様にアフリカでの植民地独立運動を抑えようと必死になる。イギリスやフランスと比べて植民地の数は圧倒的に少なく、また統治も杜撰《ずさん》で暴力的であったがゆえに、被支配者たちの反乱の威力はすさまじいものがあった。そこに毒ガス使用の誘惑が生まれていくのは、スペインと似ているともいえよう。

邦題では『ムッソリーニの毒ガス――植民地戦争におけるイタリアの化学戦』と訳されている研究書を編集したアンジェロ・デル・ボカによると、イタリアではかなりの歳月にわたって植民地やエチオピア戦争での毒ガス使用の事実が隠されたままであり、それを政治文書によって暴こうとすると、かつての軍人たちから猛烈な嫌がらせが起こったという。ボガは一九六五年以来約三十年にわたって、その嫌がらせのなかで研究を続け、ついに政府に認めさせるという快挙を成し遂げた歴史研究者である［ボカ編 二〇〇〇、一一～五一頁］。

ボガによると、まず、一九二八年一月から二月にかけて、イタリア軍は、植民地リビアのシルテ地方で反乱行動を起こしていたモガルバ・エル・ラエダト族を全滅させるために、ホスゲンを使用した。また、一九三〇年七月には、リビアのタゼルボのオアシスでマスタードガスを装塡した二一キロ爆弾を二四発ほど投下し、羊飼いと農民に大きな損害を与えたという〔ボカ編 二〇〇〇、六四頁〕。これ以外にも繰り返し小規模の毒ガス攻撃をアフリカで続けた。

そして、最も大規模だったのが、一九三五年十月から三六年五月にかけてのエチオピア侵略戦争での、一五〇〇発以上の毒ガス弾による無差別攻撃であった。イタリアの化学戦争の特徴は、空軍を効果的に用いたことであった。とりわけマスタードガス装塡C五〇〇T型航空爆弾である。毒ガスの空爆によって、多くの人々が殺され、また後遺症に悩まされた。イタリアの場合も毒ガス攻撃は熾烈を極めたが、アフリカは「文明世界」の外であり、法の外であるという意識がその大きな要因であることはやはり否定できないだろう。

中国と台湾——日本の毒ガス攻撃

日本の中国大陸および台湾島での毒ガス攻撃については、吉見義明と粟屋憲太郎の研究が代表的である。ここでは、とくに吉見と粟屋の研究に基づいて、第一次世界大戦後、最も大量の毒ガスを用いて戦争をした日本について概観しておきたい。

ワシントン、ジュネーヴと海軍軍縮条約が結ばれ、世界的な軍縮ムードが醸成されるなか、第一次世界大戦で使用された新兵器の分析と軍事兵器の再編成をめざしていた日本の陸軍省は、一九二五年末、ドイツから化学者のW・メッツナーを招き、毒ガス開発をスタートさせた。メッツナーがハーバーやシュトルツェンベルクとどういう関係にあるのかは脱稿時点で明らかにすることができなかったが、第一次世界大戦時に毒ガス製造あるいは研究にかかわっていたことはほぼ間違いないだろう。メッツナーの指導のもと、ホスゲン（あを一号）、イペリット（きい一号）、クロロアセトフェノン（みどり一号）、臭化ベンジル（みどり二号）、三塩化砒素（しろ一号）が制定された。色の名前がつけられたのは、実態を隠すためのカムフラージュだったという。このうち、「あを」は窒息剤、「きい」は糜爛剤、「みどり」の二つは催涙ガスというカテゴリーをあらわし、「しろ」は毒ガスではなく発煙筒であり、無色透明のホスゲンとまぜて使用する。

一九二八年七月九日、瀬戸内海に浮かぶ広島県豊田郡の大久野島《おくのじま》で、陸軍省は、陸軍造兵廠《ぞうへいしょう》火工廠忠海《ただのうみ》兵器製造所を設置し、八月に島民数十名を島外に移住させた。二九年五月九日、忠海兵器製造所が竣工した。大久野島は軍事的機密ゆえに地図から抹消された［吉見 二〇〇四、二四頁］。また、海軍も、神奈川県の平塚《ひらつか》や寒川村で各種毒ガスを開発する。さらに民間企業の役割も大きかった。三井鉱山、三菱鉱業、住友化学などの大財閥系、日本曹達《ソーダ》、日本鉱業、昭和電工などの新興財閥系の企業は、毒ガスに必要な原料を生産し、毒ガス生産を支えたのである。

こうして毒ガス生産体制を整えた日本がはじめて毒ガスを戦場で使用したのは、植民地の台湾であった。台湾は、植民地統治が比較的成功し、解放後も日本に好意的な台湾人が多い、という言説がいまなお後を絶たないが、このとき霧社《むしゃ》事件の惨劇は無視されることが多い。一九三〇年十月、台湾総督府の軍は、台湾の先住民族でタイヤル族の抗日運動、いわゆる霧社事件の鎮圧のために、催涙弾を一〇〇発以上投下するばかりでなく、青酸ガス投下弾を使用した。効果は不明であるが、霧社事件での反乱民族の殲滅《せんめつ》をめざす毒ガス攻撃は、日本にとって数少ない実験でもあった。少なからぬ反乱者は軍刀で断首されたが、これは、モロッコやエチオピアでも見られた光景である。また、一九三六の二・二六事件の鎮圧にも嘔吐性ガス使用が検討されたが、結局使われないままであった。

それ以降、日本は、一九三七年から四五年まで、中国大陸で膨大な量の毒ガス兵器を継続的に使用するようになる。その使用のために、日本軍が「丸太」と言った生きた中国人を用いて、毒ガスの生体実験を繰り返し、嘔吐があったかとか、どれほど皮膚が損傷をこうむったかとか、呼吸器系がどのように変化したとかを観察したことは、今ではよく知られているだろう。「丸太」を用いた実験データを踏まえたうえで、実地にも毒ガスを使用していく。八路軍《はちろぐん》も国民党軍も抵抗が激しく、戦況も膠着状態に陥ったため毒ガスに頼ることが多くなった、と吉見はまとめている。嘔吐性ガスによって相手を攪乱し、そのスキに突撃して、動けなくなった兵士を捕虜とせず刺殺あるいは銃殺し、敵陣を突破するという戦法が典型的であったという〔吉見 二〇〇四、八六頁〕。

また、一九四二年以降、ゲリラ攻撃が激しくなってくると、八路軍の根拠地と判断した兵舎、工場、洞窟などの要点にマスタードガスを撒き(「撒毒《さんどく》」と呼ばれた)、生活環境自体を「毒化」していく作戦も用いられた。また、一九四二年四月十八日に東京、名古屋、大阪がアメリカのB25爆撃機で空襲を受けてから危機感を強めた大本営は、その着陸地である浙江《せっこう》省と江西《こうせい》省の飛行場の破壊を試みるが、そのおりに、現場指揮官たちの、こんな姑息な手段は「王者の戦い」ではないという批判を無視して、ペスト菌に感染したネズミ、ノミを撒いたり、コレラ菌を井戸に投入したり、食物に付着させたりするなど、細菌戦も繰り広げた〔吉見 二〇〇四、二二二頁〕。一方で、毒ガス戦については大きな反対なく、嘔吐性毒ガスを充填した砲弾を撃ち込んだという。ほかにも多数の作戦のなかで使用されるし、さらに中国大陸での毒ガス兵器の遺棄・投棄の問題も深刻だが、詳しくは吉見の『毒ガス戦と日本軍』を参照いただきたい。

ただ、ここで注目しておくべきことは、イギリス連邦軍との戦闘では毒ガスは部分的に使用されるだけで、アメリカ軍に対しては一部の例外を除いてほとんど使用されなかったということである。「中国との戦争では国際法を無視ないし軽視するという姿勢」が、ここに垣間見える。ここでも、ジュネーヴ議定書の「文明世界」という言葉がもつ限界について考えずにはいられない。

スペイン、イタリア、日本という国が第一次世界大戦後、毒ガス禁止という国際世論が高まるなか毒ガスを使用したことは何を意味しているだろうか。ここで、深澤が引用しているスペインの植民地評論家エルナンデス・ミールのコメントをあげておきたい。「あらゆる戦争の規則や人権のためのあらゆる警告に違反している無法者集団に対して使うのは全くもって当たり前のこと」「これらの輩に対してガスを使うことは何ら非難されるべきことではなかっただろう。実際に、悪質な殺人者たちに対する刑の執行に過ぎなかったのだから」〔深澤 二〇〇六、六三頁〕。

これは、日本が台湾のタイヤル族や中国のゲリラ部隊に化学兵器や生物兵器を使用したときの心理的状況とそう遠くはないだろう。第一次世界大戦後の二十世紀に起こった紛争の多くは、第二次世界大戦を除き、ヨーロッパ、アメリカ、ソ連という大国以外の地域でそれらの国の代理戦争としての内戦という形態が主であり、大国が介入するにしても生活基盤がそのまま戦場となるゲリラ戦として展開していく場合が多かった。生活条件そのものを攻撃する毒ガスは、それゆえに二十世紀的戦争形態にフィットする。一九六三年から六七年のエジプトのイエメン侵攻、一九七九年から八一年までのラオス・カンボジア紛争、一九七九年から八九年のソ連のアフガニスタン侵攻、一九八〇年から八八年のイラン・イラク戦争などでの毒ガス使用は、そのほんの一例にすぎないし、最近ではイスラム国がシリアとの戦争で毒ガスを使用したという報道も流れた。

国際法が「文明国」の「人道性」に訴える限り、エルナンデス・ミールのような例外状況で毒ガスを使用する根拠はより強固になる。「人道性」を訴える「文明国」が空爆のみならず経済力で「非文明国」の生活基盤を暴力的に変更することをやめない限り、軍民用途に応じて変幻自在の毒ガスが地球上から消える日が先延ばしされていくのである。

三　第一次世界大戦後の日常的転用

第一次世界大戦が終わったからといって、毒ガス開発にかかわったドイツの化学者たちが失職したわけではなかった。彼らは、新しい活躍の場を見出していった。それは、農薬の分野である。すでに冒頭に述べたように、病原菌の媒介昆虫退治に使用されたのは、クロロピクリンという化学物質であり、それは人間に対する攻撃にも使用された。

一九一九年一月まで一日当り二〇〇トンの毒ガスを生産してイギリスやフランスへ送っていたアメリカは、はじめ、害虫駆除専門の化学者を毒ガス開発に送り込み、生産量を保とうとした〔Russell 2001:41〕。逆に、戦争が終わると、アメリカの毒ガス開発者たちは、毒ガスの技術を害虫駆除に使用するようになる。

戦時中に昆虫学者の動員の中心となった〔アメリカの〕農務省昆虫局長L・O・ハワードは、大戦が終わると次なる「昆虫との戦争」を呼びかけるキャンペーンを新聞紙上などで開始する。……飛行機による殺虫剤散布は、空軍の協力のもと一九二一年夏に初めて実施され、南部の綿作地帯で広まっていく。〔瀬戸口　二〇一四、二一二三頁〕

もちろん、アメリカの農薬開発能力は、第二次世界大戦を経て、さらに高まっていく。その一つがDDTという シラミ駆除剤である。占領下の日本で子どもたちにかけられたあの白い粉だ。DDTをはじめとする農薬の大量生産が使用者である農民や食物の消費者たちの生命を脅かしていると指摘したのは、一九六二年に刊行されたレイチェル・カーソンの『沈黙の春』であった。こうして、毒ガスと農薬の歴史は、「敵」ではなく「自分」の環境の破壊の問題へと跳ね返されるようになる。

ドイツで毒ガスから農薬への転用において重要な役割を果たしたのは、フェルディナント・フルーリであった。大戦中はカイザー・ヴィルヘルム研究所でハーバーのアシスタントとして毒ガスの開発にあたっていたが、終戦直前の一九一八年九月にミュンヒェンで開催された応用昆虫学会の大会で、「ドイツ農業における害虫予防のための青酸ガス」の導入に尽力している「害虫駆除技術委員会」(Technischer Ausschuss für Schädlingsbekämpfung, TASCH)の活動に言及した〔以下、スローターダイク 二〇〇三、二九〜三七頁参照〕。青酸ガスとは、シアン化水素のことで、ホスゲンのような窒息剤でも、マスタードガスのような糜爛剤でもない「血液剤」というジャンルに入れられる。細胞内のミトコンドリアの活動を阻害、血液から酸素を取り込めなくするものだ。戦中のドイツのみならず、戦後の日本も中国で使用した。この青酸ガスの技術に関して、「平和が再建されたあとは、害虫駆除という面から農業促進のために利用可能にする」とフルーリは述べたのだった。

すでに一九一七年以来、「有限会社ドイツ害虫駆除協会」(Deutsche Gesellschaft für Schädlingsbekämpfung GmbH, DEGESCH)は、延べ二〇〇〇万平方キロにおよび、「製粉所、船、兵営、野戦病院、学校、穀物・種子倉庫」などで、青酸ガスの噴射をおこなって、害虫駆除をしていた。一九二〇年になると、フルーリたちが新たに開発したガス製品がこれに加わる。青酸ガスは透明で無臭なので知覚でとらえにくく、ガスを扱う人間に害をおよぼしやすい。ゆえに、フルーリは、塩化炭素メチルなどの刺激物を混ぜることで知覚しやすいガスを生産したのである。その名は、チクロンAといった。

戦後、船、鉄道車輛、穀物倉庫などでのチクロンガスの定期的な噴射サービスは、化学企業の商品となった。それらの企業のなかには、一九二四年に新しく創設されたハンブルクの会社テッシュ＆シュタベノフがあった。テッシュ＆シュタベノフの創立者の一人は、第一次世界大戦時にハーバーのもとでガス攻撃の研究・開発にあたっていたブルーノ・テッシュである。テッシュ＆シュタベノフはデゲシュとともに、のちに二十世紀の歴史で最も有名になる害虫駆除剤チクロンBを開発した。チクロンBは、揮発性の高い青酸ガスを珪藻土《けいそうど》のような媒体物質にしみ込ませることで、運搬・貯蔵しやすくした青酸ガスで、一九三〇年代の害虫駆除剤の代表的商品となる。第二次世界大戦が勃発すると、テッシュ＆シュタベノフは、東方での戦闘で国防軍や武装親衛隊が悩まされていた病原菌媒介昆虫、とくにシラミ駆除のためにチクロンBを売った。ただ、ナチスは、第二次世界大戦の間、サリンなどの毒ガスの開発は進めていたが、戦闘には毒ガスをいっさい使用しなかった。連合軍と毒ガス戦になっても勝ち目がないことを理解していたからという説もあるが、実際の理由はまだ確認できていない。

ヒトラー一派がユダヤ人を「害虫」と形容した例を探すのは困難ではない。害虫のようにガス室で殺されていったことは、世界化学戦争の最も典型的かつ極端な事例であるといってよいだろう。だが、ナチスが「ユダヤ人問題の最終解決」のためにチクロンBを使うことになるまでの経路は、じつは正確にはわかっていない。おそらく親衛隊が重要な役割を果たしたことは間違いないだろう。自分たちが恩恵を受けていたはずのチクロンBをガス室での殺害に使うことになるという歴史の皮肉は、まさに毒ガスの両義性を意味することは記憶しておいてよいだろう。

おわりに

ペーター・スローターダイクは、前記のような毒ガスの平和利用である農薬の問題までを見通しつつ、哲学的考察をおこなっている[Sloterdijk 2002; スローターダイク 二〇〇三]。彼の著書『空震(Luftbeben)』のタイトルは、地震(Erdbeben)の言葉遊びである。大地の「震え」ではなく、空気の「震え」、すなわち空気の人為的コントロールによって人間集団を殺害したり、傷つけたり、管理したりすることを、スローターダイクは、現代文明の特徴としてとらえている。

窒素と酸素と二酸化炭素で構成される空気は、地球上に住む人間のみならず、ほとんどすべての生物の生命基盤にほかならない。普遍的に存在し、誰の所有物でもない空気をコントロールし、それを武器に変えていく毒ガスは、まさに「空震」と呼ぶべき衝撃的な暴力手段といえよう。

だが、毒ガスの環境史的画期性はそればかりではない。毒ガスは霧となって空気をただようが、まさにその霧のように、つかみどころがない。まず、毒ガスは戦場で気づきにくい。霧や煙となって空気をただようが、それがどこまで毒であり、どこからが安全かは、とても曖昧《あいまい》である。

また、目が見えなくなり、皮膚が赤くただれ、胸をかきむしりながら死んでいくというような、人間性を否定する残虐なイメージの強い毒ガスは、同じように非人道的な兵器という強烈な批判を受けてきた核兵器よりも、はるかに容易につくることができる。例えば、オウム真理教のサリン事件のように、何棟かの「サティアン」をつくれば、一国の心臓部に打撃を与えることも可能なのである。つまり、国際世論から隠れてつくることができるという意味でもまた、つかみどころがないのである。

第二節で述べたように、隠されるがゆえに、あるいは隠しやすいがゆえに、毒ガスは、世界史に頻繁に登場する列強よりも、その統治・侵略の対象になったモロッコやエチオピアや中国のような地域で繰り返し、しかも、残酷な形で使用された。第一次世界大戦の化学戦争は、戦後、さらに世界化学戦争の様相を強くする。さらに、中国の残留毒ガスが多くの中国人の健康と、ひどい場合は生命を奪い続けていることからも、いつどこで毒ガスの被害を受けるのか見当をつけることはじつは難しい。一九六九年七月八日、米軍が統治下の沖縄のゴザ市の軍事基地に、ベトナム戦争で使用するため秘密裏に備蓄していた毒ガス（サリンやマスタードガス）が漏洩して軍関係者二四名が中毒症状を訴え、それを知った近隣住人が再発を阻止するために、島ぐるみの毒ガス撤去運動へとつながっていったという事件も、毒ガスの性質をあらわす典型例といえよう。毒ガスの観点からすれば、まさに第一次世界大戦は「未完の戦争」にほかならなかった［小関 二〇一四、三頁］。

さらにいえば、第三節で述べたように、毒ガスは、状況に応じては農薬や殺虫剤として、自分たちの利益のために使用することができる。環境に応じてあらゆる顔を使い分けることができる毒ガスという物質は、核兵器と原子力発電所の核エネルギーのデュアルユース（二重利用）の問題と似て、いやそれ以上に多重人格的に振る舞う。人道的か非人道的かという単純な枠組みではそれらの特徴をつかみ損ね、拡散をとめられない。そこにこそ、毒ガスや核兵器が、二十世紀の歴史に散発的に、しかし決定的な場面で登場する理由がある。

世界化学戦争がもたらした生存条件、つまり、人間そのものよりも、人間と人間の間を充たす「空気」が、すでにテクノロジーによって非人間的に統治されている現実のなかで、私たちはもはや人間の人間性をいくら高めても、人道的な行為がどれほど多くの人間を救っても、空気が管理されている以上、根本的には世界が変わらない事態に陥っている、といえよう。「空気」をいかに戦略的に醸成し直していくか、毒ガスと農薬の歴史から学ぶべき教訓は、この問いに収斂《しゅうれん》していくように私には思えるのである。

◆参考文献

［荒井 二〇〇八］ 荒井信一『空爆の歴史――終わらない大量虐殺』岩波新書
［粟屋編 二〇〇二］ 粟屋憲太郎編『中国山西省における日本軍の毒ガス戦』大月書店
［クロスビー 二〇〇四］ アルフレッド・W・クロスビー（西村修一訳）『史上最悪のインフルエンザ――忘れられたパンデミック』みすず書房
［小関 二〇一四］ 小関隆「総説」（山室信一・岡田暁生・小関隆・藤原辰史編『現代の起点 第一次世界大戦』第四巻、岩波書店）一〜三〇頁
［スローターダイク 二〇〇三］ ペーター・スローターダイク（仲正昌樹訳）『空震――テロの源泉にて』御茶の水書房
［瀬戸口 二〇〇九］ 瀬戸口明久『害虫の誕生――虫からみた日本史』ちくま新書
［瀬戸口 二〇一四］ 瀬戸口明久「空間を充たすテクノロジー」（前掲『現代の起点 第一次世界大戦』第二巻）二一一〜二一三頁
［タッカー 二〇〇八］ ジョナサン・B・タッカー（内山常雄訳）『神経ガス戦争の世界史――第一次世界大戦からアル＝カーイダまで』みすず書房

［常石 二〇〇三］ 常石敬一『化学兵器犯罪』講談社現代新書
［深澤 二〇〇六］ 深澤安博「リーフ戦争におけるスペイン軍の空爆と毒ガス戦――「空からの化学戦」による生存破壊戦略の初の展開か」（『茨城大学人文学部紀要 人文コミュニケーション学科論』第一号）五五〜八七頁
［藤田 一九六九］ 藤田久一「大量破壊兵器と一般市民の法的保護(二)」（『金沢大学法文学部論集 法学編』第一六号）一〜八八頁
［藤原 二〇一二］ 藤原辰史『カブラの冬――第一次世界大戦期ドイツの飢饉と民衆』人文書院
［ボカ編 二〇〇〇］ アンジェロ・デル・ボカ編（高橋武智日本語版監修・関口英子ほか訳）『ムッソリーニの毒ガス――植民地戦争におけるイタリアの化学戦』大月書店
［細野 一九四九］ 細野重雄「除虫菊の輸出競争力」（『農業総合研究』第三巻第四号）二二一〜四〇頁
［宮田 二〇〇七］ 宮田親平『毒ガス開発の父 ハーバー――愛国心を裏切られた科学者』朝日新聞社
［山室 二〇一四］ 山室信一「シリーズ総説 世界戦争への道、そして「現代」の胎動」（前掲『現代の起点 第一次世界大戦』第一巻）一〜二八頁
［吉見 二〇〇四］ 吉見義明『毒ガス戦と日本軍』岩波書店
［ロバン 二〇一五］ マリー＝モニク・ロバン（村澤真保呂・上尾真道訳）『モンサント――世界の農業を支配する遺伝子組み換え企業』作品社
［Chickering 2007］ Chickering, Roger, *The Great War and Urban Life in Germany, Freiburg, 1914–1918*, Cambridge University Press.
［Kunz und Müller 1990］ Kunz, Rudibert und Rolf-Dieter Müller, *Giftgas gegen Abd el Krim, Deutschland, Spanien und der Gaskrieg in Spanisch-Marokko 1922–1927*, Freiburg, Verlag Rombach.
［Russell 2001］ Russell, Edmund, *War and Nature, Fighting Humans and Insects with Chemicals from World War I to Silent Spring*,

Cambridge University Press.

[Sloterdijk 2002] Sloterdijk, Peter, *Luftbeben, an den Quellen des Terrors*, Frankfurt am Main, Suhrkamp Verlag.

[Tucker and Russell 2004] Tucker, Richard P. and Edmund Russell (eds.), *Natural Enemy, Natural Ally, Toward an Environmental History of War*, Corvallis, Oregon State University Press.

第一次世界大戦中ドイツでの戦時支援と女性の地位

姫岡　とし子

はじめに

戦争は、人類最大の人災である。しかし、その直接的な影響が銃後を含めて主戦国の国民全体におよんだのは、総力戦となった第一次世界大戦がはじめてであった。この戦争では、ドイツの餓死者が七六万人に達するなど、前線で武器をとって戦った兵士だけではなく、多くの民間人も死亡し、戦災が銃後の日常生活を直撃することになった。

開戦直後から銃後の生活環境は激変したが、その影響を最も大きく受けたのが女性、とくに子どもや老親の世話をしている主婦や妊産婦であった。稼得者である夫の出征によって生活基盤を剝奪され、失業や物価上昇によって生活は困窮し、食糧品や燃料をはじめとする生活必需品が欠乏して入手が困難になり、パンを求めて長蛇の列に並ぶために多くの時間を費やし、仕事と家庭の両立に苦慮し、そのうえ、不在である夫に代わって一家の長として役割も果たさなければならなかったため、経済的にも精神的にも大きな苦労を強いられることになった。さらに、短期決戦のもくろみが崩れて戦争が長期化すると、軍需物資の増産のために、出征した男性の代替労働力として生産現場に動員され、道路工事や炭鉱の坑内労働、また重工業部門での旋盤など、従来は女性労働者保護法によって禁止されていたり、男性の占有領域とみなされたりしていた労働も担当するようになった。

戦争による生活環境の変化とそれに起因する困窮や苦難に対しては、国家や自治体、また民間から、物心両面で様々な支援がおこなわれた。それは、現在、自然災害時におこなわれている公的また民間による救援活動と多くの点で類似している。ただし、第一次世界大戦時に支援活動に携わった人たちにとって、その活動はあくまで祖国への貢献であり、祖国の勝利のために銃後の生活を安定化させて兵士の憂いをなくすという目的のためにおこなわれたのであって、自分たちの活動を「戦災＝災害支援」ととらえることができたのは、もともと反戦の立場を表明していた社会民主党や急進自由主義者のなかのきわめてわずかな人たちだけだったと思われる。また現在の災害時の救援活動とは異なり、当時は、公的な支援の方針、またその規模や範囲を決定したのは政策担当者である男性で、現場での実際の支援活動は女性が担当する、というヒエラルヒー的な分担がおこなわれていた。

戦時中の支援活動は、女性たちにとってはじめての経験ではない。十九世紀初頭のナポレオン戦争のときから、女性たちは、傷病兵の救護と看護、そして出征家族への福祉をボランティアとして引き受けてきた。一八六六年の普墺戦争の際には恒常的な市民的女性組織として「愛国女性協会」が形成され、赤十字の活動を担ってきた。しかし、第一次世界大戦中の支援活動は、その規模と支援範囲の両方で従来の活動とは桁違いに大がかりなものであり、しかも民間レベルの援助活動の範囲を超えて、戦時福祉の直接の担当者である自治体当局の不可欠の片腕として公的な福祉に協力したのである。こうした形での戦時福祉への参加は大半の女性たちにとって、はじめての経験だったが、その組織化を担当した女性運動は、十九世紀末から福祉の分野で多岐にわたるボランティア活動を活発に展開し、学校を設立して福祉の専門家を要請するなど、様々な実績を積み重ね、力量をつけてきた。こうした蓄積があったからこそ、女性運動は、第一次世界大戦中の大規模な支援活動の組織化と遂行という任務をスムーズに開始することができたのである。さらに女性運動は、戦争の後半における女性の生産労働への動員という任務も担当した。

本章では、開戦と戦争の長期化によって銃後を守った女性たちとその家族の生活環境がどのように変化したのかを踏まえ、そのうえで、その変化に女性運動がどう対処したのかを、自治体当局と連携しながらおこなった出征家族に対する支援活動や福祉と、軍部の意向に基づく女性の生産労働への動員、という二つの点を中心に考察する。

これまで女性運動と一括りにして論じてきたが、女性運動は、もちろん一枚岩ではなく、大きく四つの潮流に分かれていた。第一に、社会民主党系のプロレタリア女性運動。第二に、上部組織の「ドイツ女性団体連合」(以下、「連合」と略)に参集し、女性の地位向上と社会における「女性特有の力」の発揮をめざす自由主義系の市民的女性運動。第三に、階層横断的なカトリックの女性運動。第四に君主制あるいは福音派キリスト教に忠実な右派の市民的女性運動で、その一部は「連合」に加盟していた。これら四潮流の女性運動はすべて戦時の支援活動に参加していたが、本章では、それぞれが、どのような思惑をもって支援活動に参加していたのか、戦況や社会情勢との関連で、その活動がどう変化したのかについて明らかにしたい。

最後に、女性の戦争協力と女性の地位との関係について取り上げる。ドイツでは、終戦時の一九一八年十一月に勃発したドイツ革命によって女性参政権が導入された。女性参政権は女性の戦争協力への見返り、という説も一般には流布されているが、はたしてドイツの場合はどうだったのだろうか。

一　開戦と銃後の戦い

「女性祖国奉仕団」の結成――女性たちの「城内平和」

今日の戦争には女性の協力が不可欠であり、女性にふさわしい分野で祖国のためにつくす義務があると考えていた「連合」の会長ゲルトルート・ボイマーは、数多く存在する女性組織が個別に福祉活動をおこなうことを回避し、互いに連携しながら円滑かつ効率よく福祉事業を推進するために、開戦前夜の一九一四年の七月三十一日に「女性祖国奉仕団」(以下、「奉仕団」と略)を結成した。「奉仕団」は、出征家族が生活に困らないよう配慮し、生産現場で男性が抜けた穴を補充することを任務として、つぎのような重点課題を設定した。つまり、(1)安定した食糧供給の確保、(2)稼ぎ手が動員されるか、もしくは失業した家族に対する福祉、(3)女性に対する就業およびボランティア活動の斡旋、(4)情報の提供である[*JB des BDF* 1916:4]。「奉仕団」は、翌日の八月一日にはプロイセン内務省の認可を受け、自治体当局がおこなう福祉事業の片腕となって、現場での実務を中心に活動を展開する。

女性の地位向上をめざしていたボイマーや「連合」には、「奉仕団」の活動を通じて女性の力を社会に示すという狙いがあり、合わせて戦争への女性の協力と貢献が参政権の獲得につながることも期待していた。しかし、開戦を熱狂的に支持し、国民の一体感の達成に感激していたボイマーにとって何よりも重要だったのは、銃後の家族の生活に対する憂いをなくして兵士が士気を保ち続けられるようにすること、そして、それによって女性たちが祖国の勝利に貢献することであった。

「奉仕団」には、「ドイツカトリック女性団」など、「連合」の傘下にない組織も参加した。特筆すべきなのは、これまで女性の地位向上という点で共通の目的をもちつつも、階級闘争の観点から市民女性とは共闘してこなかった社会民主党系と労働組合の女性たちが、「連合」の協力要請に応じたことである。ルイーゼ・ツィーツのような開戦に反対していた女性も、慈善家ぶった態度を示すこともある市民女性におもな支援対象となる労働者層の女性に対する福祉を全面的に委ねたくないと考え、彼女たちに親身になって寄り添うために「奉仕団」に参加した。何よりも社会民主党系の女性運動は、労働者女性たちに、支援の受給は慈善行為を受けることではなく、彼女たちの権利であることを理解させたかったのである[Zietz 1915:6]。市民層の側でも、社会民主党系の女性運動や労働組合の協力があれば、労働者層に対する支援活動をよりスムーズに推進することができると考えて、また何よりも、ボイマーらが陶酔していた「ドイツは一つ」という挙国一致の心情の具体的な表現形態として、また「階級対立を解消して祖国のために一体化する」という理想の実現のためにも、社会民主党系の参加を歓迎した[*JB des BDF* 1916:26;Bäumer 1916:29f.]。

「はじめに」で述べた四つの潮流の女性運動のうち、三つは「奉仕団」に参加したが、右派系の諸団体は別個に活動した。十九世紀後半の戦争の際に赤十字の活動を担ってきた「愛国女性協会」は、傷病兵の救護と看護の課題を引き続いて担うとともに、福祉の分野でも自治体事業の一部を担う形で活動した。自治体のなかには、赤十字系の組織の協力しか受け付けなかったところもあり、そのような地域では、戦時支援への参加を望む女性たちの分裂を回避するために、「奉仕団」の結成は見送られ、赤十字系の組織が活動のイニシアティヴをとることになった。さらに「福音派女性支援団」も、独自に出征家族に対する福祉をおこない、「愛国女性協会」とともに負傷者の手当や看護も担当していた。

このように、四つの女性運動の潮流がすべて戦争中の支援活動に携わり、さらにその活動は、一方での、のちのヴァイマル連合を先取りするかのような社会民主党系と自由主義者と中央党系の「奉仕団」と、他方での右派系列の大きく二つに分かれ、ときに両者は競合することがあった。もっとも同じ「奉仕団」内でも三者の協力関係のあり方は地域によって様々で、社会民主党が活動した全三八地区のうち、市民的組織と共同での活動が二三地区、部分的な共同活動が一〇地区、単独でおこなっていたところが五地区であった［Zietz 1915：4f.］。さらに、支援活動をおこなう理由や、それにかけた思惑は、それぞれの政治的立場や女性解放に対するスタンス、愛国心の内容などによって異なっていた。それでもドイツの勝利のために銃後を支え、出征家族の経済的・精神的な負担の軽減のために支援するという点で、何はともあれ、政治的信条や宗派的な違いを超えた「城内平和」が達成されたのである。

銃後家族の生活環境の変化とその支援活動

「奉仕団」をはじめとする女性による戦時支援の最大の目的は、稼ぎ手が出征したり、あるいは開戦による経済構造の変化のために失業したりして、生活が困窮している女性たち、また生活環境の変化にとまどっている女性たちに、援助の手を差し伸べることにあった。その活動形態は、自治体の福祉業務に直接参加したり、あるいはそれと連携したりするものと、民間ベースで独自におこなうものの二種類があった。ここでは、「奉仕団」のモデルケースといわれたベルリン［Kundrus 1995：106］を例にとって、女性たちの活動と、支援の対象となった銃後家族の状況を概観してみたい。

ベルリンでは二三の納税区域のそれぞれに設置された「戦時扶助委員会」に対応する形で、同数の女性の「支援委員会」が結成された。この支援委員会は区域当局の出先機関のような役割を果たし、行政と地域住民とのパイプ役となったり、行政の窓口を代行したりした[Bäumer 1916a:4f.]。

稼ぎ手が出征して生活が成り立たなくなった家族には、家族手当が支払われた。これは、一八八八年二月に制定された「出征兵士家族支援法」によるもので、一九一四年八月四日に改定された金額は、一世帯当り妻が九マルク(冬期一二マルク)、十五歳以下の子どもは一人当り六マルクで、婚外子も、父親からの扶養が証明されれば、同様の金額を受給することができた。ただし、この金額では必要最低限の生活資金も賄い切れないため、自治体が追加の手当を支給している。その金額はベルリンのように国と同額のところもあれば、半額から三分の一しかないところもあった[*JB des BDF* 1916:15f.]。

この家族手当を受け取るためには、区域の役所に申請し、必要性に関する審査を受けなければならなかった。受給の可否は、市の参事を委員長とし、二人の市会議員と区長が所属する扶助委員会で決定されたが、市民権をもたない女性はこの委員会に参加できなかった[*Nationaler Frauendienst* 1915:7]。受給の認定に際しては、雇用者からの助成金、妻の収入、成長した子どもの収入など、手当以外の収入が考慮され、個々の状況に応じて公平な審査報告をおこなうのは大変な仕事であった[*JB des BDF* 1916:20]。

開戦直後から十月半ばまで、支援委員会を訪れ、助言を求めた人の数は毎週二万五〇〇〇人にものぼり、その後も、その数が著しく減少することはなかった[*Nationaler Frauendienst* 1915:11]。一九一四年八月にベルリンのある地区の支援委員会で一日に処理された案件はじつに三〇〇件を数えていた[Bäumer 1930:8]。多くの女性たちが今後の生活に不安をもち、何をすればよいのか、途方に暮れていたからである。逆に、生活環境の変化にとまどう女性に援助の手を差し伸べたい、あるいは祖国の役に立ちたいと考える女性たちも非常に多く、「奉仕団」には七〇〇〇人余りの女性がボランティア補助員として応募し、その他、協力関係にある諸組織からも人員が集まった。支援委員会でボランティアの援助業務に携わっていたのは、一〇〇〇人から一四〇〇人の女性たちであった[*Nationaler Frauendienst* 1915:6]。社会民主党や労働組合の女性たちも六〇〇人も参加していた[Zietz 1915:10]。支援委員会は、一日八時間、当初は日曜日にも二時間業務をおこない、その他、様々な会合も開催されたので、まさにボランティアたちは、フルタイムの職業に匹敵する活動をおこなっていたのである[*Nationaler Frauendienst* 1915:6]。

戦時支援は、金銭だけではなく物資の提供という形でもおこなわれ、ベルリンでは市の呼びかけに応じて多くの寄付金や救援物資が届けられた。「奉仕団」は、家族全体の収入や困窮の度合いを調査して、追加の家族手当や現物支給の分配の仕事も担った。その際に靴や衣料品などはしばしば修理してから配っていた。しかし、こうした支援だけでは必要最低限の生活さえできない出征家族が多かったので、家賃補助も導入され、一家の収入金額に応じて家賃やその一部が家主に直接支払われることになった。その審査も「奉仕団」が担当していた。また彼女たちは、家賃を滞納している賃貸人の代わりに、支払いの期限の延長の交渉もおこなった[*Nationaler Frauendienst* 1915:8]。

開戦後の経済生活の混乱も、下層民を中心とする住民の困窮に拍車をかけた。熟練工の軍への召集によって多くの企業が生産休止に追い込まれ、また女性の多い繊維産業が戦時経済への転換によって生産縮小に追い込まれたため、女性を中心に失業者が急増した(**表1・表2**参照)。ベルリンでは、市による特別の失業者扶助が実施され、失業保険手当のほかに困窮者には週に四~五マルクの支援金が支払われた。「奉

表 1　開戦前後の女性失業率

年	月	失業率(%)
1914	6	2.6
1914	7	3.4
1914	8	32.4
1914	9	20.9
1914	10	18.5

出典：[Lorenz 1928]S. 328.

表 2　就業者数の推移　(1914年 6 月＝100)

年	月	女性	男性	総計
1914	6	100.0	100.0	100.0
1914	10	80.6	71.8	74.9
1915	1	85.3	72.3	76.8
1915	10	96.4	65.7	76.5

出典：[Bajohr 1979]S. 104.

仕団」は、この援助を申請した人たちに対する調査の任務を担当したが、彼女たちがかかわった申請事例に関しては、その他の案件に関してはもてなかった可否を決定する投票権が与えられた[*Nationaler Frauendienst* 1915:9]。

それでも生活に必要な最低限の収入を確保できなかった失業者家族が多かったため、そうした人たちには、食糧切符やその他の現物が支給された。さらに「奉仕団」は自治体の女性労働者に関する委員会と協力し、女性労働者の失業対策として、労働組合をはじめとする労働関係諸団体、カトリック・プロテスタントの両宗派組織、福祉団体、繊維問屋組合など計一八の組織と個人二八人と協力して、一九一四年の八月末に雇用創出グループを結成した。九月初頭から「女性失業者のための仕事」というふれこみで各地に作業場が設置され、軍や救貧用の衣料品がつくられた。週の賃金は七〜八マルクで、それに温かい昼食がつき、彼女たちはかろうじて最低限の生活費を稼ぐことができた[*Nationaler Frauendienst* 1915:28–30]。

食糧不足は、戦時中の銃後に対する最も激しい攻撃となった。藤原辰史『カブラの冬』[藤原 二〇一一]で詳しく述べられているように、海上封鎖による食糧輸入の大幅な縮小と不作との二重の打撃、さらに政府の無能な食糧政策も加わって、国民は飢えに苦しめられることになる。その結果、食糧暴動が頻発して厭戦観が高まるなど、ドイツの内部崩壊を招く原因となった。

短期決戦を見込んでいた政府は、当初、食糧問題をそれほど深刻に考えていなかった。「奉仕団」も当初は、食糧価格がうなぎ上りに上昇することは予測していなかったが、それでも価格上昇によるパニックが引き起こす食糧市場への悪影響対策として当局が価格統制などの措置を講じる場合には、これに全面的に協力するつもりであった［*JB des BDF* 1916:4］。

食糧価格は、買占めや売惜み、輸送網の変化などによって開戦直後から上昇し始め、人々は不安に駆られるようになった。また「奉仕団」は、価格上昇が、とりわけ資産のない人々の生活に重くのしかかることも懸念していた。そのため「奉仕団」は、食糧問題に関しておもにつぎの二つの点で活動した。

一つは、先に述べた要支援者への物資提供の際に食糧品を供給することだった。その財源としては、戦時福祉基金に寄せられた募金や市の予算が使われている。支援の対象となったのは下層を中心とする幅広い人たちであったが、彼女たちは、弱者に配慮し、食糧状況が厳しいなか、病人、子だくさんの出征家族、息子が出征している高齢の母親たちに配慮するなど、人道的な見地を重視して供給している。妊産婦福祉にも力を注ぎ、産後のケアを引き受け、また「奉仕団」に参加していないじつに様々な団体や企業と連携をとって、例えば病人や小さな子ども、妊産婦などがとくに必要とするミルクについては、彼らが「奉仕団」のチケットを渡せば、無料で入手できるようにしていた［*Nationaler Frauendienst* 1918:22–24］。提供方法としては、競争力のない小売店も支援できるよう、切符を渡して現物を小売店から入手させたり、切符が悪用されないよう、スタンプを押して本人しか使えないようにしたりするなどの工夫をこらしていた。非常にささやかな試みだったとはいえ、このような形で闇市場にも抵抗していたのである。

また自分たちの基金からも独自に食糧切符や民衆食堂での食券を配ったりした。民衆食堂は、もとは貧民救済のための慈善事業の一環として登場したものであり、十九世紀後半の工業化の過程では都市への移住者にも利用されていたが、戦時中にその数が増え、戦時食堂とも呼ばれていた。当初は、援助される側も食券より現金が欲しいとか、あるいは女性が家で調理すべきという見解が強くて、この食堂はあまり人気がなかった。しかし、一九一六年秋には全食糧品の配給が導入され、食糧入手が困難を極めるなかで、「奉仕団」による食糧品供給も減少し、支援の重点が戦時食堂に移行していった。この食堂の運営には、自治体、企業、様々な協会がかかわり、女性協会は、資金面での協力はもちろん、とくに多くのボランティア調理担当者などの人材を提供していた［*JB des BDF* 1916:63-65］。

もう一つは、啓蒙活動である。「奉仕団」は、開戦後まもなく食糧問題について啓蒙活動をする必要性を把握していたが、不安をあおらないようにとの考えから、開始したのは一九一四年の十月の末であった。「連合」の幹部女性たちは、食糧問題は台所という主婦の城での日頃の仕事の成果を問うものであって、勝利に貢献するための主婦の腕の見せどころであると考えて、熱心に活動を展開した。というのも、彼女

戦争パン〔じゃがいもを混入〕を食べよ
じゃがいもは皮をつけたまま調理せよ
ケーキを買うな
賢く、油脂を節約せよ
蒸し器を用いて調理せよ
戦争料理本を使って調理せよ
戦争の勝利に助力せよ

▲図１　「戦争と台所」(Krieg und Küche)のポスター
［*Nationaler Frauendienst* 1915：40f.］

たちは、食糧問題はたんなる台所の問題ではなく、国民経済を左右する、戦争の帰趨《きすう》にかかわる問題だととらえていたからである[Bäumer 1916c:195]。その精神の表れが、ベルリンの「奉仕団」が作成した、台所に貼るためにつくられた「戦争と台所(Krieg und Küche)」というポスターで、数多くの啓蒙活動のなかでも、とりわけ効果的だったという。ここには、すべてKという文字が入っている標語が並んでいた(前頁**図1**参照)。

啓蒙活動ではとくに、消費者に買いだめをしないように呼びかけたり、食品の一部を無駄に廃棄しないよう全部使う手立てを指導したり、代用食品や栄養学に関する知識を授けたり、蒸し器の使用を促したり、新しいレシピを提供して調理講習会を開催したりした。さらに女性たちに日常生活と国家との関連を理解させ、彼女たちが国民として自覚をもつことを望んでいた「連合」の幹部たちは、食糧問題の啓蒙において、たんなる実用的な知識を授けるだけではなく、主婦の買い物の仕方と価格上昇との関係や食糧供給に関する国民経済的な状況を説明し、理論面での啓蒙活動も展開していた[Bäumer 1916c:194–204]。

二　軍需生産への女性の動員と福祉

軍需生産への女性の動員

戦争の長期化によって軍需物資への需要が高まるなかで、一九一六年十一月に新設された戦時庁が軍需生産全般を統括するようになり、さらに同年十二月には「祖国勤労奉仕法」が採択されて、ドイツの労働力は根こそぎ生産現場に駆り出されていく。勝利のための大幅増産を至上課題とする軍最高司令部は、性別役割分担の原則を無視してまで、男性だけではなく女性にも就労を義務づけることを求めたが、家庭が混乱するなどの理由で、結局女性は労働義務の対象とはならなかった。軍備増強を最優先する軍部と、戦争という非常事態を考慮しつつも、女性性、すなわち「女性の本来の課題」の維持を重視する民事関係者との間では、女性労働に関して温度差があったのである。祖国に対する女性の忠誠心と女性の力を示し、男性と対等に祖国に奉仕したいと考えていた「連合」は、男性と同じ義務が与えられることを望んでいたが、その決定がなされなかったときに、遺憾に思うとともに、「女性は強制されなくてもドイツの防衛力と経済的な抵抗力の強化に貢献しうる、いかなる労働にも就く用意がある」と訴えて、女性の生産労働への動員に全面的に協力する[Altmann-Gottheiner 1918:10]。

戦時庁も、女性の動員のためには女性の協力が必要だと考えて、早くも一九一六年十一月に庁内に、(1)女性による女性の動員、(2)女性による生産力の著しい増強、(3)身体と生活の保護と出産能力の保持、を課題[Lüders 1936:119]として、「女性部」と「女性労働中央本部」を設けた。各地の軍司令部の戦時庁事務所にも、「女性部」「女性労働本部」、さらに「女性労働登録事務所」が設置された。その職務には、女性労働や福祉の分野で長年活動し、実績を残してきた女性たちが任命された。総責任者には、「連合」の活動家で、社会労働の分野で長年の実績をもつマリー・E・リュダースが就任した。彼女をはじめ、女性運動関係者は、女性を生産労働力として動員し、労働意欲を高めて安定的に就業させるためには、男性を基準とした就労のさせ方では機能せず、女性の視点の導入が不可欠だと考えていた。そこでは、女性の身体的な独自性や職業的な適性、従来の仕事や受けてきた職業教育の考慮、そして何よりも子どもの世話や女性にふさわしい労働環境の整備といった福祉が重視された。リュダースによれば、「就労斡旋と福祉組織との密接な連携がなければ、両方ともその効果が著しく制限された」[Lüders 1936:120]のである。

「祖国勤労奉仕法」の施行前後の時期は、女性労働の転換期となり、女性労働は急激に増加し、製鉄・金属・機械・化学など以前は男性の占有領域だった職場に進出して(**表2**参照)男性労働を代替する(**表3**・**表4**参照)とともに、軍需分野での需要の高まりに応じて繊維など他領域から経験者の移動がますます求められるようになっていた。この女性労働者のなかでも目立ったのは、二十一歳以上の女性の増加で(**表5**参照)、その多くが既婚で子持ちであった。彼女たちの就労理由は、何よりも、食糧品価格をはじめとする物価高騰に苦しみ、家族手当だけでは生活が維持できないことにあったと思われる。食糧危機のなかでの軍需労働者への食糧品の優先的配給や企業が闇価格で仕入れて従業員に供給する社内食堂での食事も、大きな魅力となった。就業理由が収入の増加であるため、家族手当からの稼得分の減額については、就労者の確保にマイナスに作用すると考えられ、結局、収入の半分は差し引かれずに手元に残ることになった。

工場福祉と女性専門職の拡大

既婚の女性労働者の増加による家庭と職業の両立、男性中心の職場への女性の進出による女性用施設や衛生環境の整備、通勤手段の確保など、就労関係でも、日常の家庭生活関連でも、福祉の課題は山積であった。それにもかかわらず、女性労働者の獲得業務が福祉から切り離され、女性労働者の就業にあたって必要な託児所、保育園、幼稚園、女性労働者用寄宿舎、福祉仲介所などの予算は認められず、リュダースが独自に財源を確保するなど、彼女は就労者の確保と福祉の連携に苦労させられることになった[Lüders 1936:107–109]。しかし、それでは女性の労働能力の維持と向上という課題は成就されないため、一九一七年の六月にようやく、「女性労働相談所」や「福祉仲介所」も戦時政策の一環だとみなされるようになって戦時庁に統合されたが、今度は、女性が指導権を発揮することに不快感を覚える軍幹部の干渉と抵抗が大きかった。とはいえ、労働斡旋や福祉、ましてや女性の福祉に不慣れな軍指導部は、結局のところ、「権限」よりも「事態」を優先せざるをえなくなり、最終的には、女性福祉関連の指揮を戦時庁の新たな女性の同僚に委ねることになったのである[Lüders 1936:121]。

こうした女性でなければ問題は解決できないという必然性に後押しされる形で、女性のキャリアへの道が開けていった。女性の活動が軍務の一環として正式に承認され、確固たる財政的基盤と権威を獲得したのである。各地の戦時庁事務所の「女性部」および「女性労働本部」のもとには、一九一七年十月までに五〇余りの「女性労働支部」や約四五〇の「福祉仲介所」が設置され、ベルリンの中央本部の指示に従って各地で女性就労者の確保と福祉にかかわる業務を連携させながら担当した。そこで働く女性の数は、一九一八年一月には約一〇〇〇人にのぼり、幹部クラスには、高等教育を受けて実務経験が豊富、しかもその多くが市民的な女性運動で指導的な役割を担っていた女性が就任した[Gersdorff 1969:25]。彼女たちが推進した福祉業務は、つぎのようなものであった。⑴農業労働者福祉、

表 3　就業者数の推移　(1914年 6 月＝100)

年	月	女性	男性	総計
1916	10	104.4	62.2	77.0
1917	4	109.9	60.1	77.7
1917	12	118.5	60.3	81.7
1918	10	116.0	60.2	80.1

出典：[Bajohr 1979]S. 104.

表 4　産業別女性就業者数の変化(労働者比率，1917年10月 1 日現在)

(1914年 6 月 1 日＝100)

	女性	男性	総計
製鉄・金属・機械	476.1	95.5	118.4
電機	480.5	84.0	145.1
化学	450.7	117.4	155.6
繊維	73.73	33.8	54.8

出典：[Oppenheimer und Radomski 1918]S. 23.

表 5　年齢別女性労働者の増加

女性労働者の年齢	1913年	1917年	増加率 (%)
14歳以下	1,179	1,486	24
14～16歳	89,782	103,368	15
16～21歳	290,529	463,296	60
21歳以上	406,597	824,053	103

出典：[Lüders 1936]S. 85.

(2)工場労働者福祉、(3)住居・交通福祉、(4)子ども福祉、(5)食糧福祉、(6)ソーシャルワーク補助員の獲得と研修[Lüders 1936:123f.]。

さらに、軍との関係が深く社会福祉の経験も豊かな愛国女性協会、福祉を中心とする市民的女性協会や宗教的女性協会など、計三六の女性協会が、皇妃の後援のもとで「戦時女性労働のための国民委員会」を結成し、戦時庁の「女性労働中央本部」の指揮のもとに、各地の戦時庁関連の女性部署と密接に連携しながら、女性の労働動員とそれを可能にする福祉業務を推進した。「国民委員会」で活動した女性たちは、ボランティアだったが、福祉に対する要求が高まるなかで、専門的な職業人としてこの課題を果たす女性たちが必要になった。母親教室や授乳所、託児所や幼稚園などの福祉施設は大幅に増え、そのうちの多くが戦時庁による提案で新設され、またその補助を受けていた。またそれらの施設で働いたり、それ以外の業務を担当する福祉員の数も著しく増加し、戦時庁が全面的あるいは部分的にそのコストを負担していた女性もかなりの数いたのである[Lüders 1936:205f.]。

もう一つ、戦時中に飛躍的な拡充が実現されたのが工場福祉員である。社会福祉の専門教育を受けた女性を企業内に工場福祉員として任用し、現場の工場監視員や上司の仕事にも目配りしながら女性労働に悪影響をおよぼす弊害を除去する、という構想自体は戦前から存在していたが、経営者の同意を得られず、その数二〇人止りであった。しかし、女性の就労環境の改善を求める「女性労働中央本部」は、工場福祉委員による監督を重視して、経営者に工場福祉員の導入を勧告した。そして戦時庁も、とりわけ国家と軍の管轄下にある企業にその導入を要請したのである[Altmann-Gottheiner 1918:15–17; Gersdorff 1969:186–187]。その結果一九一八年四月には、その数は約六〇〇人、十月には九〇〇人余りに達し、その大部分は戦時庁によって設置された四〜八週間の工場福祉員養成コースを受講していた。受講の対象となったのは未経験者ではなく、福祉の分野で豊富な実践経験をもつか、あるいは福祉の専門学校で学んだ経験をもつ女性たちに限定されていた[Lüders 1936:124, 188;Altmann-Gottheiner 1918:16]。

女性たちによる戦時中の福祉活動は、前半は環境の変化にとまどったり、困窮したりしていた女性たちにボランティアで援助の手を差し伸べる、という形が中心だったが、「祖国勤労奉仕法」の制定以降は、女性の就労拡大のための福祉に重点が移った。戦時庁という軍の中枢部に女性労働が組み込まれたために財政基盤が整い、至上課題である生産増強につなげるために、より高度な業務を遂行できる職業的な担当者が求められるようになって、福祉の専門化と職業化が急速に進んでいった。前半期の福祉活動では、祖国のために役立ちたいという一心でボランティア活動に参加した女性は非常に多かったが、「女性祖国奉仕団」の活動過程で、もっとも戦力になるのは女性運動で経験を積んできた女性たちや、福祉の専門教育を受けた女性たちだという報告がなされていた[*JB des BDF* 1916:20]。それゆえ質の高い専門家に対する需要増大に応えるために、「連合」の活動家たちは、数多くの養成講座を開催し、短期の速成講座だけではなく、もっと長期的な見通しに立った専門機関も開設したのである。

こうした対応が迅速かつ的確におこなわれたのは、市民的女性運動を中心に女性たちが福祉の分野で長年、自律的な活動を積み重ね、専門家養成もおこなってきた、という実績があったからである。戦時中は、まさに「女性の女性による女性のための福祉」がおこなわれ、多くの女性たちがその恩恵を受けるとともに、福祉活動をした女性たちも、そのなかで専門知識や交渉能力を身につけ、職業人として成長していった。第一次世界大戦は、女性の福祉活動にとって決定的な転機となり、その後は、社会的援助活動という性格は薄れて、専門職として営まれるようになる。

三　法的な問題

自治体の審議委員会への女性の進出

戦時の福祉業務に関する決定をおこない、遂行を指示したのは、自治体の行政機関であったが、選挙権のない女性には、自治体政府や議会はもちろん、その下に設けられた様々な審議委員会や委員会への選出も認められていなかった。[1]自治体と「奉仕団」をはじめとする女性組織は密接に連携して活動していたにもかかわらず、女性は決定権のある審議委員会の構成員になれないため、決定は男性、女性は実務というヒエラルヒー的な役割分担のもとで、福祉が遂行されたのである。しかし、こうした活動形態には、様々な制約がつきまとった。というのも、市の戦時委員会に「奉仕団」の幹部が一人入っていれば、スムーズに両者が提携できたはずなのに、そうでないため、当局側の決定や女性側の要望を伝えるのに特別の伝達業務や請願書の執筆、また会合が必要になったからである[*Nationaler Frauendienst* 1915:16]。

他方で、福祉分野における女性の協働の必要性を認識しながら、開戦以前は審議委員会への女性の選出を拒否してきた自治体のなかで、超法規的に女性を参加させる都市も少ないながらでてきた。戦時庁女性部の総責任者となったリュダースは、これについて、燃えている家で人が助けを求めていたら、「救助しようとする人が家に突入する法的権利をもっているかどうかは問わない」と形容している[Lüders 1936:59]。まさに、基幹となる部署での女性の協力がなければ、戦時福祉の遂行に大幅に支障をきたすと考えられたからであろう。例えば、アルンスバハ、カッセル、オスナブリュックなどでは、家族手当支給の是非を決定する「援助委員会」に、フライズィングやノイケルンでは「福祉委員会」に、その他、様々な都市で家賃や食糧問題、価格審査、負傷者などに関する委員会に女性が構成員として加わるようになった［*JB des BDF* 1916:20］。まだ非常に微々たるものだったとはいえ、女性に対して、これまで閉ざされていた都市行政の門戸を開くようになったのである。その評価は、「女性構成員と男性の同僚との協働は非常にうまくいった」［*JB des BDF* 1916:30f.］という声が聞かれたように、主として好ましいものであった。

この門戸の開放には保守系を中心に抵抗も強かったが、それでも、戦争の長期化とともに何よりも女性を抜きに課題の遂行は困難だと認めざるをえなくなったため、少しずつ進んでいった。他の邦とは異なり救貧関係の委員会にも女性が参加できなかったバイエルン邦が、一九一六年一月に法律を変更して女性委員を認め、同年初めには、多くの自治体が価格審査や食糧品関連で女性を委員会へ招聘するなど、必要とされる委員会には非常時の例外として女性が参加するようになった。一九一六年五月に食糧危機の解決のために国家機関として設立された戦時食糧庁にも、おもに啓蒙活動を担うために女性が参加した。

首都ベルリンでは、市議会のイニシアティヴで、戦時関係に限定せずに審議委員会や基金運営機構に女性を参加させようという議論が議会で開始され、決定権をもつ参加こそ法の壁に抵触するため実現されなかったが、助言権での参加が可決された。さらに、この壁を除去して、女性が対等な構成員として審議委員会に参加できるよう、プロイセン政府に市の条例変更を促す動議も可決された。プロイセン議会でも真剣に議論され、これが選挙権へとつながっていくことを怖れる保守系の議員を除いて、その他の政党はこの提案に賛成したのである［*JB des BDF* 1918:20–24; Baum 1918:57］。

こうして法律の枠内で、あるいはその制限を超えるような形で、ドイツ帝国の多くの自治体の審議委員会で決定権をもつ、あるいは助言権だけをもつ女性構成員が増加していった。これは、とりもなおさず戦時中に示した女性の活躍の成果であり、福祉、教育、青少年、衛生、食糧、就労などの分野で、女性の協働なくしては課題が解決できないと認められるようになった結果である。とはいえ、こうした女性の進出は、それ以上の権利獲得につながる動きにはならず、社会民主党の女性運動の機関誌である『平等』の表現によれば、「女性の自治体選挙権さえ要求せず、完全な法的平等など、とんでもないもので……中途半端な継《つ》ぎ接《は》ぎ細工にあまんじていた」［*Die Gleichheit* 27. JG. Nr. 13:85］にすぎなかった。それでも社会民主党も「連合」も、これを今後の女性の権利拡大を展望できる一歩だと評価していたのである。

女性賛成権要求と女たちの「城内平和」の崩壊

穏健な自由主義者が幹部を掌握していた「連合」は、女性参政権の獲得を大きな目的としながらも、それを表立った権利要求として掲げることはなかった。それよりも彼女たちは、分野は異なるけれども女性が男性と対等に祖国のための義務を果たし、公的な事柄に十分に対処し貢献できるだけの能力を示すことを重視し、その結果として参政権が授与されることを望んでいた。彼女たちは、「女性の戦争参加によって公民意識の芽生えが力強く表現されるという、歴史上、画期的なことが起こった」［Bäumer 1916d:264］と発言しているように、戦時中の女性たちの貢献を高く評価していたのである。

ところが、皇帝ヴィルヘルム二世は、一九一七年の復活祭に公布したドイツ国民の功績を称える勅書のなかで改革を謳い、選挙法の改正を約束したにもかかわらず、戦時中の女性の貢献についても、また女性参政権についても一言も触れなかった。「連合」の指導部は、社会改革が自動的に女性の法的地位の改善をもたらすわけではないことを思い知らされ、戦時中の女性の貢献が非常時の例外的なものにされてしまうことを危惧して、ついに公然と女性参政権を要求した。そして、一九一七年九月には、社会民主党の女性たちと協力し合いながら、運動を進めることを決定したのである。

この参政権問題をめぐり、開戦当初は対立や競合関係を抱えつつも表面的には協力してきた四つの女性陣営の間で亀裂が生じ、なかでも右派の女性たちと自由主義者を中心とする「連合」が激しく対立するようになった。第一次世界大戦以前には、右派の女性たちは、女性の使命は家庭で祖国への誇りと忠誠心をもてる子どもを育てることと主張する同じ右派の男性に抗して、福祉や教育など「女性の能力と経験」が生かせる場での女性の発言権を強化するために腐心した。彼女たちは、女性参政権には原則的に反対していたが、それでも内心では参政権を望んでいる女性もわずかながら存在したし、何よりも彼女たちは女性参政権の近い将来の導入はもはや阻止できない、と考えていたのである。

戦争の後期には、国民の間で不満や厭戦感が高まり、社会情勢は大きく変化する。食糧不足と物価騰貴に苦しむ労働者層の怒りの爆発として一九一五年の秋から散発的に起こっていた食糧暴動が、一六〜一七年の「カブラの冬」以降は全国各地で多発するようになり、さらに一七〜一八年にかけては工場でも自然発生的にストライキが頻発して、その要求は、食糧問題の解決から反戦や内政改革へとシフトしていった。左派陣営では一九一七年四月に「独立社会民主党」が結成されたことによって、封印されていた階級闘争的な要求が押し出されるようになっていた。

これとは正反対のドイツの支配圏拡大という形での「勝利の平和」をめざす右派の女性たちは、「女性はあくまで頑張り抜く」と宣言するとともに、反戦機運の高揚や内政改革による民主化の進展に対する危機感を強めていった。そんな彼女たちは、女性参政権を民主化要求と一体のものととらえ、国政はもちろん自治体レベルでさえも女性が選挙権をもつことに明確に反対したのである。右派のなかには、かつてはフェミニズム的な志向を見え隠れさせていた女性たちもいたが、内外の情勢が緊迫するなかで、彼女たちは「民主化に反対する政治的立場に女権的な立場を従属させる」〔Krukenberg 1917:55〕と述べて、女性の視点よりも政治的・階級的な立場を優先させるようになった。さらに一九一八年三月には、教区参政権を要求するなど、女性の発言権を高めるために「連合」に加盟していた「ドイツ福音派女性同盟」が、女性参政権反対を理由に「連合」を脱退し、以前は一線を画していた非常に保守的な女性観をもつ「福音派女性支援団」と結びつくようになった。右派の女性たちにとって、「勝利の平和」と女性参政権反対は「コインの両面」〔Süchting-Hänger 2002:119〕であり、女性に関する要求を戦前の段階より後退させても、民主化を断固として阻止しようとしたのである。

反戦による平和を求め民主化と女性参政権獲得を推進する社会民主党系、和解の平和を求め女性参政権を含めた内政改革を実現しようとする自由主義系、和解の平和は求めつつも女性参政権には反対のカトリック系、そして「勝利の平和」に固執して民主化の阻止のために女性参政権に反対する右派系、と外政および内政の両方で女性たちの見解は修復不可能に対立し、女性の「城内平和」は崩壊することになった。

女性参政権については、二十世紀初めから熱心に参政権運動を展開してきた「連合」の急進派が帝国議会に請願書を提出したのを皮切りに、一九一七年夏に帝国議会や邦議会で議題にのぼるようになったが、賛成したのは社会民主党と独立社会民主党だけであった。女性参政権導入に対して、保守党と自由保守党、それに中央党は基本的に反対し、国民自由党と進歩人民党は内部に賛否両論を抱えつつ全体としては好意的ではあったが、導入に関しては時期尚早という意見であった。「連合」幹部の多くは進歩人民党の党員であったため、彼女たちは党内の男性に少なくとも自治体レベルでは明確に要求するようにと、熱心に働きかけていた。地方レベルでは、女性参政権導入に前向きな勢力も少なからず存在したが、中央では一九一八年の半ばまで認められることはなかったのである。

一九一八年の十月に社会民主党を含む新内閣が発足し、連合軍がドイツの改革への圧力を強めるなかで、帝国議会やドイツ各地の邦議会で女性の選挙権に関する議論が活発におこなわれるようになったが、それでも、保守系はもちろん、中央党や国民自由党も最後まで反対し続けた。十一月四日の水兵の抗議運動に端を発して各地で結成された労・兵評議会(レーテ)は女性参政権要求を掲げ、彼らの権力掌握による革命の圧力が迫るなかで、ようやく中央党や国民自由党もこの要求を認めたのである。そして、十一月九日に新たに政権についた新政府は女性参政権の導入を宣言する。

おわりに

史上はじめての総力戦となった第一次世界大戦では銃後が第二の戦場となり、銃後を守る女性たちは、かつては経験しなかった規模で、また能力を問われる形での戦争協力を求められた。自治体当局と連携しながら、あるいは民間組織独自でおこなわれた戦時の支援活動には、政治的立場も宗派も女性解放に対する考えも異なる、非常に多くの女性がボランティアで参加した。その過程で女性たちには、祖国の勝利や困っている人たちのために役立ちたいという意欲や意志だけを頼りにするわけにはいかない、専門知識や経験、問題解決能力を求められる機会が増え、女性運動や福祉活動で実績をもち、専門教育を受けた女性を中心に、その期待に見事に応えていった。実際、自治体のおこなった戦時支援には、女性の活動が組織的に組み込まれ、女性の協力が不可欠の構成要素となっていたため、女性たちは社会的に活動したり能力を発揮したりする機会を大幅に増やすことができた。その結果、当初はボランティアの実働部隊だった女性たちが、その働きを認められて有償で雇用されたり、当初は市民権がないため参加不可能だった自治体の審議会や委員会に女性が必要とされて召集されたりするようになり、ひいては国家や軍の中枢機構に進出して指導力を発揮するようになったのである。

女性たちがかつては男性の占有領域だった地位や名誉ある任務や職務に登用されたのは、何よりも、女性抜きには物事が進展したり、問題が解決したりしなかったからである。女性の働きは、認めたくなくても認めざるをえず、必要とされるところでは、女性を登用せざるをえなかった。その意味で、戦争が契機となって活躍の機会を獲得したことにより、女性はキャリアへの道をこじ開けることができた。食糧危機がついには国体を揺るがすにいたるなど、戦災があまりにも大きく、国民全体が多かれ少なかれ、その影響を受けたことにより、また他方で勝利によって戦災から抜け出すための体制を構築するために、女性を含めたマンパワーが求められたのである。

ただし、女性の登用は、まさに必要性のゆえであって、女性の権利を承認しようとするものではなかった。銃後を支え、男性の代替労働力として軍需をはじめとする生産労働を担うという女性の働きに対しても、皇帝の復活祭勅書に象徴されているように、全体として、これに報いようという動きにはならなかった。それゆえ一九一八年十一月のドイツでの女性参政権導入は、女性の戦争貢献への報償ではないし、そのような説に諸手をあげて賛成する研究も存在しない。本章で確認したように、社会民主党と独立社会民主党を除くドイツの既成政党は、終戦ぎりぎりまで女性参政権の導入に反対あるいは時期尚早という考えであった。

女性参政権の導入は、直接的にはドイツ革命の結果だが、革命勢力の間で民主化には女性参政権が含まれるのは当然である、という見解は浸透していた。戦前の一九一二年段階で、すべての政党が女性の入党を認めるなど、進んでいた女性の政治化が戦争によって一層拍車がかかり、戦時の働きによって女性の能力も示すことができていたため、女性参政権導入への下地はすでに整っていた。ただし、それが権利として認められるには大きな壁が存在していた。その壁を、民主化勢力が壊したのである。

戦争を経ることで大きく変化したのは、福祉の分野での女性の活動である。「連合」は戦前からボランティア活動を通じて力量を蓄積し、専門教育も開始し、非常にわずかではあるが有償で就業する女性も登場していたが、この段階では、福祉の専門化と職業化は、ようやく発芽したにすぎない、という段階だった。その芽は、質の高い専門家が大量に求められた戦時の支援活動を通じて飛躍的に成長し、しっかりと根をおろしていったのである。そしてヴァイマール時代には、福祉職は資格取得が必要な女性の職業として公的に確立することになった。さらに戦前は民間の慈善活動を拒否して国家による社会政策の推進を唱えていた社会民主党が、戦時中の活動を契機にして、女性たちのイニシアティヴで「労働者福祉事業団中央委員会」を結成し、労働者が協力してその運営と実務を担当することになったのである。

災害救援の性格をもちあわせた戦時の女性たちの支援活動は、女性参政権という権利の獲得に直接的につながっていったわけではないが、戦前からの活動の発酵と熟成の期間を大幅に短縮する「触媒」〔Süchting-Hänger 2002:90〕の役割を果たし、女性の活躍の場を広げ、キャリアに肯定的な影響を及ぼし、女性の地位を向上させたことは確かである。

◆註

1　バーデン邦は一九一〇年から市の審議委員会に女性を選出しなければならず、ザクセン邦とヘッセン邦では、規定はされていなかったが、女性を参加させることはできた。その他の邦では、自治体条例で市民の代表としての審議委員会への招聘が選挙権所有者に限定されていたため、女性は構成員になれなかった。ただし、救貧委員会に関しては法的基盤が異なっていたため、女性の参加は違法にはならなかった［Baum 1918:53f.; *Die Gleichheit*, 22. Dez. 1916, 27. JG. Nr. 13, 39］。

◆参考文献

［北村 二〇〇六］　北村陽子「第一次世界大戦期ドイツにおける戦時扶助体制と女性動員——フランクフルト・アム・マインの事例」（『西洋史学』第二二一号）二三～四三頁

［姫岡 一九九三］　姫岡とし子『近代ドイツの母性主義フェミニズム』勁草書房

［藤原 二〇一一］　藤原辰史『カブラの冬——第一次世界大戦期ドイツの飢饉と民衆』人文書院

［Altmann-Gottheiner 1918］　Altmann-Gottheiner, Elisabeth, Die deutsche Frau im Jahre 1916/17, in: *JB des BDF 1918. Frauenaufgaben im künftigen Deutschland*, S. 7–30.

［Bajohr 1979］　Bajohr, Stefan, *Die Hälfte der Fabrik. Geschichte der Frauenarbeit in Deutschland 1914 bis 1945*, Marburg, Verlag Arbeiterbewegung und Gesellschaftswissenschaft.

［Baum 1918］　Baum, Marie, Die Zukunftsaufgabe der Frau in der Gemeinde, in: *JB des BDF 1918*, S. 49–68.

［Bäumer 1915］　Bäumer, Gertrud, Die Frauen und Krieg, in: *Kriegsjahrbuch des BDF 1915*, S. 2–8.

［Bäumer 1916a］　Bäumer, Gertrud, *Die deutsche Frau in der sozialen Kriegsfürsorge*, Gotha, Perthes.

［Bäumer 1916b］　Bäumer, Gertrud, Einkehr,　*in Weit hinter den Schützengrabern*, Jena, Eugen Diederichs,　S. 29–34.

［Bäumer 1916c］　Bäumer, Gertrud, Der Stand der Lebensmittelversorgung, in: *Die Frau*, Jg. 23, 1915/16, S. 195–204.

[Bäumer 1916d] Bäumer, Gertrud, Die Frau und die Weltpolitik, in: *Die Frau*, 23, S. 264–268.

[Bäumer 1930] Bäumer, Gertrud, *Heimatchronik während des Weltkrieges*, Berlin, Herbig.

[Gersdorff 1969] Gersdorff von, Ursula, *Frauen im Kriegsdienst, 1914–1945*, Stuttgart, Deutsche Verlags-Anstalt.

[*Die Gleichheit*]

Frauen in der städischen Verwaltung, in 27. JG. Nr. 6, 38–39.

Da Recht der Frau zur Mitarbeit in der Kommunalverwaltung vor dem Preußischen Abgeordnetenhaus I. II, in: 27. JG. Nr. 13, S. 85, Nr. 14, S. 91.

Das Aktionsprogramm der deutschen Sozialdemokratie, in: 28. JG. Nr.19, S.143.

[*JB des BDF 1916*] *Jahrbuch (JB) des BDF. Heimatdienst im ersten Kriegsjahr.*

Kriegsarbeit des BDFs, S. 1–11.

Organisation und Aufgaben der Kriegsfürsorge, S. 12–32.

Ernährungsfürsorge, S. 61–67.

[Krukenberg 1917] Krukenberg, Elsbeth, Konflikte. Stimmrechtsbetrachtungen, in: *Die Frau*, 25. Jg., S. 53–57.

[Kundrus 1995] Kundrus, Birthe, *Kriegerfrauen: Familienpolitik und Geschlechterverhältnisse im Ersten und Zweiten Weltkrieg*, Hamburg, Christians.

[Lorenz 1928] Lorenz, Charlotte, *Die gewerbliche Frauenarbeit während des Krieges*, Stuttgart/Berlin/Leipzig/New Haven.

[Lüders 1936] Lüders, Marie-Elisabeth, *Das unbekannte Heer. Frauen kämpfen für Deutschland 1914–1918*, Berlin, E. S. Mittler & Sohn.

[*Nationaler Frauendienst* (*NFD*) 1915] *Nationaler Frauendienst. Abteilung, Berlin, Kriegesjahr 1914–1915*, Berlin.

[*Nationaler Frauendienst* (*NFD*) 1918] *Nationaler Frauendienst/Settin, 3 Jahre Kriegsarbeit. 1914–1917*, Settin.

[Oppenheimer und Radomski 1918] Oppenheimer, Hilde und Hide Radomski, *Die Probleme der Frauenarbeit in der Übergangswirtschaft*, Mannheim, Bensheimer.

[Süchting-Hänger 2002] Süchting-Hänger, Andrea, *Das »Gewisse der Nation«. Nationales Engagement und politisches Handeln konservativer Frauenorganisationen 1900 bis 1937*, Düsseldorf, Droste.

[Zietz 1915] Zietz, Luise, *Die sozialdemokratischen Frauen und der Krieg*, Stuttgart, Dietz.

関東大震災と日ソ関係

——局地紛争の時代の災害

池田 嘉郎

はじめに——局地紛争のなかの災害

一九二三年九月一日に起きた関東大震災は、日本史の様々な面に影響をおよぼした。外交関係もその一つである。当時、日本と国交をもたず、イデオロギー的に対立していたソ連もまた、関東大震災(以下、大震災)の報に鋭敏に反応した。本章の目的は、ソ連が大震災にどのように対応したのかを分析することにある。

より大きな狙いとして、ソ連の大震災への対応を、同時代的な文脈のなかで考えてみたい。大震災が起こった一九二三年は、第一次世界大戦の余波がまだ残っており、とくにヨーロッパでは局地紛争が頻発していた。そのような情勢のなかで、ソ連は日本の災害をどのように受け止めたのだろうか。これが、本章の問題関心である。

先行研究において大震災は、一九二五年の日ソ国交樹立に先行する重要なエピソードとして取り上げられてきた。大震災に際してソ連が日本に支援提案をおこなったことが、両国の接近を促したというのが共通する評価である。小林幸男は、「関東大震災の激発も、偶然ながら日ソの接近を早める一つの契機となった」とした［小林 一九八五、一三八頁］。吉村道男も、ソ連の救援船レーニン号が日本当局により拒絶された事件を分析して、国交樹立をめざす日ソ両国は、同事件を可能な限り穏便に処理しようとする点で共通していたと指摘した。レーニン号事件は「日ソ国交回復の道を閉ざしたのではなく、かえって促進する役割を果したという積極的一面も認めざるをえないであろう」というのが吉村の結論である［吉村 一九九一、四五〇頁］。富田武も、ソ連による支援提案は「日ソ国交運動にはプラスに働いた」とした［富田 二〇一〇、三四頁］。

ソ連による支援提案が、日ソの交渉を活発化させたこと、日本国内でのソ連への好感をある程度高めたことは確かであり、その限りにおいて先行研究には同意できる。しかし、他方において、ソ連の支援提案が具体的な成果を生まなかったことも強調されるべきであろう。本章での分析が明らかにするとおり、そうした結果は、ソ連側がそもそも支援提案を実現しようとする十分な意図をもっていなかったことにおもに由来したのであった。この点で小澤治子が純粋に交渉ストラテジーの観点からソ連の援助提案をとらえたのは正当である［小澤 一九八七、七六頁］。

本章が研究の進展に寄与しうるとすれば、第一に、このソ連側の支援提案の狙いについて、おもに漁区・林区供与構想に即して分析したことである。第二に、大震災に対するソ連側の対応について、ソ連の公刊史料を体系的に用いて検討したことである。比較のために、亡命者新聞も利用した。ただし、ロシアのアーカイヴ史料は利用しておらず、これについては他日を期したい。第三に、従来簡単に触れられていただけであった、一九二三年夏の全露農業博覧会への日本人の参加について概観したことである［富田 二〇一〇、二一九〜二二〇頁］。

分析では、とくに第一の点に関連して、ソ連側の支援提案がもっていたアジテーション的側面が明らかにされるであろう。そのような側面が存在したことは、ソ連において大震災が、局地紛争や社会対立の延長線上でとらえられていたことをも意味した。大震災と国際情勢の関連をめぐるソ連の認識を理解することは、歴史のなかの戦争、それに災害についての我々の考察を深めることにもつながるであろう。

一　関東大震災の報道

『プラウダ』『イズヴェスチア』の報道

日本で大地震が起こったことは、対岸のウラジオストックでは一九二三年九月三日夕方には報じられた〔吉村　一九九一、四二六頁〕。首都モスクワでも、二日夜から三日には震災を伝える電報が届いていた[1]。四日、ロシア共産党中央委員会政治局は決定「日本について」を採択して、被災した日本勤労者の支援策を検討するよう人民委員会議(政府)に求めた。また、義援金が寄せられているが、どういう方針をとるべきかとの政府機関紙『イズヴェスチア』編集部ヴィレンスキーの問合せに答えて、支援アジテーションの実施を認めた〔Москва-Токио 2007:221–222〕。ヴィレンスキーは日本のシベリア干渉軍の撤兵交渉などにかかわった人物で、同紙の大震災報道を主導することになる〔Деятели 1989:384–385〕。

九月三日は月曜で新聞が休みであったので、モスクワでの大震災の報道は四日から始まった。同日、党機関紙『プラウダ』は一面の大見出しで「日本で恐るべきカタストロフ」「未曾有の地震、三〇〇万人が死亡」と伝え、東京の大半が崩壊、横浜も水没、大阪と神戸も甚大な被害と報じた。社会・政治情勢に関しては、東京に戒厳令がでたこと、天皇の安否がわからぬことなどが、断片的に伝えられた。ハルピン、北京、ウラジオストック発のニュースが中心であったが、当然のことながら情報は錯綜していた。地質学者のコメントや、日本の過去の地震についての解説も付された[Правда:9. 4. 1]。

『イズヴェスチア』も同日、一面トップで大震災を扱った。ヴェ・ヴェ(明らかにヴィレンスキー)署名の解説記事は、「この類のないカタストロフが日本自身、また東方の国際情勢にとってもつ経済的・政治的影響は、何が破壊され、何が残されたかが確認されたのちにはじめて判断できるだろう」とした[Известия:9. 4. 1]。

九月五日、『プラウダ』は「日本のカタストロフ」と題する社説を掲げ、国際政治的観点からの大震災の意義を説明した。「日本は世界支配をめざす闘技場における帝国的リヴァイアサンの一つであったのだが、一時的に活動停止に陥った」。「極東と太平洋」で、「アメリカ、中国、ソヴィエト・ロシア、それにイギリスが、新しい連合がつくられ始め、新しい相互関係が確立され始める、そうした時期の間際に立っているのである」[Правда:9. 5. 1]。

同日の『イズヴェスチア』も、ヴィレンスキーの署名で社説を出した。特徴的なことにヴィレンスキーは、戦争、とくに日米戦争と比較して大震災を論じた。「巨大な航空部隊の攻撃と、想定上の日米戦争さえも含めて、日本列島に対するいかなる敵の攻撃も、今日地震が日本に与えたような破壊をもたらすことはできなかったであろう」[Известия:9. 5. 1]。

九月六日の『プラウダ』には、人民委員会議議長代理ルィコフのインタビューが掲載された。「日本を襲った災害の意義は——同志ルィコフは語った——東方諸民族にとって、ルールの事件がヨーロッパにとってもっているのに劣らぬものである」として、フランス軍によるルール占領、それへの抵抗運動およびドイツ国内の緊張が引合いに出された(具体的な説明はない)[Правда:9. 6. 3]。ソ連高官が極東の震災を西欧の革命情勢と同一平面上に位置づけていたことがわかる。

この九月六日以降、朝鮮人の反乱に関する日本国内での流言飛語が、ソ連の報道に反映し始めた。同日付『イズヴェスチア』は、北京発で、日本の通信社・ラジオによれば、東京で朝鮮人が反乱を起こし、市街戦も起こっていると伝えた[Известия:9. 6. 1]。九日の『プラウダ』は、「東京駅がある地区で、蜂起者と憲兵・部隊の衝突で六〇〇〇人が殺害された。札幌市では警察との武力衝突で一〇〇〇人が殺された」と伝えた。これらの虚報について、コミンテルン極東部代表は「東京で日本人と朝鮮人反乱部隊との間で戦闘が起こっているなどという報道は馬鹿げている。東京には朝鮮人から編成された部隊はいない」と同紙に述べた。他方、ロスタ社特派員が、「手持ちの情報によれば、現在の体制に対するあらゆる敵が朝鮮人という名前で呼ばれている」と記したのは、誇張をともなうにせよ、大震災後の官憲や自警団による「不逞朝人」に対する弾圧の一面を伝えていた[Правда:9. 9. 1, 3]。

九月十日(月曜)の休刊を挟み、十一日、『プラウダ』の一面の大見出しは「ドイツ情勢」に変わり、大震災の記事は二面に移った。「地震は終息したとみられる」とされ、銀行がほぼ損害を受けていないと伝えられるなど、一段落の感があった[Правда:9. 11. 1, 2]。『イズヴェスチア』では十五日から、大震災の記事は二面に移った。その日の同紙は、「日本の社会主義者の領袖《りょうしゅう》サカイ」、すなわち大杉栄の虐殺を報じた。一時、殺害されたのは堺利彦であるとの誤解もみられた[Известия:9. 15. 2;9. 22. 3]。義援金など、「日本勤労者支援」に関する報道自体はその後も頻繁になされた。十三日には政治局が、ソ連によるあらゆる日本支援策について広汎な報道をおこなうよう決議していた[Москва-Токио 2007:223](義援金が最終的にどのように取り扱われたのかは今回確認できなかった)。

九月十四日、ウラジオストックから横浜港にたどりついた救援船レーニン号の強制退去事件が起こった。十六日の『プラウダ』社説にはそのことは反映されず、日本に対する「平和的相互関係の即時復活に向けたソ連の準備」が語られていた。しかし、事件の詳報が伝わるにつれソ連紙の論調も厳しさを増した。二十日の『プラウダ』社説「策動する天皇政府」は、「日本を襲った未曾有の災害は、ユンカー的・帝国主義的な支配派閥の階級的狂乱のすべてを余すところなくあらわにした」、日本政府は労働運動・社会主義運動を弾圧するために大震災を利用したと論じた[Правда:9. 16. 1;9. 20. 1]。災害が階級支配の本質を露見させるというのは、マルクス主義的世界観による災害観の典型的な現れであろう。自然災害それ自体ではなく、それにともなう社会的変動を重視するという観点は、東方問題に通じたパヴロヴィチ(ヴェリトマン)が『新東洋』に発表した「太平洋問題と日本の地震」でも如実に表明されていた。

我々は……地理上の大転換、地殻の変動や大洋底での崩落による、日露関係のいかなる変化も期待しない。だが我々は、今日同国〔日本〕に自然発生的に起こっている社会的変動が……同国の国家制度全体に実際の打撃を与えること……は固く確信している。[Павлович 1923:XXIV]

ソ連紙は大震災中の朝鮮人に対する弾圧に鋭敏な関心を向けていたが、階級的観点が前面に出された結果、朝鮮人ないし植民地問題それ自体は階級闘争の問題にやや埋没した感があった。社説「策動する天皇政府」も、「日本の報道は恥知らずにも、問題になっている反乱は「朝鮮人」だけのものだと伝えている。「朝鮮人」と呼ばれている者は、日本の勤労者、真っ先には革命的労働者として理解されなければならない」と強調した[Правда:9. 20. 1]。

九月二十五日発表のコミンテルン執行委員会の呼びかけ「日本の労働者および万国の労働者へ」も、煽動文書の域をでない。ただ、「地震は、世界大戦がヨーロッパの他の国々にもたらしたものに劣らない損害を、日本にもたらした」として、第一次世界大戦で日本がほぼ無傷であったことの、いわば「埋合せ」としての大震災という観点が、明示的ではないにせよ出されていることは、外国における大震災認識の一面として興味深い[村田編訳 一九八六、一五五頁]。

『プラウダ』では「日本に対する支援」欄は十月七日をもって終わるようである。その後は、震災時の弾圧・虐殺に関して、ようやく日本で報じられるようになった出来事が伝えられている。十三日には亀戸事件が報じられ、十六日にも「日本における反動」という題で、兵士や自警団による「白色テロル」が報じられた。これらの記事は、「ドイツにおける闘争」、上シレジアでのゼネスト、エストニアでの労働者新聞の閉鎖、ブルガリアでの蜂起鎮圧と白色テロルなどとともに、世界各地での階級闘争の展開という構図中に位置づけられた[Правда:10. 7. 4;10. 13. 2;10. 16. 2]。

『イズヴェスチア』は、よりあとまで「地震後の日本」や「日本に対する支援」などの欄を載せ続けた。白色テロルの報道と並んで、日ソ関係の改善に対する期待も表明された。十月二十一日にはヴィレンスキーが社説のなかで、日本が復興するためには軍事政策から平和政策に切り替え、中国とソ連との友好関係を確立することが必要であると力説した。十一月三日には、日本の報道に基づき、被害の規模や日本政府の措置について、より正確なまとめがなされた。朝鮮人についての言及はない[Известия:10. 24. 1, 2;10. 21. 1;11. 3. 3]。

亡命者新聞『ルーリ』の報道

本節の最後に、比較のために亡命者新聞の論調を簡単にみておきたい（在日ロシア人社会と大震災の関わりについてはピョートル・ポダルコの著作［ポダルコ 二〇一〇］がある）。今回利用できたのは、リベラルの立憲民主党（カデット）系亡命者によってベルリンで刊行されていた日刊紙『ルーリ（舵）』である。同紙での大震災関連の記事には、社会経済的・政治的影響とは別に、災害自体のもつ衝撃を論じようとするものがあった。これはソ連紙と異なる点である。典型的には、大震災が一時的にコルフ島事件（イタリアとギリシアの紛争）を霞ませたという指摘がなされた。

この類をみないカタストロフ——おそらく、現代人類の記憶において最も恐ろしい——の前では、イタリアの振舞いなど、全人類的観点から諸事件を判断する人々の目には、多分、色を失うのである。

［Руль：9. 8. 1］

しかし、より多くみられたのは、ソ連紙と同様に、国際政治上の観点からの論評である。ただし、ベルリンのカデットには日本との国交回復という目標にこだわる必要はなかったから、より即物的でもあった。第一次世界大戦でほぼ無傷であったことの埋合せという観点も、コミンテルン執行委員会の呼びかけにおいてよりも直接的に出されていた。

日本は世界戦争に参加したあらゆる国のうちでこれまで唯一、世界戦争から利益しか引き出さず、ほぼいかなる損害もこうむらなかった国だったのである……。いまや地震による人的犠牲、また、破壊された家屋、交通網、電信網、工場、港湾、教育施設など、という形で地震が与えた物質的損害は、その規模において、世界戦争で最も被害を受けた参戦国の損害に匹敵するものである。

なお、『ルーリ』では暴徒と軍隊との戦闘に関する報道はあるが、朝鮮人に関する記事は管見の限りない[Руль:9. 9. 1;9. 6. 3]。

総じてベルリンのカデットにとって、日本の災害は遠い出来事であった(例えばハルピンであれば全然違ったであろう)。ジャーナリストのヤブロノフスキーが、一九一六年の日本に関する追想のなかで、「日本の幻想的な、信じられぬ地震」と書いたようにである[Руль:9. 25. 1, 2;Протоколы 1996:492]。そのため、かなり冷淡な戯画も掲載された。九月九日号の「破壊された日本」がそれで、赤色ロシアよろしく荒廃した日本を、オリエンタリズムを感じさせる竹垣越しにレーニンとトロツキーが見渡しながら、「日本の我らの同志たちはすでに権力の座に就いたようですね!」と語らっているのである(**図1**)。

二　露国農工博覧会出品組合の足取り

大震災まで

遠く離れた自国のカタストロフの報を、モスクワで聞いた日本人がいた。一九二三年八月十九日から十月二十一日まで、モスクワでは全露農業・家内工業博覧会(以下、全露農業博覧会と略)が開催されていた。いまだ国交樹立前ではあったが、そこに出品するために、日本の交易関係者三八名が、報道関係者二名とともにやってきていたのである[Известия:8. 19. 1;9. 6. 1;10. 21. 3;Правда:8. 29. 3]。

この話の発端は、同年四月二十六日、林業団代表としてチタに赴いていた瀧口虎之助が、極東革命委員会議長コボゼフによって、全露農業博覧会への「日本商工業界の参加勧誘方を依頼」されたことにあった[2]。六月半ば、内務省、外務省、農商務省とも、出品にとくに反対しないことを確認した[3]。

七月、日露協会の後援で、ハルピン日本陳列館東京出品同盟会、横浜輸出協会、大阪日露貿易協会、神戸対露輸出協会、敦賀日露協会支部などが連合し、「露国農工博覧会出品組合」が組織された[4]。八月初旬の入露の際には、ここに満鉄も加わった[5]。団長には東京市会議員で貴金属業者の山崎亀吉がついた。山崎はハルピン陳列館の出品代表者として、日ソ貿易の実現に尽力してきた「東京朝日新聞 6. 13. 6；裸一貫から 一九二四、二四四〜二五九頁」[6]。

一行は八月二十六日にモスクワに入った[7]。外国からは全露農業博覧会に日本を含む一九カ国が参加していた。山崎によれば日本館は、「幕と万国旗と造花とを以て之を純日本式に飾り、生糸、絹布、綿布を始め諸雑貨を陳列し

▶**図1** 「破壊された日本」(Mad〈ミハイル・ドリゾー〉画) 「日本の我らの同志たちはすでに権力の座に就いたようですね！」
出典：Руль. 9 сентября 1923. C. 3.

たり。此種商品の露西亜に欠乏せると、他国の出品に較べ稍々趣を異にせるとのため、一般観覧者の注意を惹き、多大の成功を収め得たるは甚だ満足に堪えず」ということであった[山崎 一九二四a、四〜五頁]。

ソ連政府もまた、おもに国交樹立の促進という面から、交易業者の来訪に期待を寄せていた。八月二十九日の『イズヴェスチア』は、「日本とロシア」という題で、ヴェ・ヴェの署名になる山崎団長のインタビュー記事を彼の写真入りで一面に掲載した。山崎は後藤新平＝ヨッフェ会談に触れつつ、通商関係樹立への希望を表明した。「我が国でも他のすべての国と同様、ロシア問題では様々な潮流が鋭く争っています。ですが、すでに後藤子爵が日本の国内で非公式とはいえヨッフェとの交渉開始に成功したという状況は、ロシアとの交流の回復をめざして戦っている潮流が十分に強力であることを物語っています」。だが、このインタビューを掲載する一方で、同紙一面にはイギリスによる北極海ヴランゲリ島(ソ連の領有権が曖《あい》昧《まい》だった)の調査を日本の樺太《からふと》占領とあわせて非難する風刺画も掲載された[Известия:8. 29. 1]。局地紛争に満ちた時代のなかで、日ソ両国の政府と民間は接近を模索していた。

大震災後

組合幹部陣は、八月二十八日にチチェーリン(外務人民委員)、三十一日に利権委員会ミンキン、九月一日にクラーシン(貿易人民委員)、二日にカーメネフ(人民委員会議議長代理)と精力的に高官との会談をこなしていたが、この二日の夜に震災の第一報が入ったという。「満鉄派遣団長」の井上信翁《しんおう》が社長川村竹治《たけじ》宛に作成した報告書によれば、二日、「夜東京、横浜の地震災害の電報を受く」ということであった。ソ連側の対応は総じて配慮に満ちていた。井上の報告書によれば、「九月三日外務省に日本災害の報達するや外務当局は特に吾等一行に外務省到達の電報を伝へ其他の報道に対する便宜を与へられ九月四日日本災害の報新聞紙に伝へらるるや博覧会は吊旗を掲げ義捐金募集に着手し同日は一際の会場門、歌舞音曲を停止したり」という[8]。山崎も、チチェーリンが「震災の報に接するや」「直に」外務人民委員部極東部長代理ベルリンを一行のホテルにお見舞いに遣わしたと述べている[9]。

さらに、本来の予定にもあったのだろうが、九月五日にはソ連中央執行委員会議長カリーニンが山崎団長ほか五名と会見し、弔意を表するとともに両国の関係改善への期待を表明した。カリーニンによれば、「日本人民は繊細で柔軟である。彼らはロシア人を理解できるし、ロシア人民に対して、誤解や人々の不平等の種などはらむことのないような感情をもって接するに違いない」。山崎たちはこの日、国内商業委員会議長レジャヴァとも面会した[Известия:9. 6. 1;Правда:9. 8. 3]。

九月六日、日本人一行のうち一三名が帰国の途に着いた。残りの者も十三日には一、二名の代表を残して日本に出発するということであった[10]。十七日、山崎団長と満鉄代表井上たちが、全露農業博覧会実行委員会と外務人民委員部の代表を招いて離別の宴を開いた[Известия:9. 19. 3]。席上、外務人民委員部極東部長ドゥホフスキーは「レーニン号」退去を話題に出したが、とくに非難の意を込めていたようではない。山崎はこののちベルリンを経てジュネーヴに向かい、ＩＬＯの第五回国際労働総会に経営側代表として出席した[11]。

ワルシャワの井田守之代理公使は、全露農業博覧会を視察するためにポーランドから出張していた佐々木静吾書記官の報告を山本権兵衛外相に伝えている(九月十一日発)。それによれば、「出品者一行は莫斯科《モスクワ》の物価高きに驚き露国の経済組織と博覧会の規模予期に反せるに失望したるものの如し」[12]。しかし、団長山崎は、震災の際にモスクワで受けた厚意についてははるかによい印象を書き残した。

新聞紙上に連日震災の状況が報道せらるるや、忽ち数百万金貨留〔ルーブリ〕の救恤《きゅうじゅつ》金醵《きょ》出《しゅつ》せられたるに徴するも、凡そ民心の一端を察し得べきなり……。最初は災害程度が余り誇張して報ぜられし為め、日本は既に三等国四等国に落伍せりと論ずる新聞さへも見受けたれど、斯る新聞すら直に其の論調を改め、多数国民は、堅忍不抜の日本国民によって、我国が不日復興再建せらるべきを信じて疑はざるものの如くなりき。〔山崎 一九二四a、二三頁〕

このような点からみる限り、大震災の際のソ連側の対応は、日本国内で国交樹立への支持を強める方向で働いたといえよう。

とはいえ、同情の表明は、大震災に際してのソ連の対応の一側面にすぎなかった。ソ連による支援の諸形態について、つぎにみることにしよう。

三　支援の形態

講演活動

ソ連政府は、日本被災勤労者に対する支援運動を、その意義を住民に「正しく」理解させるための講演活動と結びつけた。この意味で支援運動は、外国に対してばかりでなく、ソ連国内に向けてのプロパガンダでもあった。

実際、講演活動の必要性は、大震災について「広汎な労働者大衆の間でありとあらゆる解釈」がなされていたことによって強められた。「神のみわざだ」と考える者もいれば、大地が「発狂した」(ロシア語でレフヌーラシで、「倒壊した」の意のルーフヌラシと混同されている)という者もあり、日本が完全に破滅したと思っている者もいた。そのため、「科学的、すなわち反宗教的な」もの、「政治＝経済的な」もの、援助に関するものと、三種類の講演を組織すべきであるとされた[Правда:9. 8. 5]。モスクワ市のバウマン地区ソヴィエトが、全連邦農業博覧会を訪れた農民向けに「地震の発生、とりわけ日本の地震の発生について」講演をおこなっているが、これなどは「科学的」なものだったのであろう[Отчет 1923:42]。

講演の出来については、十月三日の『イズヴェスチア』にモスクワ大学日本語担当教師プレトネルの印象記が出ている。彼には日本滞在の経験があり、露国農工博覧会出品組合のモスクワ滞在中の面倒もみていた。その彼からみると、多くの講演は及第点に達しなかった。例えばヒバリン教授は、日本の家屋は竹でできており、銀座では「ほとんど何も身につけていない女性また男性が路面電車に乗っている」、東京と京都はどちらも「聖なる都」という意味で表記も同じだなどといった。マダム・コルシニも「日本人は大変貧しいので、米ではなく土中の虫を食べている」などと語った。ただヴィレンスキー司会の講演会だけが「喜ばしいオアシスであった[13]」[Известия:10. 3. 4]。『イズヴェスチア』肝煎りのこの講演会は、同紙で地震のメカニズムを解説したスペランスキー教授、ラチンスキー教授(日本の文学と詩について)、この年から同紙造形芸術部長のトゥゲンホリド教授(日本の芸術文化について)が登壇するものであった[Известия:9. 5. 1;9. 25. 2;БСЭ 1977:288]。

労働者の間での大震災への関心は高かったようである。一九二四年に出た青年労働者クラブ運営の手引書では、工場で提起される問題の例として日本の震災があがっていた[Замоскворецкий 1924:16]。同じ頃、モスクワ市の諸作業場の労働者が通う学校で、コムソモール細胞の三一人を対象にしておこなわれた読書習慣に関するアンケート結果も参考になる。「新聞を読んでいますか、どの欄を読んでいますか」という問いに対して、「事件について読むのが好きだ」という回答が六人おり、うち三人が「日本の地震」をあげていた[Комсомолец 1924:65, 72]。

漁区・林区の供与

つぎに、援助本体についてみよう。先述の九月四日付政治局決定「日本について」を受けて、人民委員会議は同日、決定「日本を襲ったカタストロフとの関連での日本支援について」を採択した。太平洋にいるソ連船を日本に差し向けることが必要であるなどとされたほか、当座の支援内容を明らかにすることが外務人民委員部に委ねられた。六日、外務人民委員部の会議で、極東部長ドゥホフスキー、元極東共和国外相ヤンソン(貿易人民委員部)など、五人からなる臨時の委員会が選抜された。この委員会は、各官庁による当面可能な支援の形態を明らかにすると、八日には活動を終えた[Москва-Токио 2007:222; Известия:9. 5. 1; 9. 9. 1; Правда:9. 7. 3]。

九月十三日、政治局は日本支援に振り向ける予算額を定めた。これを受けて十八日、ソ連中央執行委員会幹部会は、支援体制を整える決定を採択した。スミドーヴィチを議長とし、諸官庁代表からなる「日本被災勤労住民支援中央委員会」(以下、支援中央委)が設置され、外務人民委員部小委員会の活動はここに継承された。支援物資に対する関税の免除や、日本に派遣される医療団(実現せず)への医療品の十全な供給などが、関係官庁に指示された。より根本的には、この決定は二つの方向性を同時にもっていた。一方では、積極的な支援の姿勢を示すことで、日本政府に関係改善の意思がアピールされた。「この委員会の仕事の一部は、日本政府の合意のもと、日本のカタストロフの直接の現場に移すことにする」とすら記されていたのである。だが、他方では、今引用した箇所も含み、この決定は政治的なデモンストレーションでもあった。とくに、このとき提示された、極東の漁区・林区を、日本勤労人民に優遇条件のもとで供与するという構想については、それがよくあてはまった［Москва-Токио 2007:223; ДВП 1962:449-451］。

この構想に先立つものとしては、九月四日、チチェーリンが政治局に対して、日本に建設資材を優遇条件で提供するというカラハン（在中国ソ連全権代表）の案を伝えていた。無償でなく優遇条件とすることで、「我々は自分の利益も失わず、だが同時に印象を与えることもできる」というのであった。この案は政治局の検討に付されなかったが、漁区・林区供与構想はここにあるデモンストレーション的要素を引き継いでいたといえる［Москва-Токио 2007:222］。

他方で、極東での漁区・林区供与は、支援およびデモンストレーションとは別の次元で、国交交渉により直接に関連づけられていた。二十日の政治局決定は、「日本人との交渉に際しては、政治的相互関係の問題を、極東での林区利用を日本人に提供する問題と結びつけるよう、外務人民委員部と利権委員会に提案する」とした。チチェーリンも党中央委書記局宛の十月一日のメモで、純粋に国交交渉上の材料として漁区・林区の供与について語っている［Москва-Токио 2007:225-227］。ソ連政府が本気で追求していたのはこちらのほうである。これからみるように、支援提案のほうは、実現のための考慮を十分にともなっていなかったのであり、それは、労農国家としてのポーズをとりながら、日本政府ないし民間（おもに労働運動）に前向きな反応があればそれはそれでよし、という程度の行為であったのだろう。

レーニン号の強制退去事件は、支援に関するソ連側の積極的な姿勢を変えるものではなかった。十月六日、支援中央委はウラジオストックに極東支部を開設することを決めた。ついで十一月十日、支援中央委による漁区・林区に関する検討の結果が公表された。それによれば、ポヴォロトヌイ岬からソヴィエツカヤ・ガヴァニまでの広い範囲にわたる日本海沿岸での漁区を、通常の賃料の二五％以下で提供する、アムール州・沿海州・カムチャツカ州の林区も同様の条件で提供するとされた。支援の対象については、「日本の労働組合、協同組合、その他の勤労者の社会団体の代表との協約に基づいて」とされた［Правда: 10. 7. 4; Известия: 11. 10. 4］。

こうしたソ連側の動きに対して、ウラジオストック総領事代理渡邉理恵は、伊集院彦吉《いじゅういんひこきち》外相宛報告書（十月二十三日付）において、「露国側は最近……露領に於ける我林業漁業等利権付与に関し自家宣伝の態度を示せる」とした。[14]

ソ連側が日本政府に提案をおこなったのは、十二月五日のことである。この日、在中国ソ連全権代表カラハンが、在北京の芳澤謙吉公使に対して支援中央委の検討結果に基づく援助計画を伝えたのである。ソ連側がこの時期に動いたのは、帝国議会開会（十一日）にあわせた可能性がある［Москва-Токио 2007: 231］。カラハンの通牒には、漁区・林区供与構想の背後にあるイデオロギーがはっきりと示されていた。つまり、「最も実効力のある支援の形式は……自分自身の労働によって、破壊された安定的生活や住居を復興する可能性が得られるような」支援であるとして、労働による勤労者の自立という観点が明記されていたのである。手順としては、支援中央委の代表が日本に赴いて、「被災者の個々のグループの代表者と協約を締結する」とされた［ДВП 1962: 532–533］。

日本政府はこの提案にすぐには応じられなかった。その理由はまずは実際的なものであった。今回の提案が、すでに日本企業とソヴィエト政権との間で締結されていた、あるいは交渉中であった契約とどのようにかかわるのかがまったく不明だったのである。それゆえ十二月二十日に芳澤公使はカラハンに対して、

「漁区及林区とも日本人に於て既に利権を獲得したるもの及現に其の交渉中のものある処、露国政府今回の申出は右等の事情を如何に考慮せる次第なりや」と尋ねた。カラハンの回答は、「勿論今回提議に係る漁区並林区は右等既得権及懸案中のものに何等影響するものにあらず」という、具体性をともなわないものであった。[15]

十二月二十一日にも芳澤公使はカラハンを訪問して、ソ連側提案について確認した。中山佐之助関東庁警務局長がカラハン秘書のシュワルサロンから聞いたところでは、カラハンは以下のように返答した。「震災民に限り権利を賦与する旨記載しあるも復興院の如き政府代表機関或は個人的組合又は会社も亦此特権を獲得し得但し露国政府が此計画を発表したる意思は全く震災民救助に在るを以て此等の組合又は会社が独占的行動に出て或は巨利を博せんとするが如きは極力防止せらる可きものなる」[16]。こうして、漁区・林区の供与が企業による営利活動と結びついてはならないとソ連側は釘を刺した。

これに対して日本政府は、ソ連提案を受けるとしても、事業者に任せるしかないと考えており、すれ違いは明らかであった。松井慶四郎外相から芳澤公使に宛てた、一九二四年一月二十二日発の電報によれば、「露西亜側の提供を受納し得るや否やに付事業経営の方面より本邦当業者側の意見を徴したる処」、「現に沿海州林業に関係を有し居れる本邦林業団(計八社)」は条件付で応じることが可能であり、「露領水産組合(外国領海水産組合法に依る当業者団体)」からも組合員を経営にあたらせたいとの反応を得た。かくして、「事業経営の経験ある当業者をして本件林区漁区の経営に」あたらせるのが適当であり、「交渉に就ても当業者をして当地に赴き直接之に当らしめ」たいとの判断にいたった。被災者支援に関しては、「当業者の得たる利益を適当の方法に依り関係罹災者に分配せしむることと」したいとされた。[17]

一九二四年二月七日、芳澤公使はカラハンに対して、以上の趣旨をもち、営業的観点からの様々な条件を付した日本側回答を伝えた。二十日、カラハンから芳澤公使に送付された書簡は、ソ連政府の厳しい姿勢を伝えるものであった。日本政府はソ連「救恤委員会代表者の日本に渡り罹災民代表者と直接契約を結ぶ事を肯んぜず」「問題の漁区林区を罹災民の為に非ずして実業家の為に受納せんとし」「実業家に於て確実なる利潤を収めたる後に残存することあるべき如何はしき利益の希望をのみ罹災者に提供せんとする」ものというのであった。[18] しかし、日本政府がこのような対応をとることは、ソ連側も恐らくは予想できたことであったから、こうした厳しい反応にはデモンストレーション的要素があった。実際、芳澤公使はソ連政府の反応に「当方の意を強ひて曲解せる節」ありと感じていた。[19]

二月二十三日、ソ連中央執行委員会幹部会が、「日本企業家にとって利益のあがる商業的企図」と化してしまうという理由で、漁区・林区供与の形での支援提供を断念すると決定したことが、外務人民委員部によって公表された[ДВП 1963：127–129]。二十四日、芳澤公使はカラハンと会見し、「露国側の我方回答を以て露国側の好意を無にするものなりとの批難は当らざること、我方の提議したる方法は日本として露国の好意を実行する唯一の実際的方法なること」を説明したが、両者の距離は縮まらなかった。[20]

その後の展開をみる限り、この頃から被災勤労者に対する漁区・林区供与提案は、ソ連側にとって実現をめざすものというよりは、日ソ国交交渉の刺激策としての意味をより一層増していったように思われる。一九二四年二月初旬、改造社の饒平名智太郎《よへなちたろう》がカラハンを北京に訪ねたおり、「本件利権を与えらるべき」言明を得、ウラジオストックに渡って漁業・林業機関幹部からも利権供与の約束を得たという。饒平名は帰国後、日本労働総同盟の松岡駒吉に働きかけ、松岡は「社会学者労働運動の有力者間を奔走し」、

「失業労働者救済懇談会」という名称のもと、数次にわたり懇談会を開催した。彼らは「罹災労働者救済団」なる財団法人を組織して、ソ連から供与された漁業権と森林の伐採権を売却し、「其利益を以て社会事業を行ふ事」を決めた。法人規約の日付は四月二十四日で、顧問には吉野作造の名前もみられる。[21]

しかし、この動きに対するソ連側の態度はかなり冷淡なものであった。饒平名がいっている「我労働団体利権獲得説」につき在北京の島田滋領事がカラハンに問い合わせたところ、六月二十三日にシュワルサロンより「本利権の件は全然虚報」との回答があった。[22] さらに二十八日にはカラハンが島田に対して、「饒平名が二月頃来訪雑誌改造の為論文を求めたるも其儘となり居るは事実にして震災労働者に対する森林漁区貸下に就ても饒平名に与ふる意味にあらずして一般的に貸下可能なる旨語りたることを記憶するも右は其後何等要領を得ざるものとして問題視し居らず」と答えた。[23]

その後、松岡は一九二四年十二月に北京に赴いたが、ソ連側は公式ルートでの国交交渉に展望がみえてくるのにともない、彼の動きからいよいよ距離をおいた（日本側の民間外交とソ連側の公式外交のずれについては富田武の著作［富田 二〇一〇、三五頁］参照）。一九二五年二月十三日付の、在北京立田清辰内務事務官から欧米局長宛の報告書にはつぎのようにある。

再三ならず松岡より督促するも労農側は日露交渉の為め繁忙の故を以て回答を与へず荏苒《じんぜん》今日に及び居たるが昨十二日労農側より松岡に対し書面を以て「日露間の国交恢復せる今日本問題は頗るデリケートの問題となり且つ条約批准と同時に近々東京に労農官憲の差遣せらるべきを以て東京に於て商議を開始し度き」旨の回答あり。

立田によれば、「本件利権問題に関しては労農側は既に時機を失せるの故を以て当初より気乗りならざりしが如きも日露交渉の牽制策として場合に依りては右利権契約を締結せんとするの様子を示し明確なる回答を与へずして遷延し居たるものの如く」ということであった。[24] この理解はおおむね正当であろう。

おわりに――一九二〇年代と二〇一〇年代

関東大震災が起こった一九二三年は、局地紛争や社会紛争に満ちあふれた時代であった。革命国家であるソ連は、この状況をマルクス主義のイデオロギーを通してとらえ、世界規模の階級対立の進展として理解していた。日本で起こった震災もまた、そうした諸対立を照らし出すもの、あるいは促進するものとして把握された。このような把握のもとにあって、ソ連による日本勤労被災者への援助提案が、第一義的には政治的デモンストレーションの性格を帯びたのも、自然なことであった。

以上のような本章の議論は、歴史のなかの災害、それに戦争という大きなテーマとの関連では、どのように敷衍《ふえん》できるであろうか。第一に、災害と戦争のそれぞれ、また両者の関係がどのように受け止められるかは、それを受容する社会の価値体系に依存するということである。戦争はもとより、人智を超えた「天災」もまた、歴史的文脈のなかに埋め込むことが、その歴史的分析に際しては必要となろう。他方、本章では展開できなかったが、当該社会を支える科学・技術的基盤のあり方もまた、戦争と、とりわけ災害の受け止め方に深くかかわってくるであろう。この点についての考察は、今後の課題としたい。

第二に、戦争はもとより、大規模な災害もまた、その本来の性格からいって一国的な枠組みを超えた現象だということである。この点に関して、関東大震災が起こった一九二〇年代は、今日の状況を考えるうえで、独自の関心の対象となる。一九二〇年代は、第一次世界大戦前の国際秩序が崩れ、地域間の対立が頻発する時代であったが、そうした対立を前提としたうえで、利害やイデオロギーを異にする国家同士が、安定的な外交秩序を確立しようと模索していた時代でもあった。そのような意味で、一九二〇年代は、二〇一〇年代の世界によく似ていたのである。そうした時代に起こった災害と、それをめぐる国家間関係について考えることは、今日の世界について考えるうえでも、様々な示唆を与えてくれるであろう。

◆註

1 大正十二年九月五日、全露博満鉄派遣団長井上信翁より満鉄社長川村竹治宛、第二回報告、JACAR(アジア歴史資料センター)Ref. B12083554900(第四四、四六画像)各国博覧会関係雑件　全露農業博覧会ノ件　第二巻(3.15.2)(外務省外交史料館)。

2 大正十二年五月十一日、東郷欧米局第一課長・村上通商局商報課長聴取、JACAR:B12083554000(第二八画像)、各国博覧会関係雑件　全露農業博覧会ノ件　第一巻(3.15.2)(外務省外交史料館)。これ以降、日本語史料の引用はカタカナをひらがなに直し、濁点を補い、旧字体を新字体に直した。

3 大正十二年六月十六日、堀田内務次官より田中外務次官宛、および大正十二年六月十八日、岡本農商務次官より田中外務次官宛、JACAR:B12083554100(第二画像)、各国博覧会関係雑件　全露農業博覧会ノ件　第一巻(3.15.2)(外務省外交史料館)。

4 大正十二年七月、全露農工博覧会出品組合規程、JACAR:B12083554000(第一三画像)。

5 大正十二年八月九日、赤池警視総監より水野内相、内田外相、荒井農商相宛、「露国農工博覧会関係者出発に関する件」、JACAR:B12083554800(第八三〜八五画像)、各国博覧会関係雑件　全露農業博覧会ノ件　第二巻(3.15.2)(外務省外交史料館)。

6 文献について田中貴金属ジュエリー広報担当臺真理子氏から教示を得た。ここに記して謝意を表したい。

7 大正十二年九月五日、全露博満鉄派遣団長井上より満鉄社長川村宛、第二回報告、JACAR:B12083554900(第四四~四五画像)。

8 大正十二年九月五日、全露博満鉄派遣団長井上より満鉄社長川村宛、第二回報告、JACAR:B12083554900(第四五~四六、四八画像)。[山崎 一九二四a、一二一~一二二頁]は日付が不正確。

9 大正十二年九月二十五日発、在ベルリン大野代理大使より伊集院外相宛、JACAR:B12083554900(第三六画像)。[Правда:9.6.3]。

10 大正十二年九月十一日発、在ワルシャワ井田代理公使より山本外相宛、JACAR:12083554900(第二八画像)。[Правда:9.7.3]。

11 大正十二年九月二十五日発、在ベルリン大野代理大使より伊集院外相宛、JACAR:B12083554900(第三六画像)。[山崎 一九二四b、一頁]。

12 大正十二年九月十一日発、在ワルシャワ井田代理公使より山本外相宛、JACAR:B12083554900(第二八画像)。[Известия:8.29.1]に佐々木のインタビューがある。

13 プレトネルはまた、ハンガリーの戯曲家レンジェルの『台風』が大震災を機に上演されるようになったが、そこでの日本人の描写も不正確であると批判している。一九〇九年に発表されたこの作品は、ベルリンで暮らす日本人たちの個を犠牲にする生き方を、ステロタイプ的に描いたものである[丸山 二〇〇二]。プレトネルについては、大正十二年十月二十五日、中川大阪府知事より後藤内相、伊集院外相など宛、「欧露及莫斯科博覧会観察状況に関する件」、JACAR:B12083554900(第五四~五五画像)参照。

14 大正十二年十月二十三日、在ウラジオストック渡邉総領事代理より伊集院外相宛、「露領利権と帝国政府の対露態度に対する露側言論に関する件」、JACAR:B04011144800(第三画像)、露国ニ於ケル森林関係雑件 一般ノ部第二巻(1.7.8)(外務省外交史料館)。

15　大正十二年十二月二十三日着、在中国芳澤公使発、伊集院外相宛、JACAR:B04011144800(第四二画像)。

16　大正十一(実際は十二)年十二月二十八日、中山関東庁警務局長発、出渕亜細亜局長、俵拓殖事務局長宛、JACAR:B04011144800(第四五画像)。

17　大正十三年一月二十二日発、松井外相発、芳澤公使宛、JACAR:B04011144800(第六九、七〇画像)。

18　チチェーリンから支援中央委議長スミドーヴィチに宛てた十月八日付メモ(写しを政治局員と外務人民委員部参与会メンバーへ)のなかで、赤十字や労働組合などの諸団体によって、対応する団体への支援金が集められるべきだったのだが、現にソ連政府が援助をおこなっている以上、日本政府を相手にせざるをえないとのカラハンの認識が示されている[Москва-Токио 2007:228]。

19　大正十三年二月二十一日発、在北京芳澤公使発、松井外相宛、JACAR:B04011144900(第二〇、二一画像)、露国ニ於ケル森林関係雑件　一般ノ部第二巻(1.7.8)(外務省外交史料館)。

20　日付等なし(漁区・林区供与に関するカラハンの動向についての外務省文書)、JACAR:B04011144800(第一〇画像)。

21　大正十三年五月七日、警視総監より欧米局長宛、「露国利権問題に対する処分方法経過」、JACAR:B04011144900(第五四〜五七画像)、および大正十三年六月二十六日発、幣原《しではら》外相発、在中国太田代理公使宛、同上(第七七画像)。「罹災労働者救済団」の結成、および反総同盟系組合との紛糾については奥田修三が、漁区・林区の供与提案に対する全国水平社の対応は富田が論じている[奥田　一九七三、三九〜四〇頁;富田　二〇一〇、三九〜四〇頁]。いずれも供与提案におけるソ連側の狙いは分析していない。

22　大正十三年六月二十三日発、在北京太田代理公使発、幣原外相宛、JACAR:B04011144900(第七九画像)。

23　大正十三年六月二十九日発、在北京太田代理公使発、幣原外相宛、JACAR:B04011144900(第八〇画像)。

24　大正十四年二月十三日、在北京立田内務事務官より欧米局長宛、JACAR:B04011145000(第二九、三〇画像)、露国ニ於

ケル森林関係雑件　一般ノ部第二巻(1.7.8)(外務省外交史料館)。

◆参考文献

［奥田　一九七三］　奥田修三「大正期労働運動と「労農ロシア」承認運動の展開」(『立命館産業社会論集』第一〇号)一～四九頁
［小澤　一九八七］　小澤治子「第一次日ソ国交樹立とソ連の交渉ストラテジー」(『法学研究』第六〇巻第一一号)六七～八八頁
［小林　一九八五］　小林幸男『日ソ政治外交史』有斐閣
［富田　二〇一〇］　富田武『戦間期の日ソ関係　一九一七～一九三七』岩波書店
［裸一貫から　一九二四］　『奮闘活歴裸一貫から』実業之日本社
［ポダルコ　二〇一〇］　ピョートル・ポダルコ『白系ロシア人とニッポン』成文社
［丸山　二〇〇二］　丸山珪一「「黄色い猿」の血は赤かったか？――レンジェルの日本人劇『台風』と黄禍論問題」(『金沢大学経済学部論集』第二三巻第一号)三九～八一頁
［村田編訳　一九八六］　村田陽一編訳『資料集コミンテルンと日本①一九一九～一九二八』大月書店
［山崎　一九二四a］　山崎亀吉『労農露西亜の実情』山崎亀吉
［山崎　一九二四b］　山崎亀吉『第五回国際労働総会報告書』外務省
［吉村　一九九一］　吉村道男『増補　日本とロシア』日本経済評論社
［БСЭ 1977］　Большая советская энциклопедия. 3-е изд. Т. 26. М., Советская энциклопедия.
［ДВП 1962］　Документы внешней политики СССР. Т. 6. М., Государственное издательство политической литературы.
［ДВП 1963］　Документы внешней политики СССР. Т. 7. М., Государственное издательство политической литературы.

［Деятели 1989］ Деятели СССР и революционного движения России. Энциклопедический словарь Гранат. М., Советская энциклопедия.
［Замоскворецкий 1924］ В. Замоскворецкий. Клуб рабочей молодежи. М., Новая Москва.
［Комсомолец 1924］ Комсомолец и книга. М.-Л., Молодая гвардия.
［Павлович 1923］ Мих. Павлович, Тихоокеанская проблема и землетрясение в Японии // Новый восток, 4, С. III–XXIV.
［Отчет 1923］ Отчет о работе Бауманского совета за 1923 год. М., Пролетарское слово.
［Протоколы 1996］ Протоколы заграничных групп Конституционно-демократической партии. Т. 4. М., Прогресс-Академия.
［Москва-Токио 2007］ Москва-Токио. Политика и дипломатия Кремля. 1921–1931. Сборник документов. Кн. 1. М., Наука.

新聞史料　日付を月、日、頁の順で示す。年はすべて一九二三年なので省略する(例　9. 4. 1. は一九二三年九月四日一頁)。

［東京朝日新聞］ 東京朝日新聞
［Известия］ Известия ЦИК(『イズヴェスチア』)
［Правда］ Правда(『プラウダ』)
［Руль］ Руль(『ルーリ』)

近代における戦争と災害・環境

主　催　公益財団法人史学会
日　時　二〇一四年一一月八日（土）午前一一時〜午後五時
場　所　東京大学本郷キャンパス法文二号館一番大教室

趣旨説明　東京大学　姫岡とし子

〈報　告〉

一九世紀末〜第一次世界大戦期南部アフリカ植民地の戦争と災害　京都大学　永原陽子

第一次世界大戦の環境史——戦争・農業・テクノロジー——　京都大学　藤原辰史

総力戦体制下の日本の自然災害　神田外語大学　土田宏成

一九四〇年代中国の戦時統制と災害　上智大学　笹川裕史

〈コメント〉

災害・環境から戦争を読む——古代中国からの提言——　学習院大学　鶴間和幸

南海トラフ大地震と『平家物語』　東京大学　保立道久

ドイツ史・ジェンダー史の観点から　東京大学　姫岡とし子

近現代ロシア史の観点から　東京大学　池田嘉郎

〈まとめ〉　東京大学　姫岡とし子

現職，東京大学名誉教授
主要著書：『かぐや姫と王権神話』(洋泉社新書，2010)，『物語の中世』(講談社学術文庫，2013)，『歴史のなかの大地動乱』(岩波新書，2012)

藤原辰史　ふじはら たつし
1976年生まれ。京都大学大学院人間・環境学研究科博士課程中退。人間・環境学博士。専攻，農業史，食の思想史
現職，京都大学人文科学研究所准教授
主要著書：『カブラの冬――第一次世界大戦期ドイツの飢餓と民衆』(人文書院，2011)，『ナチスのキッチン』(水声社，2012)，『食べること考えること』(共和国，2014)

池田嘉郎　いけだ よしろう
1971年生まれ。東京大学大学院人文社会系研究科博士課程修了。博士(文学)。専攻，近現代ロシア史
現職，東京大学大学院人文社会系研究科准教授
主要著書：『革命ロシアの共和国とネイション』(山川出版社，2007)，『第一次世界大戦と帝国の遺産』(編著，山川出版社，2014)，“Autonomous Regions in the Eurasian Borderlands as a Legacy of the First World War, in Shinichiro Tabata (ed.), *Eurasia's Regional Powers Compared: China, India, Russia* (Routledge, London, 2015)

執筆者紹介(執筆順)

姫岡とし子　ひめおか としこ[編者]

1950年生まれ。奈良女子大学大学院人間文化研究科比較文化学専攻博士課程修了。文学博士。専攻，ドイツ近現代史，ジェンダー史

現職，東京大学大学院人文社会系研究科教授

主要著書：『ジェンダー化する社会――労働とアイデンティティの日独比較史』(岩波書店，2004)，『ヨーロッパの家族史』(世界史リブレット，山川出版社，2008)，『歴史を読み替える――ジェンダーから見た世界史』(共編，大月書店，2014)

永原陽子　ながはら ようこ

1955年生まれ。東京大学大学院人文科学研究科博士課程中退。文学修士。専攻，南部アフリカ史

現職，京都大学大学院文学研究科教授

主要著書：『「植民地責任」論』(編著，青木書店，2009)，『生まれる歴史，創られる歴史』(編著，刀水書房，2011)

笹川裕史　ささがわ ゆうじ

1958年生まれ。広島大学大学院文学研究科博士課程後期中退。博士(文学)。専攻，中国近現代史

現職，上智大学文学部教授

主要著書：『中華民国期農村土地行政史の研究』(汲古書院，2002)，『銃後の中国社会――日中戦争下の総動員と農村』(共著，岩波書店，2007)，『中華人民共和国誕生の社会史』(講談社選書メチエ，2011)

土田宏成　つちだ ひろしげ

1970年生まれ。東京大学大学院人文社会系研究科単位取得退学。博士(文学)，専攻，日本近現代史

現職，神田外語大学外国語学部教授

主要著書：『近代日本の「国民防空」体制』(神田外語大学出版局，2010)，『日記に読む近代日本　4　昭和前期』(編著，吉川弘文館，2011)

鶴間和幸　つるま かずゆき

1950年生まれ。東京大学大学院人文科学研究科博士後期課程中退。博士(文学)，専攻，中国古代史

現職，学習院大学文学部教授

主要著書：『秦漢帝国へのアプローチ』(世界史リブレット，山川出版社，1996)，『ファーストエンペラーの遺産　秦漢帝国』(講談社メチエ，2004)，『秦帝国の形成と地域』(汲古書院，2013)，『人間・始皇帝』(岩波新書，2015)

保立道久　ほたて みちひさ

1948年生まれ。東京都立大学人文社会研究科史学専攻修士課程修了。文学修士。専攻，日本史

史学会《しがくかい》125周年《しゅうねん》リレーシンポジウム2014　3
災害《さいがい》・環境《かんきょう》から戦争《せんそう》を読《よ》む

2015年11月5日　1版1刷　印刷
2015年11月10日　1版1刷　発行

編　者　公益財団法人史学会《こうえきざいだんほうじんしがくかい》
発行者　野澤伸平
発行所　株式会社 山川出版社
〒101-0047　東京都千代田区内神田1-13-13
電話　03(3293)8131(営業)　8134(編集)
http://www.yamakawa.co.jp/
振替　00120-9-43993
印刷所　明和印刷株式会社
製本所　株式会社 ブロケード
装　幀　菊地信義

　ISBN978-4-634-60023-2